新时代大学文化基本问题研究

刘 焱
李 栋 / 著

本书入选第二批《高校思想政治工作研究文库》

本书系河北省高等学校人文社会科学重点研究基地——河北大学大学文化传承创新研究中心重点课题研究成果

河北大学出版社
·保定·

XINSHIDAI DAXUE WENHUA JIBEN WENTI YANJIU
新时代大学文化基本问题研究

出 版 人：刘相美
封面插图：乙　卜
责任编辑：赵彩霞
装帧设计：张彦琪
责任校对：兰彩红
责任印制：常　凯

图书在版编目（CIP）数据

新时代大学文化基本问题研究 / 刘焱，李栋著．保定：河北大学出版社，2023. 12. -- ISBN 978-7-5666-2365-2

Ⅰ. G647

中国国家版本馆 CIP 数据核字第 2024V71V04 号

出版发行：河北大学出版社
地址：河北省保定市七一东路 2666 号　邮编：071000
电话：0312-5073019　0312-5073029
邮箱：hbdxcbs818@163.com　网址：www.hbdxcbs.com
经　　销：全国新华书店
印　　刷：保定市正大印刷有限公司
幅面尺寸：170 mm × 240 mm
印　　张：19.75
字　　数：260 千字
版　　次：2023 年 12 月第 1 版
印　　次：2023 年 12 月第 1 次印刷
书　　号：ISBN 978-7-5666-2365-2
定　　价：69.90 元

如发现印装质量问题，影响阅读，请与本社联系。
电话：0312-5073023

坚持以习近平文化思想为指导
深入推进新时代大学文化研究走深走实

由刘焱教授、李栋博士撰写的《新时代大学文化基本问题研究》一书即将付印，嘱我为该书写序。作为河北省高等学校首批人文社会科学重点研究基地——河北大学文化传承创新研究中心的创始人和学术带头人，他们多年潜心大学文化基础理论研究工作，其认真刻苦、严谨治学的态度给我留下了深刻印象。作为该基地的学术委员会主任，我比较了解他们学术研究的进展和成果。读完书稿后颇有心得，欣然应允，提笔为序。

大学文化是一所大学的精神气质、理想品格的集中体现，是大学师生精神成长的土壤和相互影响的独特场域，是在长期办学实践中汇聚的以文化人、化育人心的教育力量。

新时代大学文化理论研究，具有愈来愈重要的学术意义和现实价值。如何扎根中国大地办好人民满意的高等教育，推动高等教育实现内涵式发展，服务于中国式现代化建设需要，满足新时代经济社会高质量发展要求，成为摆在高等教育工作者面前的重要任务。从大学的内在要素来看，大学文化更具深层次影响力，更能持久发挥作用。开展大学文化研究，如何在新时代新征程中找准大学的文化定位，切实发挥理论研究对文化实践的引导作用，深化理论创新研究走深走实，进而助推新时代大学更好地担负起文化育人的使命，两位学者在《新时代大学文化基本问题研究》一书中做了有益的探索与创新。突出的感受有以下三点：

第一，全书坚持以习近平文化思想为指导，观大势，识大局，将大学文化基础理论研究置入新时代的宏观视野，找准大学文化研究的方向与立场，明确大学文化研究的出发点与落脚点，坚持中国大学文化的社会主义意识形态属性，尤其注重将习近平总书记“我们决不能抛弃马克思主义这个魂脉，决不能抛弃中华优秀传统文化这个根脉”的深刻思想贯彻于大学文化研究之中，守好大学文化的魂脉与根脉。“魂脉”起着统摄、引领和指导作用，“根脉”是中华民族的血脉根骨和精神基因。历史和现实都已表明，只有将马克思主义这个“魂”和中华民族优秀传统文化这个“根”融为一体，才能塑造出既葆有民族特性、又符合中国特色社会主义发展方向的新文化形态。新时代大学文化研究务必把握好这个原则，将研究的普遍性与特殊性结合起来，揭示大学文化发展的内在逻辑与本质特征，更好地服务于新时代大学文化发展的需要。

第二，该书将大学文化基本问题进行了系统分析，从理论与实践两个维度进行研究，使大学文化研究所涉及的概念、范畴、主体特征、运行机制等有了更规范的阐释。该书通过系统全面的文献梳理，对大学文化所涉命题、内容体系、现实形态、主体特征、运行机制等做了条分缕析的概述，把基本概念、研究口径进行了跨学科、多维度、广视角的阐释和研究，努力揭示大学文化这一独具特色又动态演进的文化子系统的生成、运行、演变、升华的内在逻辑与科学规律。作为人才培养和知识生产的圣地殿堂，大学高举人文主义和科学主义旗帜，以高远理想、价值目标和人才供给，为人类社会的发展提供源源不断的动力。但随着人类社会工业化进程的不断加快，资本主义生产方式迅猛发展并占据科学研究的创新高地，对世界大学文化产生了深远影响。回溯中国大学文化的发展演变，其历史轨迹与中国社会制度变迁、时代进步形成鲜明对照，并内在相通。在国家蒙辱、人民蒙难、文明蒙尘之际，中国共产党毅然选择了马克思主义，持续不断地推进马克思主义中国化时代化，使拥有五千多年历史的中华文明实现蜕变和更新，不断激励中华儿女克服无数艰难险阻，使中华民族能够追求民族独立与解放，屹立于世界民族之林。中国大学作为中华民族历史文化传承与创新的重要载体，其内在的精神气质与理想追求，也必然使其与追求中华民族伟大复兴的文化使命相一致。如何把握大学发展的中国逻辑，又在世界大学文化坐标系中厘清当下大学文化研究的基本概念，界定好内涵与外延，对大学文化的内容体系、现实形态、主体特征、运行机制等，有清晰、规范、科学、专业的阐释与解读，这便构成了本书研究的扎实基础与逻辑起点。

第三，作者将大学文化理论研究置入更广阔的历史嬗变与国际视野之中，在历史溯源与中西比较中提出新时代语境下中国大学发展的文化主张。大学文化作为学界日益关注的学术议题，之所以引发愈来愈重要的影响，与当今的时代背景、高等教育改革以及人类精神文化发展对大学文化的要求密不可分。当前世界之变、时代之变、历史之变正以前所未有的方式展开，各种风险叠加式呈现，我们面临着百年未有之大变局及与之相关的不确定性显著增强。作为人类社会发展史上的科学灯塔与精神殿堂的大学，其历史嬗变与时代之需正迫切需要中国大学在文化主体性建构方面迈出坚实的步伐，回应时代的要求。

习近平总书记曾在多种场合强调“文化主体性”问题，鲜明指出“文化自信就来自我们的文化主体性”，大学文化主体性彰显大学文化的自主性和创造性，它体现一所大学对自身文化传统、文化价值、精神理念的认同。本书立足新时代语境下中国大学文化建设的现实需要和价值目标，既坚持巩固中国大学文化的主体性与独立性，又保持开放包容姿态与世界各国大学交流互鉴，以科学宽广的胸襟汲取人类文明一切有益成果，创造出凝聚中华优秀传统文化精髓、符合人类文明发展规律、体现新时代特征的中国大学发展的文化主张。正如该书所指出的：“结合世界高等教育发展的大趋势，以及大学发展中所遇到的文化议题进行讨论，提出新时代中国大学文化的新主张正当其时。”作者强调大学的内涵建设核心本质就是大学文化建设，这源于大学的独特属性和职能定位，成为大学提升的重要策略空间，这对当前高等教育改革，加快建设中国特色、世界一流的高水平大学都具有重要的理论意义和现实意义。

总之，大学文化研究是一个常做常新的课题，如何坚持以习近平文化思想为指引，结合当前高等教育改革发展的现实需要，将作为科技第一生产力、人才第一资源、创新第一动力的重要结合点——中国高校的改革与发展作为大学文化建设的新任务、新目标、新起点，推动新时代大学文化理论研究与实践探索走深走实，进而描绘新蓝图，创造新情景，为建设具有中国特色、世界一流高水平大学提供充满生机、蓬勃发展的文化力量。

是为序。

2023 年 12 月 8 日

目　　录

绪　　论

2023年10月7日至8日，全国宣传思想文化工作会议提出习近平文化思想。习近平文化思想明确了新时代文化建设的路线图和任务书，对高校扎根中国大地办大学和落实立德树人根本任务提出了要求。

大学是文化塑造和文明发展的重要阵地，面对世界百年未有之大变局和信息技术革命所带来的社会大变革，必须以人类文明新形态为追求，坚定文化自觉和文化自信，塑造更具有文化根性和时代特色的大学文化，为推动新时代中国特色社会主义文化建设、担负起新的文化使命奠定基础。

一、研究背景与问题提出

大学文化建设，从其本质来看是回归教育本性的文化实践。大学教育从其本质来看，是依托知识生产与转化、价值塑造与引领、文明传承与创新培养人、塑造人，促进人自由而全面发展的文化实践。大学，作为文化发展的历史产物与重要载体，与文化之间形成了天然的内在联系。大学是知识创造、技术革新、人才培养和价值塑造之场所，大学从其诞生之日起就是一种文化存在，被赋予了丰富的文化内涵，必然担负着不可替代的文化使命。20世纪以来，大学从“知识行会”“学者金庙”“象牙塔”逐步切入社会现实，成为社会体系核心组织，其社会功能不断拓展。进入21世纪，大学文化逐渐成为人们熟悉的概念，关于大学文化的研究和讨论日益成为高等教育研究的热点领域。我们立足新时代中国高等教育实践提出“大学文化”这一命题，旨在探讨回归高等教育本质的独特文化实践活动。

从历史来看，大学在不同时代文化潮流中诞生、发展，并在办学实践中不断固化自身的文化传统。近代大学脱胎于欧洲中世纪宗教机构和学术行会组织。在文化蛮荒时代，教会承担了传承人类文化的重任并逐步实现了对西方社会精神世界的整合。作为其文化成果，大学将人文传统与现代工业构筑的知识体系传播到整个欧洲大陆，大大促进了欧洲文明演进的历史进程。1088 年，世界上最古老的大学——博洛尼亚大学的诞生，与人文主义思想文化潮流相伴相生，最终导向了文艺复兴运动；1789 年法国《人权宣言》发表、1804 年《拿破仑法典》的起草带动形成了人类的权利文化潮流，权利文化潮流的形成离不开法国及欧洲大学文化孕育；1809 年，德国的洪堡大学把科学研究作为大学的重要使命，开启了科技文化之潮流。近代中国大学的发展遵循了从制度移植到文化生成的过程，中国大学制度移植于西方，但根植于中国历史文化传统之中。中华文化独特的历史文化环境塑造了中国大学的文化特色、文化品格，中国大学在历史运动的洪流中不断登高望远、吐故纳新，开展了史无前例的文化创新活动。

“高等教育自产生以后，由于其制约因素及内外环境的变迁，一些旧的特质逐渐消失，而新的特质则不断产生。特质的变换导致了本质转化。不变的其实是我们的本质观，而不是本质本身。”① 长期以来，学界对高等教育本质的认识、分歧与争论从未中断过：由社会转型发展带来的大学办学环境、办学理念的巨大变迁，来自社会各界的不满和疑问日益尖锐，这促使我们进一步思考何为大学的本质；我们该怎么认识大学，是以现象学还原来推导大学之抽象本质，还是在历史演

① 贾永堂. 高等教育本质的历史考察 [J]. 辽宁高等教育研究，1995 (2)：36-39.

进中把握大学的质性变化。关于大学（或高等教育）的定位，一是如何认识大学发展演进的时代性，二是引导现代大学办学实践的哲学思想问题。大学的时代性决定了大学办学实践的基本理念和根本任务，由于不同时代的政治家、教育家对时代问题的认识存在差异，对人类文明未来的期望不同，对大学教育的基本理念、根本任务认识迥然不同，大学文化就在不同主题的探索、碰撞和交错发展中，展示了人类文化实践的丰姿异彩。从研究者的视角来看，我们确立了一种大学文化的哲学思想，深入到对大学文化的本质性探究。哲学世界观不是过去的，而是面向未来的，是不断积淀的、日益丰富的人类的时代精神。

我们应该敏锐地觉察，时代变局之下支撑高等教育发展的主导哲学正在悄然发生转变，引导着我们对大学教育本质的认识发生着巨大变化。对于以上大学文化基本问题的考量和回答，当前国内外学者见仁见智，笔者认为，对大学文化的探讨，从概念出发只会陷入抽象的阐释学循环，从大学文化的起源以及大学丰富多彩的文化实践活动出发，才能真正激活问题，寻求答案。

二、研究目的与意义

本研究立足阐明大学文化的哲理、学理和道理，进而探讨以下四方面问题。

一是探讨大学与文化之间的内在联系，以文化实践视角提出大学文化的历史定位、理论主题等基本问题。大学与文化之间存在天然的内在联系，鲜明体现在大学是知识创造、技术革新、人才培养、价值塑造和文明传承之场所，大学从其诞生之日起就是一种文化存在，被赋予了丰富的文化内涵，必然担负着不可替代的文化使命。

二是探讨中国大学文化发展的历史进程、实践理路、时代问题和中国逻辑。以历史视角研究大学发展演进的历史进程、时代要求；立足高等教育史来探讨大学文化，从横向比较视野中研究中国大学文化，分析近代西方大学诞生及其“文化效应”，大学文化发展起步、形成演变与人类文化潮流的呼应契合关系；立足时代变局分析中国大学文化，在中国近代史发展中把握中国大学的文化追求、分析中国高等教育的现代化与大学文化发展及中国大学文化发展的共性与个性问题。

三是进一步深化对大学文化实践的内容体系、结构特征与现实形态等问题的研究。以知识系统、精神价值、制度机制、行为规范、物质载体等一整套符号体系构成自身发展的历史；大学文化在其内部性上体现为文化理念及其执行机制、文化人格及其感召机制、价值追求及其活动机制、群体经验及其选择机制；在其外部性上体现为大学发展与社会系统的交流互鉴、文化追求与组织体系对应生成、制度规约与个人行为的规范整合、思想观念对文化活动的价值统摄、教育活动与物质环境的一体贯彻等；从现实形态来看，大学文化主要包括大学精神文化、大学制度文化、大学行为文化、大学物质文化等四个层次，以及大学校园内政治文化、学术文化、道德文化、社团文化、校史文化、环境文化等。

四是探讨中国大学文化建设的时代语境与实践策略，阐明大学文化是历史选择的结果。立足中国大学文化建设的时代语境，分析中国大学文化建设的本土文化根源及文化选择、社会主义大学发展的历史使命、新时代中国大学的文化主张；切入现实策略讨论，将大学文化作为大学建设的基础性工程，讨论发展基础与时代契机、存在问题与实践误区、融合思维与策略空间等问题。

解决中国教育难题，要立足大学文化这个根本，坚持问题导向，重塑中国的大学文化。通过深入探讨上述问题，希望本研究能为大学文化理论研究开辟新视域、提供新思路，为提高大学文化建设水平提供新策略。

以文化实践的逻辑框架，分析大学文化形而上构造和存在论基础，为深化大学文化研究提供新思路。充分阐明大学文化实践的存在论基础，即大学文化是以实现人的存在价值、意义建构为存在论基础的实践活动，重新建构大学文化实践分析框架，确立大学文化研究的内容体系、结构特征与现实形态等，为相关学术研究提供可借鉴的新思路。

探索大学文化研究的历史视野和规律性认识。以大学与文化的关系、大学文化与人类思想文化潮流的关系、中国大学与中西文化的关系、文化主体与文化环境的关系、文化现实与文化理想的关系等逻辑进路，总结梳理大学文化发展的矛盾关系、基本规律和运行机制。

探索大学文化研究的人类学视野和系统性方法。对大学文化实践的内部结构和外部结构进行系统分析，对大学精神价值、经验知识、制度机制、行为规范、物质载体等进行形态分析，以呈现大学文化的整体性与结构性，即大学文化的发展本身的基本观点。

立足大学文化建设的现实问题与未来发展，针对大学文化建设中的认识误区、实践困境，坚持破立并举，找准发展基础与时代契机，提出改进思路与提升策略；立足新时代视野，从大学文化建设要素、结构、机制等方面开展实证性分析，为当下大学发展与大学文化建设提出可行性路径与方法。

三、研究综述

（一）国外关于大学文化的研究

大学文化之概念早期在国外并未出现，西方大学更多的是关于大学理念、大学精神的研究。

美国的克鲁克洪和克虏伯在 1952 年提出“文化是历史上所创造的

生存式样的系统”[①]。“大学理念，就是指那些综合性、多学科、全日制普通高等学校的理性认识、理想追求及其所形成的教育观念和哲学观点。”大学精神，从社会学、文化学、教育学意义上来说，是指给予大学生命力并且显现其历史文化、思想观念、精神风貌、价值取向等方面的精神文化形式。[②]

古希腊哲学家亚里士多德的“自由教育”理念，在西方大学教育史上独领风骚几百年。19世纪英国的红衣大主教纽曼在其著作《大学的理念》中提出“大学是一个传授普遍知识的场所”[③]，纽曼认为大学仅是为教学、为学生、为人的自由发展而设立，大学通过自由教育和智力训练，培养有良好教养的绅士，他反对单一的专业教育，主张学生“应真实主动地进入知识领域”，让学生在普遍知识的传授下进行自我教育。纽曼的教育理念与1088年诞生的博洛尼亚大学的教育理念一脉相承，即大学是人才培养的地方。纽曼的大学理念与同时期的密尔、边沁所主张的科学教育与职业教育的功利主义教育理念针锋相对。纽曼主张自由教育的大学理念对赫钦斯、弗莱克斯纳等人教育理念的形成具有深远影响和直接启迪。

1810年，洪堡等人创办了著名的柏林大学，洪堡的大学思想体现在其办学过程中坚持大学自治、教授治校、学术自由及教学与研究相统一的原则。洪堡的大学思想理念拓展了大学的职能，即赋予了大学第二项职能：科学研究。“大学自治”“学术自由”“教授治校”三项理念也成为大学安身立命的“金科玉律”影响至今。洪堡与纽曼一样反对大学的功利化，固守大学的“象牙塔”，这也是其理性主义、精英教

---

① Kroeber, Kluckhohn. Culture, A Critical Review of Concepts and Definitions[M]. New York: Vintage Books, 1952: 181.

② 韩延明. 大学理念论纲 [M]. 北京：人民教育出版社，2003：83.

③ Newman. The Idea of a University[M]. Indiana: University of Notre Dame Press, 1982.

育理念的体现。

19 世纪末 20 世纪初，美国威斯康星大学校长范·海斯提出了“大学必须为社会或社区服务”理念，其主要内容包括培养有知识、能工作的公民，发展和创新知识，传播和推广知识并能解决实际问题。“服务社会”在大学的人才培养职能、科学研究职能后成为大学的第三项职能，而且带有明显的美国实用主义、功利主义和工具主义烙印。

20 世纪上半叶，雅斯贝尔斯的《大学的理念》、加塞特的《大学的使命》、维布伦的《美国高深学问》、赫钦斯的《美国高等教育》和弗莱克斯纳的《美国、英国和德国的大学》等著作，对大学理念进行了不同角度的研究。加塞特、雅斯贝尔斯的“全人”教育理念、赫钦斯的通才教育理念、弗莱克斯纳的现代大学观、维布伦的理性主义教育思想都极大地拓宽了人们审视大学教育的视野，赋予了大学理念新的内涵。

从大学人才培养、科学研究和服务社会这三大职能的历史演变可以看出，大学的办学理念不断增加新的内涵，这与资本主义的发展与工业化程度的加深是相适应的。随着政治经济的发展，尤其是经济的迅猛发展，社会、市场、国家和政府都对大学提出了更多更高的要求，这些要求包括应用人才的培养、科学技术的提升、知识与人才服务于社会等，大学教育也从培养绅士、贵族的“精英教育”转变为面向劳动者的“大众教育”。人们对大学的认识从哲学层面的理性主义向实用主义、功利主义和工具主义发展。与此同时，一些有远见卓识的教育家，及时发现了大学教育过于世俗化、功利化和专业化，发现了大学从重视人文主义教育传统转变为只单纯重视科学主义，从而重新强调人文主义，重拾理性主义。但这些努力带有人文主义与科学主义折中、调和的色彩，而对大学文化这个主题的研究尚不明确。

20 世纪下半叶，大学的功能进一步发展，从“知识行会”“学者金庙”“象牙塔”成为社会的轴心机构和经济发展的引擎。尤其是 60 年代以后，大批专家学者提供了卓有影响的研究成果，如布鲁贝克的《高等教育哲学》、克拉克·克尔的《大学的功用》、博克的《走出象牙塔：现代大学的社会责任》等。布鲁贝克在《高等教育哲学》中提出了“认识论”“政治论”的高等教育哲学思想，明确了大学研究“高深学问”的使命，他认为大学是世俗的教会，是“社会的良心”，能够“造就公众心灵”。克拉克·克尔在《大学的功用》《高等教育不能回避历史》等书中提出多元化巨型大学的理念，实现大学教育民族化与国际化统一的理念，精英教育、大众教育、普及教育统一的理念，大学作为知识产业中心和实现国家目标的工具主义指向理念以及大学校长作为办学治校的旗帜、灵魂作用的理念等。博克在《走出象牙塔：现代大学的社会责任》这一著作中指出教学与科研是大学的主要任务，但由于大学离不开社会并且也得到了社会的支持与赞助，因此大学有责任为社会服务，大学应该加强与工商界的联系与合作。

进入 20 世纪 90 年代后，社会经济形式转向金融资本、知识经济和信息化时代，核危机、生态危机和人类道德精神的滑坡日益威胁着人类的生存与发展。在这种时代背景下，德里克、米勒、三好将夫等一批西方学者就大学理念的工具化指向和人文精神的衰微进行了批判。美国学者三好将夫指出，大学不能超越国家利益和阶级利益，两次世界大战与“冷战”密切了大学服务国家社会利益的理念，同时大学与经济利益的结合更为紧密。对此，他极为忧虑地指出，人文学科在大学里不再被重视，各种资源都转向了应用学科，这是大学的失败。1995 年，克拉克·克尔重新反思其著作《大学的功用》，他对大学的公司化与私有化表示担忧。他反思了大学单纯工具主义的倾向，指出了人性缺失、文化缺失和价值理念缺失会给大学带来深重的灾难。

回顾大学职能的发展史及国外大学文化的相关研究，大学发展的脉络更加清晰：一是从人才培养的单一职能逐步拓展为人才培养、科学研究、社会服务、文化传承创新、国际交流合作等多重职能；二是从单一发展到综合；三是呈现了一条从人文教育到科学教育，再到人文与科学教育相结合的发展脉络；四是从精英教育向大众化教育，再向普及教育的发展；五是从开始坚持的大学自治、学术自由转向强调大学自治、学术自由与社会责任相结合；六是由“象牙塔”教育走向推倒大学围墙的开放式教育；七是从结果教育走向过程教育，即由一次性节点教育转向终身教育；八是大学从中世纪的国际化走向民族化，又转向今天的国际化和民族化相结合；九是大学的办学形式渐趋多元化，虚拟大学、创业型大学、企业大学等新类型的大学伴随着时代的发展应运而生。

（二）国内关于大学文化研究的概况

中国的大学历史只有百余年，“大学文化”概念也是晚近才出现。教育家蔡元培、梅贻琦等人深受西方教育理念的濡染，对大学文化的认识也就汲取了西方大学理念的精髓。

19 世纪末 20 世纪初，中国逐步建立起现代大学制度，胡适、蒋梦麟、蔡元培、梅贻琦等大学校长基于对大学理念、大学文化和大学思想的深刻认识，提出了富有远见卓识的见解。1912 年，北京大学校长蔡元培提出大学是教授高深学问的机构，并且主张兼容并包、思想自由。由此可见，蔡元培教育思想的出发点是依循认识论的哲学基础。而受西方文化的影响，清华大学校长梅贻琦的教育思想体现在对通才教育的崇尚，这一思想到今天发展为被国内大学所广泛重视的通识教育。通才教育与教授治校、学术自由成为梅贻琦的主要教育思想。张伯苓在担任南开大学校长时，提出了“育才救国”的教育思想，将其作为大学的办学宗旨，他提出了“允公允能、四育并重”的主张，更突出了大学社会服务职能。张伯苓校长的教育思想具有政治论的哲学基础。

竺可桢、潘光旦与孟承宪等大学校长也对大学思想、理念和文化精神有着深刻认识，并提出了许多真知灼见，主要文献包括《大学教育之主要方针》《回顾与反省》《国难与教育的忏悔》等著作。20 世纪

20—40年代，中国政治经济形势内外交困，胡适、蒋梦麟、竺可桢、潘光旦、孟承宪等大学校长们的教育思想包含着欲挽救民族危亡的爱国思想和民族精神。思想自由、救亡图存、兼容并包等教育理念一时间风起云涌，成为中国大学文化研究的开端。

自20世纪90年代以来，伴随着高等学校扩招，中国的高等教育飞速发展，大学文化方面的研究蓬勃开展，专著、论文等成果层出不穷。与此同时，在教育部的提倡和鼓励下，中国的大学文化研究学者把研究侧重点着眼于学生的通识教育与人文素质教育，大学理念、大学精神逐步成为研究热点话题。

1999年，北京师范大学教授王英杰发文指出，研究型大学将成为未来理想的大学类型，并且一定会为社会发展做出杰出贡献，但这种大学也有弊端，主要表现为“大学与当代社会需求相割裂，大学的三项职能相互割裂（重科研轻教学），普通教育与专业教育相割裂，价值塑造与知识传授相割裂，学科之间相互割裂，教师与学生相割裂”①。对于普通教育与专业教育之间的关系，王英杰教授认为二者的紧密结合是必由之路。另外，云南大学教师董云川的著作《找回大学精神》具有一定影响力。

一些高校在读博士也展开了大学文化相关研究，如肖海涛博士的《中国现代大学的理想》、韩延明博士的《大学理念探析》和阎光才博士的《识读大学：组织文化的视角》等。这些学术理论著作进一步丰富与拓展了大学文化研究的内涵。这一时期，地方本科大学文化育人的研究成果纷纷涌现，不仅理论视野更为开阔，内容越发充实，探究日益深入，理论基础也更加扎实，对历史的梳理、中外的比较都令人耳目一新。

---

① 王英杰. 挑战与应答：当前世界高等教育发展与改革述评：兼谈21世纪大学的理想［J］. 辽宁高等教育研究，1999（1）：35-47.

值得一提的是，王冀生的《现代大学文化学》（2002）是国内第一部专门研究大学文化的专著。其在书中对大学文化内涵、大学精神做出独特阐释，搭建起了大学文化学的理论框架，该书被认为是现代大学文化学的研究起点。但在大学文化学的研究对象、研究特质、学科方法等层面，《现代大学文化学》没有进行深入探讨。

关于大学文化这个主题，作者对中国知网二百余篇文章进行了分析，主要体现出以下分布规律：

一是大学文化的理论研究是学者们最为关注的内容。这些理论研究涉及大学文化的根本性质、基本内涵、主要特点及功能，学者们重点涉及大学理念和大学精神，如蔡汉军在《黑龙江高教研究》发表的《大学文化的基本内涵及其建设路径》、王冀生在《高等教育研究》发表的《大学文化的科学内涵》。

二是关于大学文化的建设与发展。这类文章主要涉及如何加强大学文化建设，如何进一步凝练大学文化精神，以及大学文化的传播等，如文君、陈海燕在《高等教育研究》发表的《大学文化的培育与创新》、赵存生在《中国高等教育》发表的《先进文化建设中的大学文化建设》。

三是借鉴西方大学文化研究成果与中国做比较。学者们或是借鉴西方大学的大学教育理念为中国的大学文化建设开药方，或是对一些世界著名大学进行个案分析，以期对中国大学文化建设给出建议。学者们的研究成果对我们充分认识中外大学文化的特点，取长补短，从而建设好中国的大学文化大有裨益，如方耀楣在《比较教育研究》发表的《大学文化氛围的东西方比较》、王英杰在《比较教育研究》发表的《论大学的保守性——美国耶鲁大学的文化品格》等。

四是针对大学文化的某一部分展开深入研究，比如对大学的精神文化、制度文化、环境文化或是物质文化做深入解剖分析。其中，大学精神文化方面的研究最多，如卢晓中在《教育研究》发表的《大学精神文化刍议》、仇中海在《中国高教研究》发表的《论大学物质文化的特性》。

当前，一些研究大学文化的专著也不断涌现，如傅林的《世纪回眸——中国大学文化研究》等。由大学文化研究与发展中心组织编写的“大学文化百年研究丛书”收录了清华大学、北京大学、厦门大学、苏州大学等国内有影响的十余所大学文化研究的著作，如杨河等编写的《海纳百川　有容乃大——北京大学文化研究》、胡显章等编写的《世纪清华　人文日新——清华大学文化研究》等。目前的大学文化研究风起云涌，在理论基础、研究方法、问题视角、内涵内容等方面百花齐放，百家争鸣，学者们对大学文化有了更加深刻的理解与认识。

概括来说，中国的大学文化研究从零开始，发展迅速，并取得丰硕的研究成果。大学文化研究涉及概念、理论内涵、功能拓展、结构特征、国内外经验、应用对策等方面，理论和实践水平兼具。目前该领域研究的不足之处主要体现在以下几个方面：

一是对大学文化内涵、本质的研究众说纷纭，尚未形成共识。例如，一些学者认为大学文化研究就是总结其特征，研究其范畴，提出其观点，有学者虽然提出大学文化学，但并没有从人类文化实践高度触及大学文化的形上构造、现实形态和时代要求等，也没有对其丰富的表现形式进行深刻描绘。

二是研究视角单一，理论视野和研究方法仍受限。国内很多学者的文章主要单纯地论述大学教育、大学历史、大学理念，没有打开视野，从教育哲学、社会学、组织行为学、人类学、文化学等视角来全方位、多角度地研究大学文化。一些研究还犯了一个通病：不是以发展变化的眼光来研究大学文化，而认为从大学的诞生之日起，大学文化的内容、形式、特点、架构就是一成不变的。有的把大学文化仅仅当作是一所大学的个性问题，忽视了大学文化的共性特征，研究存在一定程度的主观性。

三是有关大学文化的实践研究不足，缺乏中国大学文化发展历史进程、历史方位和时代要求，特别是社会主义大学文化发展的历史使命与实践策略方面的专门性论述。

大学文化的研究是现代高等教育理论的一个重要内容，大学文化也是推动中国大学不断进步发展的原动力，大学文化的研究因此受到广泛重视。面向未来，我们应当梳理好已有的研究成果，厘清对大学文化研究的模糊认识，不断深化大学研究，为其注入新时代的“文化主张”。

四、主要内容与观点

本研究以大学与文化之间的内在联系为逻辑起点，以现代大学的文化实践活动为主线，立足大学所承担的人才培养、科学研究（知识创造与技术革新）、社会服务、文化传承与创新、国际交流与合作等功能载体，以实现人之存在价值、生活意义建构为存在论基础，全面阐释大学教育实践的文化本质，探索提出新时代大学文化建设的历史方位、理论主题和实践选择。

本研究将人类学视野和系统性方法引入大学文化研究领域，明确大学文化建设的基本概念和理论命题，提出大学文化实践具有明显的结构化特征。大学文化包括内部结构（理念、精神、价值、经验）和外部结构（载体、组织、制度、活动）两个方面，同时内部结构与外部结构存在交互影响作用，协同生成了大学文化发展的场域空间。由此构成新时代大学文化建设话语体系的立论起点，深刻揭示了大学发展中的文化问题，明确了本研究的问题域和学理基础。

以大学文化实践活动为基本分析框架，论述了大学文化研究的内容体系与现实形态。按内在机理将大学文化体系划分为意义体系、规范体系、互动模式、环境场等四个层次，按实践形态分为政治文化、学术文化、道德文化、社团文化、校史文化、环境文化等六个方面，逐一展开实证分析，并在此基础上提炼总结了大学文化发展的基本规律。

从中外比较和历史嬗变两个视角来确定中国大学文化发展的历史方位。从中外比较视角看，近代中国大学的发展遵循了从制度衍生到文化生成的过程。中国大学制度移植于西方，大学文化建设的理论框架、目标方法受西方大学影响极大，特别是科学、民主文化的舶来对中国大学文化面貌的影响甚为深远，一度成为中国大学文化的重要“标签”，甚至渗透于大学建设的方方面面。但中国大学文化根植于中国历史文化传统之中，这是中国大学文化建设的主体根性，以此为根基中国大学文化是一个汇通中外、博采众长的发展过程。西方国家大学文化建设为中国大学文化建设提供了基本经验，中华文化独特的历史积淀与世界大学风格各异的文化交流互鉴，共同塑造了中国大学的文化特色、文化品格。在全球化条件下，深入研究西方大学文化建设的实践经验，并汲取吸收择优而用，这不仅有助于塑造中国大学兼容并蓄的文化形象，还有助于从全球化和人类命运共同体的角度深入理解中国大学文化的内涵。从历史嬗变角度看，需要在五千多年文明演进赓续的历史进程中和中国人看待世界、看待社会、看待人生独特的思想观念、价值体系与行为方式上系统把握中国大学文化建设的主题，进而准确锚定中国大学文化发展的文脉传承与学术基因；需要在中国近代以来中华民族在文化抗争、文化觉醒、文化自主、文化自信的历史主题上思考中国大学文化建设的使命与担当，明确当下中国大学文化的发展方向，厘清中国大学文化建设的历史方位。中国大学在历史运动发展演变的洪流中不断登高望远、吐故纳新，开展史无前例的文化选择、文化创新活动。

立足时代语境和现实要求，进一步明确新时代中国特色社会主义大学文化发展的历史使命与实践策略。新时代中国大学文化发展面临本土文化与外来文化、内涵发展与外延发展、传统模式与现代模式、知识本位与全人教育等的重大选择与交织融合，分析中国大学文化建设的本土文化根源、明确新时代中国大学的文化主张和社会主义大学发展的历史使命，成为进行大学文化建设的重要课题。我们要建设的是中国特色社会主义一流大学，既需要一流文化进行支撑，也会在建设实践过程中培育涵养与一流文化相匹配的文化生态。

在对大学文化理解上，本研究认为：第一，大学文化发展是一个对立统一的矛盾运动过程，包括价值导向与行为规范的矛盾、整体规约与个性发展的矛盾、社会现实与理想追求的矛盾等；第二，大学文化是一个内生与外塑交互融合、共同生长的文化系统，包括文化生成与引领、文化塑造与传承、文化提升与发展等多种机制；第三，大学文化在实践层面存在差异化表达。在内部性上表现为文化理念及其执行、文化人格及其感召、价值追求及其活动、群体经验及其选择；在外部性上表现为大学机构与社会系统的交流互动、文化追求与组织体系对应生成、制度规约与个人行为规范整合、思想观念对文化活动的价值统摄、教育活动与区域环境的协调融合等。

与西方大学的办学模式与根本任务相比，中国大学具有鲜明社会主义规定性和民族文化特征，主要体现在以下四个方面。第一，中国特色社会主义大学应具有立足历史传统和文化传承的扎根性。坚持扎根中国大地办大学，坚持延续五千多年文明演进办大学，把大学文化建设的目标与实现中华民族伟大复兴、增进人民群众福祉的目标协调统一起来。第二，中国特色社会主义大学应具有立足世界文化交流互鉴和人类命运共同体建设需要的开放性。面对逆全球化思潮抬头，国际力量对比深刻调整，国际话语权争夺日益激烈等情形，中国大学文化不仅要在更加不确定、不稳定的复杂境遇中准确识变、科学应变、主动求变，适应世界文化与高等教育发展潮流，而且还要充分发挥中国特色社会主义大学在对外文化交流和多层次文明对话中的优势，“展示真实、立体、全面的中国”，讲好中国故事，助力构建我国对外话语国际传播体系和人类命运共同体。第三，中国特色社会主义大学应具有立足新发展阶段、贯彻新发展理念、构建新发展格局的时代性。从世界百年未有之大变局切入，洞悉中国特色社会主义大学文化建设的未来需求，把文化建设的着力点与培养时代新人的目标紧密结合，把文化建设成效检验的机制与立德树人的成效紧密结合。从助力实现中华民族伟大复兴的战略全局着手，深刻认识文化创新对大学学术生态和育人质量的影响，主动把文化建设的落点与国家重大需求、人民生命健康、区域协调发展对接起来，在支持国家与区域发展战略中凸显文化个性，在服务创新驱动发展上展示文化担当，在实现共建共享美好生活中发挥文化魅力，以一流大学文化建设的成效为高水平大学建设提供不竭动力。第四，中国特色社会主义大学应具有立足时代发展前沿和知识体系更新的创新性。从大学文化建设原则方法上不囿于西方大学文化建设的既定理论和典型经验，既以海纳百川的姿态博采众长，又以舍我其谁的主体精神主动担当，把新时代中国大学文化建设的时代选择作为当下和未来的主体根性，在破立并举中实现大学文化创新。在大学文化建设的提升策略上，让大学文化建设的创新与知识生产体系的更新同频共振；在科技革命日新月异、人工智能扑面而来工业 4.0 升级即将建成的现实背景下，让大学文化的“建”与大学物理围墙的“拆”、知识权威的“破”、学科专业的“活”同步起来，实现大学文化的原始创新和文化生态的全新构建。

五、研究方法与创新点

（一）研究方法

1. 文献分析法

通过系统梳理中外大学文化建设相关文献资料，明确大学文化建设相关理论和经典案例，为开展大学文化建设的内容、结构、功能研究提供资料参考和信息支持。通过挖掘国内外大学文化建设与区域文化关联度相关资料，梳理西方大学文化建设的基本规律和特点，在比较鉴别中展开对新时代中国大学文化建设的实践性阐述分析。文献主要通过电子数据资源和国家图书馆、北京大学图书馆、南开大学图书馆、中国人民大学图书馆、河北大学图书馆等渠道采集，同时委托相关人员在美国、英国、加拿大、德国、日本等国家搜集相关外文文献。

2. 历史分析法

运用历史分析法，一方面通过分析不同历史时期、不同时代背景下的中外大学文化实践历程，科学揭示大学文化建设中的矛盾运动关系与纵向演变规律，进而阐明大学文化建设的历史性、实践性、创新性特征，明确中国大学文化建设的历史方位；另一方面深入挖掘中国历史文化与学术精神演变的内在规律，明确中国大学文化建设的阶段性特征与新时代中国大学的文化发展目标。

3. 逻辑分析法

本研究依照两条逻辑主线展开，一是坚持普遍联系的思维方法，把大学文化放置于高等教育发展、人类社会进步、人类命运共同体构建等复杂环境中，阐述大学文化影响因子及逻辑结构，明确大学文化建设的现实功用；二是坚持从一般到特殊的思维方法，分析世界大学文化建设的一般规律逐渐延伸到中国大学文化建设的实践，探索不同历史时期大学文化的质性规定、新时代中国大学的本质要求与文化选择等。

4. 系统分析法

将大学文化体系视为一个复杂系统，从理论体系上对大学文化的理念、精神、价值、经验（内在结构）和载体、组织、制度、活动（外部结构）进行系统性分析，从现实形态上对大学精神价值、经验知识、制度机制、行为规范、物质载体等进行系统分析，从发展要求上对大学文化建设的要素、结构、机制等方面进行系统分析，为当下大学发展与大学文化建设提出可行性路径与方法。

（二）创新点

1. 研究观点新颖

立足新发展阶段、贯彻新发展理念、构建新发展格局考察大学文化建设的责任与使命，提出新时代大学文化建设的目标，把建设中国特色社会主义大学文化体系作为当下与未来大学文化建设的目标，凝练阐释其文化特征，提出新时代大学文化建设的发展策略。面对中华民族伟大复兴的战略全局和百年未有之大变局，深入剖析大学文化建设存在的问题与误区，在如何推动新时代大学文化建设与立德树人全面融合、与办学治校全面融通、与提升服务能力精准对接上进行深入分析，提出对策建议。

2. 研究视角独特

以文化实践的哲学分析框架，阐明了大学文化的形上构造和存在论基础，从价值坐标、意义建构两方面揭示了时代变局下引导大学文化发展的哲学世界观的变化，为深化新时代大学文化研究提供了新思路。以中外比较和历史嬗变的学术视野阐明中国特色社会主义大学文化建设的历史方位，推动大学文化研究实现理论逻辑、实践逻辑与历史逻辑的辩证统一。

第一章　重新发现大学的文化属性

在新时代语境下，如何正确把握大学的文化属性?

大学是一个独特的社会组织机构，在整个社会体系中承担着相应社会功能。如何把握大学的本质属性，换言之，如何把握大学与文化的关系？大学在人类历史上绝不是可有可无的存在，它被誉为人类社会的灯塔，守护着社会的良心，引领着人类文明不断向前发展。从历史的长焦镜头来看，诞生于欧洲中世纪的大学，随着现代化的潮流逐步走进了各民族国家的历史，成为“社会人的生产器官”，进而不断拓展社会功能，彰显着鲜明的文化属性。于是，文化成为我们认识大学的属性、功能的重要视角。

溯源历史，人类的进步需要知识传播。无论口传心授、书籍传播，还是欧洲教会学校或中国古代私塾，在传播进步思想、推进学以致用和文明发展方面，均无法与大学相媲美。大学从最初的知识传播与教育行会组织，逐步发展为培养精英人才的社会机构、知识创新的学术组织、知识转化的试验场和文化交流的重要平台。有学者指出：“大学不容置疑地成为社会的知识工厂和思想库，成为科学进步的‘孵化器’和社会进步的‘加速器’，大学由社会边缘的‘象牙塔’成为社会进步的‘轴心机构’。”① 尽管大学在社会体系中的地位、功能发生了巨大变化，但大学的本质属性并未改变。大学文化不仅形塑了一代代知识分

① 王冀生. 现代大学文化学［M］. 北京：北京大学出版社，2002：154.

子、科学家的精神世界，而且构成大学发挥社会职能的前提，为一所大学的长远发展奠定了文化底色。本章内容从内部视角与外部视角来重新认识大学的文化特性。

第一节　文化与文化视角

一、文化的定义

假如要对“文化”的内涵进行界定，以表征人类社会发展的文化现象或文化性问题，首先会遇到重大的方法论困难，引起这些困难的原因不仅源于文化现象的多面性，还源于“文化”本身的多义性。在人文社会科学领域，文化当然是最具争议性的概念，格尔兹认为，虽说文化是观念性的，但它并不是存在于人的头脑中；虽然它是物质性的，但也并非超自然的存在。①

从词源学角度考察，“文化”一词最早源于拉丁文“Cultura”，“Cultura”是动词“Colere”的派生词，其主要内涵包括“耕种”“居住”“练习”“敬神”以及“留心、注意”等意义。

在汉语当中，“文”“化”两个字各有其含义，真正连起来使用是西汉的刘向。他在《说苑·指武》中说：“凡武之兴，为不服也，文化不改，然后加诛。”晋束皙《补亡诗》中云：“文化内辑，武功外悠。”南齐王融《曲水诗序》云：“设神理以景俗，敷文化以柔远。”概言之，文化在中国古代典籍和社会生活中主要指文治教化、文物典章、日常礼俗，有时也指朝堂政治与舆情等。

---

① 克利福德·格尔兹. 文化的解释［M］. 纳日碧力戈，等译. 上海：上海人民出版社，1999：13.

在西方文化学研究领域中，关于文化内涵的学说众说纷纭，令人目不暇接，成为当下学术界的一大景观。20 世纪 50 年代初美国学者克虏伯和克拉克洪在《文化：概念和定义的批判回顾》一书中，搜集和分类整理了当时世界上流行的一百六十余种不同的文化定义，可见文化定义之复杂性，也可知文化定义之困难。到现在为止，世界上能称得上是一家之言的文化定义超过了二百个。文化定义的复杂性，源于现实生活中文化问题的多样性，当然更直接来源于文化学的多个流派的文化争鸣。

笔者认为，当前我们最重要的学术任务不在于对文化做出统一的概念界定，而在于充分运用唯物史观并借鉴中西学术思想成果，更好地阐明文化实践的现实逻辑和问题。总体来看，马克思主义哲学视域下的文化概念是一个广义概念，且随着社会主义实践的发展，其对文化问题的认识也在不断深化当中，笔者尝试从主要线索来做如下梳理：

在 20 世纪 50 年代的苏联哲学著作和哲学辞典中，文化一般被定义为“人类在社会历史实践过程中所创造的物质财富和精神财富的总和”。这显然是一种广义概念，与仅仅将文化看成精神价值、精神生活的主张进行了区分。

60 年代中期以后，这一定义遭到了理论界的批评，认为这种文化定义是基于历史结果的静止视角，而未反映出人类社会不断变化发展的生动过程。

70 年代以来，苏联学者将文化纳入“生活”与“活动”范畴中进行考察，更加着力体现文化的历史发展。1973 年第三版《苏联大百科全书》对文化做出说明：“文化，是社会和人在历史上一定的发展水平，它表现为人们进行生活和活动的种种类型和形式，以及人们所创造的物质和精神财富”。由此出发，苏联学术著作中主要有两种观点：一是把文化看成人们特有的活动方式，另一种是把文化看成创造性的活动过程。两种看法各有优劣，但长期争论不休。

一直到80年代，苏联学者阿尔诺利多夫认为："文化是人们力量和关系发展的历史过程，是作为活动的社会主体的人的发展的历史过程，这种历史过程在人们创造的物的现实的全部丰富性和多样性之中，在人的劳动和思维的成果的全部总和之中，获得资金的外部表现形式。"①

19世纪末20世纪初以来，文化也引起了国内学者的广泛关注。国内学者对文化也进行了概念界定和中国式的表达，著名学者李德顺认为，文化即"'人化'和'化人'的全部样式和成果，就是广义'文化'的实质和核心"②。这一实质和核心存在于、生长于、渗透于、表现于社会生活的所有领域、所有形式和所有层次之中，构成了人们行为的内在特质和取向。笔者认为李德顺教授的归纳具有较强的历史解释性，这个概念在马克思主义哲学的基础上，充分吸纳了中国哲学和历史文化思想成果对文化问题进行研究。

李德顺对文化的定义做了狭义、广义的区分，主要观点如下：第一，所谓广义文化概念，即哲学层面上的"文化"，相对于"自然、天然、原初"的状态而言，指人类改造世界使之符合人的本性和尺度的全部方式、过程及成果的总和。此种观点，在中国哲学和马克思主义哲学研究视域都比较常见。比如梁漱溟："文化就是吾人生活所依靠之一切，……文化之本义，应在经济、政治，乃至一切无所不包。"③ 第二，所谓狭义文化概念，显然区别于"经济""政治"等领域，专指精神生活，即社会精神生产和精神生活的方式、过程及其成果。例如哲学社会科学研究、文学艺术创作、科学、教育、新闻出版、大众传播、文博事业、文体活动、休闲娱乐等。简言之，狭义的文化即指人的精

---

① 阿尔诺利多夫．文化概论：文化的实质及其运动发展的一般规律［M］．邱守娟，译．北京：中国人民大学出版社，1989.

② 李德顺，孙伟平，孙美堂．家园：文化建设论纲［M］．哈尔滨：黑龙江教育出版社，2000.

③ 梁漱溟．中国文化要义［M］．上海：学林出版社，1987：5.

神价值、精神生活，是一种精神化的生活样式。

而通过思想史的梳理我们必须认识到：由于人们从社会生活的不同领域、不同方面来谈论大学文化，导致文化的内涵歧义重重。其中每一个含义都包含文化的某些方面，但同时又忽略了文化的另外一些方面。必须说明的是任何一个文化的定义，都不能穷尽文化的所有内容，问题的关键在于对文化做出合乎理论逻辑与现实问题的表达、解释。从历史与现实来看，文化研究的问题域不是固定不变的，其主导性的核心议题随时代演进而不断发生变化，而不同的议题、问题域都有其自身的文化特质、运行法则、价值尺度和评判标准，都有其相应的界域效应。文化研究边界与人类的能力增长是同步的，文化界域研究作为当代最富有探索性和前沿性的学术和思想领域之一，逐步吸收了当代学术界最前沿的思想成果，尤其是后工业、后现代等学术研究成果。

二、以文化视角来认识大学

如何认识“大学文化”?

正如“文化”的概念一样，“大学文化”是一个内涵丰富的概念范畴。它既包括了我们对大学文化抽象的、思辨的理论认识过程，也包括了大学机构实践探索和历史发展中形成的一系列命题，在现实中体现为大学文化建设与发展的多维建构性。这从前面几个方面的阐释中可见端倪。

我们通过文化视角来审视大学，有两个基本维度：第一，从起源来看，文化是“人化”，是人的本质力量的对象化机制、过程和结果。大学本身起源于文化，存在于精神追求和文化理想中，并在发展中成为一个文化浸润的生命体，成为一个具有独特功能的社会文化机构。因此，大学的本质特性就在于其文化性，我们谈大学文化，其实就是在谈大学本身。第二，从功能来看，文化是“化人”，大学作为社会机构，其存在的根本价值就在于通过教化、塑造和熏陶人，推动人的自由而全面的发展。而无论从哪个维度来看，人都是其中的关键，文化机制正是大学运行的主导机制——人是文化的创造者，也是文化的承担者；人是大学文化的逻辑起点，更是大学文化的历史结果。大学既是人的文化实践的结果，同时又通过这种文化机制来实现对人的培养和创造。

以文化的视角来认知和研究大学，国内外学者多借助主体性、历史性、价值性、实践性（经验性）、结构性、空间性等，开展不同侧面的理论研究。

主体性，即具体人（群）的视角，主体性限定是认识大学文化归属的本质性尺度。文化归根结底是一定的社会人群的活动所创造且有赖于一定的社会群体而存在的东西。也就是说，从文化的角度考察，大学首先要关注主体人的需求与发展。这里的人具有特定的指向性：在大学组织内的教师和学生，因此，我们要特别强调大学文化的“群体性”和“群体效应”，大学文化从其规定性出发，必定归属于大学人这个群体，这就涉及一个重要的议题：文化的主体整合问题。所谓大学文化的风格、精神、规训（校训、校风、学风、行为规范等）、标识系统等，其实也是在大学群体的范围内就目标共识与秩序整合而言的。

历史性，即大学组织、大学人的生存发展的过程性，学术创新和知识生产的积累方式，历史性是把握大学文化发展的基本尺度。从一定意义上说，文化就是历史。要正确认识大学文化的历史性，既要全面把握某个时期、某个国家或某所大学的精神特质，就要深入了解其历史和文化传统，又要全面思考大学与特定时代、特定阶段人们的生活样式、价值诉求之间的内在联系。

价值性，即文化作为主体“生活样式、未来理想、价值追求”的深刻性和“内隐”特征，价值性是把握大学文化存在的基本尺度。从文化的角度考察大学，要注重大学所体现的深层价值理念和价值追求，注重时代性价值共识对大学价值选择的重要影响，特别是结合高校意识形态工作、社会主义核心价值观在高等学校的宣传贯彻等来开展论述，注重大学文化建设的价值前提、整体建构及其条件、过程和效应等之间的内在联系。

实践性（经验性），因应师生教与学的实践对应关系而存在，即大学组织的知识生产、文化交流、人才培育既是人们实践活动的重要体现、重要方式，体现了人的主体性生产和发展人本身的特殊机制，更体现了人的历史生存境遇和发展程度，因而，实践性是把握大学文化生成的基本方法。只有将大学组织及其活动放置到实践语境下，才能正确理解大学文化的主体性、历史性和潜在性等基本特征。

结构性，以文化的某些特征进行划分，分门别类地进行深入研究是文化研究的常见手段。基于大学文化自身结构，学界一般将其划分为四个层次：一是物质文化，二是制度文化，三是行为文化，四是精神文化。大学作为一个具有独特功能的社会文化教育组织和文化浸润的生命体，以文化角度来把握和联结各种校园文化现象，使之从一种“混沌”无序状态转变为明晰有序的景观。

空间性，大学文化首先存在于大学校园这一空间中，大学文化的传播和作用范围为大学校园，体现为这一文化的区域性限制而非广域性。大学文化的辐射带动作用是毋庸置疑的，但是不能无限制夸大其作用范围。也就是说，其通常只能作用于学校内日常活动的主体，即教师和学生；其次，对学生来说，其直接作用只能发生于学校教育阶段。当然，大学文化的生命力绝不仅限于此，它将价值理念与行为习惯以润泽人心的文化刻痕，深深镶嵌于大学人的精神底处，传播、扩散、辐射于不同的时空和场域。

此外，大学文化还具有一般社会文化形态的共性特征：

比如，大学文化的传承性。大学文化不是无源之水、无本之木，它既来自对民族文化传统的传承、弘扬，又来自对自身文化传统的继承，同时还有对外来文化的吸纳和创新；

比如，大学文化的塑造性。文化对人的价值观形成具有塑造作用，可以内化为主体的观念秩序、组织秩序。

比如，大学文化的潜在性，即文化作为主体“生活样式”的深刻性和“隐形”特征。美国人类学家克鲁克洪指出：“对文化做分析必然既包括显露方面的分析也包括隐含方面的分析。显性文化寓于文字和事实所构成的规律之中，……隐性文化却是一种二级抽象……只有在文化的最为精深微妙的自我意识之处，人类学家才在文化的承载者那里关注隐性文化。”① 从文化的角度考察大学，要注重大学文化所体现的深层价值理念及其思维方式，注重其所实现的文化基础、社会环境、逻辑前提、整体建构及其社会条件、过程和效应等之间的内在联系。

比如，大学文化的社会性。文化是构成人类社会发展的重要组成部分，因社会而生，依社会而存，在人类社会及其活动的基础上而不断生成和发展。从这个意义上说，社会性是大学文化的根本特性。换句话说，我们所要的大学文化，必然是中国特色社会主义文化的重要组成部分，将是面向未来以人的自由而全面发展为实质和特征的、新型的文化体系。

三、“大学文化”的理论整体性

大学文化，既根本区别于中华文化、法治文化、大众文化等反映国家、社会、民族整体层面的文化范畴，又根本区别于一般的企业文化、军旅文化、商业文化、社区文化、村落文化等社会特定领域的文

---

① ［美］克莱德，克鲁克洪，等．文化与个人［M］．高佳，等译．杭州：浙江人民出版社，1986：104.

化体系。大学文化，反映高等院校以教师为主导、以学生为主体共同创造的一系列文化成果，属于领域性、部门性的二级文化概念和文化体系。

近年来，国内关于大学文化的研究日益兴起，形成一系列重要的理论概括，如大学精神、大学理念、校园文化、教育理念、大学功能等。这些基本上是由高等教育学界提出的拓展型概念和命题，各有特色、各有侧重，总体上反映了我国大学文化研究正在走向与哲学、教育、历史、管理等学科密切结合的开放性研究之路，反映了我国大学建设与发展势必向文化层面提升的实践要求。因此，在多样化、多视角、多层次文化研究的基础上，需要而且能够形成一个总体性的层次和概念范畴——“大学文化”来表述。

大学文化是一个现代性概念，在不同的制度条件下具有不同的形态。在社会主义国家，大学本身就是一种特定的社会机构，它从社会各个领域或各个层面履行其特定的文化教育职能。在现实形态上，“大学文化”是一个内向整合与外向辐射相统一，精神形态、制度形态、物质形态多层共振，历史实践与时代变革互动共生的文化体系。

一所学校的文化，常常被认为是一种具有历史性、特色性的实体文化，这种文化观点多数将文化整体性归结为“文化意象”。实际上，大学文化的真实图景是由多重文化相互交织而塑造的整体，这种文化景观的多重性，源于高等学校的不同群体、不同领域的“聚合效应”而产生的诸多相互渗透却又相互独立的“亚文化形态”，比如以学生为主体的“学生群体亚文化”——社团文化、宿舍文化、志愿者文化、创新创业文化等，以教师为主导的“教师群体亚文化”——课堂文化、学术文化、沙龙文化等，以行政人员为主体的“行政人员文化”——管理文化、执行力文化等，以教辅和后勤服务人员为主体的“服务亚文化”（餐厅文化、社区文化）等。当然，还有以学校历史发展为视角的“校史文化”，以精神、制度、环境为区分的“大学精神”“制度文化”和“环境文化”等，多重形态并存的“亚文化”及每种亚文化的特质体现了不同群体的偏好、价值观和期望。因此，大学文化概念是对以上大学文化生态系统中各种亚文化的一般性、整体性概括，其包含但并不归结或等同于“高等教育文化”“大学精神”“学术文化”“校史文化”“校园文化”“创新文化”和各个高等教育领域的专业文化等。

基于上述分析，“大学文化”可以被一般性地描述为发生在高等院校中，坚持党的教育方针，全面贯彻党委领导下的校长负责制，建立健全现代大学治理体系，扎根中国大地，办好中国大学，以教师为主导、以学生为主体共同创造的一系列文化现象的总和。在中国特色社会主义事业蓬勃发展的今天，高等学校因其文化自觉和自身条件而被赋予了更多文化传承与创新的使命，以及践行与发展社会主义价值追求的政治责任，并以不同学校差异化办学理念、办学实践为载体，内化为大学文化的本质与精神。

第二节　大学文化的基本功能

大学文化由于其独特的功能，日益引起高等教育领域的普遍重视。大学文化的基本功能主要体现赋能升华、文明传承、教育引导、整合规范等方面。

一、赋能升华

从历时视角来看，大学发展的基本轨迹总是由低级向高级、由低层面向高层面不断演进的，高等学校的组织文化、观念文化系统会适时地与各种社会思潮交织互动等，这一点古今中外的大学概莫能外。这说明文化发展不是简单循环，而是不断演进与升华的。虽然这个不断提升的过程是必然趋势，但在这个升华过程中大学文化成为学校历史发展的重要动力和表征，其关键环节就是文化对高等学校持续地进行赋能升华。

从共时视角来看，文化的一个基本功能是为一切事实、现实活动赋予意义与价值，给予文化共同体内的一切成员以自尊和自信，这就是文化的赋能升华功能。但这并不是绝对自发而然发生的，需要在一定的条件下进行转化，而如何探索与回答“转化什么”“如何转化”以及转化的“现实环节、秩序规程、工作条件”就成为当前大学文化研究与大学文化建设的重要课题。

大学文化的升华是对人类精神境界的一种许诺，具有将人的物欲本能提升到超越性的集真、善、美于一体的艺术和理性层次的功能。从人的文化需要看，大学文化可以满足人们精神生活升华的基本需要。尽管不是人人都可以用理性的辞藻说明什么是大学文化，然而人人都有向往高境界、高情操的憧憬，都有以拥有高素质而自豪的心理，他们心中都有一个关于大学文化的意象化的、象征意味的体验。正如电影《出水芙蓉》中男主人公所说：“你忘了，我是被牛津开除的!”一副得意自豪的神态将此意味彰显得淋漓尽致。

显而易见，大学文化为满足这种需要提供着理性上、情感上、生活方式与行为方式等方面升华的空间和营养，提供着目标和境界。故在这个意义上，大学文化赋能升华功能的发挥既是对文化发展的升华，又是对主体的升华，具有文化发展的终极性意义。

二、文明传承

大学是人类文明传承的重要阵地，这是由大学的基本职能决定的，并且在传承文化方面具备得天独厚的优势。

大学的基本任务是培养人才、学术研究、社会服务和文化传承与创新，其中培养人才和学术研究的前提是对流传下来的文化进行继承、积淀、选择、加工和整合，而文化传承与创新则是结合实践发展、时代需要提出的新任务。人类文明是一条绵延不绝的河流，割裂、孤立的文化态度是不足取的。高等学校的教师将人类文化成果通过教学活动传授给学生，特别是将先进科学文化、思想观念、价值理想传达给学生，以言传身教、耳濡目染、发展创新的方式推进学生成长成才，从而完成文化的传递，文明的传承。

大学实现这一功能主要通过两个环节：一是根据自身价值理想对人类文化进行严格选择和整合，赓续文化成果；二是通过教育教学，实现知识、思想的传播，内化为大学师生的内在素质，形成民族优秀文化与世界先进文明成果的交流互鉴，推进人类文明进程的发展。河北大学福建校友会会长杨国川大学毕业后回到故乡福建漳州创业，成立漳州固佳路桥建设公司。在制定公司文化战略时，他将母校校训“实事求是，笃学诚行”中的“笃”“行”两字融入其中，确定了“正德笃行，精筑致远”的公司文化核心价值理念，并运用这种价值理念治理公司，发展事业。大学文化传承创新的功能可见一斑。

关于文化创新，清华大学原校长王大中院士有着精辟论述：“大学理应承担起创新的使命，现代大学对本民族文化资源的开发，对外来文化的引进并不是简单的继承与模仿，而是必须结合新的实践和时代的要求，结合人民群众精神文化生活的需要，积极进行文化创新。”文化创新与大学的科学研究、知识生产、学术活动密切相关，传承先进文化必须通过文化创新来实现，文化创新更是现代大学的神圣使命。

三、教育引导

大学所承担的教书育人的基本功能，是实现高校组织与个人协调发展的重要手段。大学文化所承担的教育功能最大的特点便是它在许多方面都带有一种灌输性或准强制性，大学文化实现自身教育功能的方式是多种多样的，这种功能的作用主要反映在理论导航和教育提升两个方面。

大学文化以它独具优势的体系化的思想理论模式为社会思想和社会文化提供最基本的价值观念、最重要的方向目标、最深刻的阐释说明，例如政治的、哲学的、科学的、经济的理论体系，对社会与文化的发展影响之深之大是不言而喻的。同时，在很多时候，它们又都是社会文化变革的先声和理论前提，革命的理论、科学的重大发现等尤然。高层次的理论文化是人们对人、对社会、对整个世界的历史、现实与未来运动的深邃思考，是一种高度的理性的文化整合，其科学性、预见性、权威性或统摄性都具有极高的文化指导价值和文化规范力，故而对整个社会文化乃至个人都起着不可替代的导向指南作用。

一般来说，文化选择的自然状态是“趋俗”，保持其质朴的原生状态，沉迷于感官感性的经验状态，附庸于流俗的浅表状态，但这种文化定式对社会共同体的破坏作用是致命的。作为一种文化选择的大学教育，其首要功能就是对作为社会精英群体的大学师生进行文化观念、文化行为的重塑。一方面使得学校师生，特别是青年学生群体在大学校园这个具有高尚追求的校园文化氛围中接受塑造，特别是接受以大学精神为牵引的社会主流价值观的塑造，抑制低层次的落后鄙陋的文化，保护高层次文化追求和文化发展；另一方面开展人文知识、人文素养、科学追求等专项课程，借助哲学、历史、法律、心理、思想教育等专门知识的训练，实现受教育个体自身能力素养与理想追求的提升。

四、整合规范

无论是明文规定还是约定俗成，大学文化具有其内在整合规范功能。从道德规范、行为规范意义上，文化体现为一种目标、标准，它规定活动、手段必须服从于其内在目标并以之为引导；同时，它又是一种标准，是作为文化追求所规定的群体规约，体现为价值规约和行为规范。规范怎样整合群体？虽然群体成员的活动在各方面都要受到群体规范的制约，但规范形成的共同性力量与人们对这种力量的服从之间总有一个相关度问题，即他们在何种程度上与群体规范保持一致。因而大学文化可以说是确定了群体标准或共同行为、态度与观点，提供了整合规范大学人思想言行的文化框架与尺度。

作为在社会中起重要作用的文化，大学文化扮演着突出的主导角色。整合规范功能的发挥，主要来自两个方面的作用：一是环境规约，二是舆论整合。

人是一种“关系性存在”。大学文化的生成、嬗变与发展为“大学人”的发展不断创造着条件，并产生了规约性影响。由于大学文化与人的发展的内在联系，大学成为大学师生的文化环境场，生成了其成长发展的条件。从其内部来看，大学作为文化共同体，是一种有组织的、自觉的教育力量。调控使文化共同体内部各项交往活动、行为选择、语言交流等实现调试，学校内部行为准则、道德观念，以其天然的律令形态和规约性推动着文化认同。

一般地讲，青年学生作为世界观、人生观和价值观尚未完全确定的群体，受社会大众文化影响而“趋俗”之势很强，通过校园各种渠道的渗透、引导，及时进行扶正纠偏是非常必要的。大学文化通过课堂内外的教育教学手段以及校园媒体广泛的、深入持久的、多手段与多途径的宣传来实现最大化的趋雅脱俗的调控作用。大学文化的教育和调节意义就在于此，它通过反复多次的教育宣传灌输，逐渐使广大师生适应或缩小观念之间的差距，达成思想共识，从而改变自己的定势，接受观念的纠偏。这种调节效应在社会抱负、人生信念、道德审美、理想信仰等方面是显而易见的。

整合冲突是大学文化的根本特性，也是大学文化借以实现自身价值的归宿和要求。就大学文化的现实挑战来看，整合诸如大学校园主体多元、思潮碰撞、突出个性等现实冲突，而冲突又如何引起新的文化整合，是大学文化研究中的一个十分重要的课题。

第三节　大学文化的研究视角

显性文化是外在的，隐性文化存在于主体意识中。台湾学者黄文山指出："文化包括两个状态，一是内部的，二是外部的。内部的领域，包括价值、观念、感觉、意义、思想等，为简便起见，亦可称为'文化的心态'。外部的领域则由非有机的和有机的现象，如物体、事素、历程等等所构成。"① 从内部视角来看，大学文化所蕴含的精神追求、价值理念、审美旨趣等，以及在历史发展中所沉淀的群体经验（教风、学风、从业法则、校园规约等），无疑反映了文化的内在凝聚力、稳定性的特质。从外部视角看，大学文化的要素构成主要分为社会要素、组织要素、规约要素、活动要素、环境要素等。外部视角建构的实践结构及大学文化与社会要素的相互协调关系，构成当前中国大学文化建设的基本内容。

一、内部视角

（一）文化定位：大学理念及其系统执行

作为一个文化体系，大学文化有一套一以贯之的精神理念系统，尤其体现为大学在办学理念、价值追求方面的形式化、程序化、规范化等方面。大学作为一种精英文化介质，对社会的价值和意义无可估量。其原因更在于大学之于社会的重要性，即大学相对于其他社会组

① 庄锡昌，顾晓鸣，顾云深，等. 多维视野中的文化理论［M］. 杭州：浙江人民出版社，1987：121.

织、社会机构具有更为自觉的文化建构性。大学文化的特性不仅引导大学文化自身的培育及其实践问题，更反映了大学文化参与办学治校育人的必要性、可行性，这需要深入到办学实践中进行探索和提升。

一般意义上的办学实践都有其文化前提性和规则执行性，集中表现为对办学理念的不懈追求、科学构建、自觉恪守、坚定维护；对制度体系、行为规约的高度重视、自觉执行。大学里的教师、学生普遍依此而行动的模式及其实践成果，便建构或生成为现实的大学文化体系。

当然，差异性的根源则在于实践样态和文化选择的差异。大学文化，作为一种特定的文化实践样态，既有高等教育本质的统一性、普遍性，也有不同民族文化传统、不同时代背景、不同地域环境以及不同学校的办学条件、行业特色等方面的千差万别，这些都现实地造成大学文化的差异性。

处于不同时代、不同地域且具有不同文化传统的大学必然在办学实践中生成不同的文化形态。中国大学与西方大学的显著差异恰恰说明了这一点。显然，由于所处时代环境、社会制度、历史传统、办学条件的鲜明差异，中国大学文化具有显而易见的独特性，将西方大学作为唯一样板是不足取的，也是不符合常识的。中国大学文化的建设，必须立足中国国情进行实践创新，而不可能通过简单照搬或模仿达成。历史昭示我们，大学文化建设必须坚定不移地走自主实践之路。

此外，在相同或相近的社会制度、历史传统、实践条件下，文化的差异性又体现为不同学校的师生历史选择、区域特色、办学实践、价值追求、精神生活、审美旨趣的差异，以及学科差异等必然造成文化实践的独特性。

（二）文化人格：大学的精神及其精神人格

大学文化的核心和灵魂是大学精神，大学精神是一种文化的历史积淀，是办学理念、价值追求的集中反映，大学精神的基石是人文关怀、批判意识和独立精神。理想的大学精神建立在对教育本质、办学规律、文化传统和时代特征深刻认识的基础上，能够正确反映大学发展方向的精神追求。

大学文化由于其整体性特征，成为大学综合实力的重要标志，比如学科专业、教师队伍、基础设施和校园环境。著名学者梅贻琦认为，大学教育的核心在于通才教育，应重视大学在人格养成、道德塑造的特殊性，大学“非谓有大楼之谓也，有大师之谓也”。教授名师和优秀人物（先进典范和校友）更是现代化大学的文化人格象征，这些都可视为大学的人文精神和文化属性。

从现实来看，几乎所有的世界一流大学都有自己引以为傲的灵魂人物，都有社会公认的大师。这些教师不仅是高深学问的代言人，而且对社会有巨大影响力。正因为如此，大学都重视教师的选用并不惜重金从国内外聘请高水平教师。高校的学问大师都是经过严格筛选和培养的，其德行言论影响着几代人。英国的剑桥大学先后拥有 20 多位诺贝尔奖获得者，北京大学群贤汇聚，周培源、马寅初、冯友兰、王力、朱光潜、季羡林、钱锺书、陈寅恪等，或学问宗师，或文化泰斗，都成为时代的文化精神象征。

（三）价值追求：大学活动及其文化使命

大学被誉为“象牙塔”与大学生被喻为“天之骄子”具有相同之处，那就是因为大学是培养精神贵族和社会精英的地方。

在高等教育大众化的今天，虽然这种意识和称谓逐渐淡化，但是大学精神应该一脉相承，高等教育所承担的创造人类未来的使命感、责任感和社会理想从未改变。思想家罗素的一句名言：“推动我生命的三大动力，一是对知识的渴望，二是爱的追求，三是对人类的苦难同情。”康德有言：“有两样东西越是考虑越让我刻骨铭心，一是头上的星空（神秘博大的自然秩序），一是内心的道德力量。”

从教育内容来看，大学教育学生感悟人类文化中最崇高伟大的道德品格、真理追求和审美旨趣，应是让学生有庄严感、敬畏感，能够懂得和识别崇高与美的东西，而不是社会流俗中的作弊、腐化、惰怠、及时行乐等。在大学教书育人的各个环节中，大学人坚守的淡泊宁静、精神理念、思想智慧和优良秉性等，成为推进社会变革的策源地、涵养社会良心的“精神家园”和领航人类前行的“灯塔”。比如清华大学的校训“自强不息，厚德载物”，南开大学的校训“允公允能，日新月异”，厦门大学的“自强不息，止于至善”以及河北大学“实事求是”等。从这个角度讲，所有的民族国家对大学的厚重期待、联合国教科文组织提出的“前瞻性大学”的新理念，以及把人的发展作为教育最高目标，进而有“教育，必要的乌托邦①”这一重要哲学命题的提出，都意味着高等教育和大学“着眼于未来的”精神，及其超越非功利的现实利益，追求终极关怀的价值信仰。

（四）群体经验：群体整合与行为选择的黏合剂

文化经验在本质上是人类史与文化史的辩证统一，故反映在群体文化整合上，就成为在现实性上一种经验的整合。经验是群体共有的财富，也是群体的黏合剂，故经验是群体整合的重要力量，也是我们把握文化整合的最基本的证据。正如罗杰·M. 基辛所描述的：“如果我们不先仔细检视雨林小村、沙漠营地、乡民农村，还有现代都市中那些形形色色的人类经验，我们就无法开始了解人类的生活方式怎样不同，人性是什么，人类生活方式能够怎么样等问题。人类学对人性和人类的可能性都无法提出简单的答案。但人类学能够广泛地透视种种文化经验，又具备兼跨生物科学的社会科学基础，因此有资格提出这

① 人们对于“乌托邦”一词的翻译和理解，常常直译为“乌有之乡”，即不存在的地方。实际上乌托邦还有“未开垦之地”意蕴。也许对人类自身发展来说，面向未来的高等教育仍具有重大的“未开垦之地”的未来价值。

类问题并加以探讨。”①

关于大学文化的群体经验，一般可以分为历史文化经验、办学经验、教学经验、治学经验、职业与人生规训等。历史经验最终固化为历史传统、历史文化、典仪习俗、校训、校歌等内容；办学经验则体现为育人理念、学科门类、发展定位、发展目标等；教学经验则以课堂教学及其延伸为基础，固化为教风、教学方法等；治学经验是以科学研究实践为基础，形成学者治学的法则和要求，这是形成大学良好学风的基础；职业与人生规训则是具有更多的延展性，体现为校训、校风以及师德师风及其相关行为规训。

通过群体经验构成群体整合是文化的普遍现象，而新的历史经验的累积与变异则可能以种种方式影响群体整合的演进过程。历史的经验是构成整合的重要因素，个体之于群体，群体之于个体在整合上始终存在一个历史经验背景问题。群体整合的发生与演进在与之联系的历史文化背景下进行。例如，一位著名大学教授的治学经历、人生阅历及其由此产生的个人选择都可能影响师生群体的行为选择与思想观念。因此，个体的历史经验（这在一定的人群内颇具类同性）对每个人的群体认同与归属过程随时都发生作用，并常常具有很重要的意义。

文化的群体整合根本上是立足于办学实践进行，并服从于学校发展的现实目的。经验的整合相对于其他规范的整合更具变化的特点。随着历史的发展，大学的制度生活、精神生活的演进无时无刻不在发生着种种变异，并构成新的经验内容，这些内容既可能是对规范的延伸和展示，也可能是对规范的突破，而后者正是创构新的规范体系的基础和前提。新的经验形成过程本身也就意味着一种群体整合的过程，尽管在这个过程中群体整合可能带有种种混沌性与不明晰性。社会经

---

① 基辛．当代文化人类学概要［M］．北晨，译．杭州：浙江人民出版社，1986：24.

验整合的未来因素、未来特性及未来趋势较之其他规范整合更重要。某种经验的演进趋势总是标志着某种规范整合的演进趋势，它对未来的群体规范构造提供种种可能的规定、选择和背景。

人们总是根据经验来设置种种规范以界定和引导文化；同时人们也总是依据经验形成对群体的识别与调适，从而把握和构建一种群体文化。脱离经验，学校规范只是空洞无物的东西，也无从确定什么规范是适应还是不适应的，更无从谈论群体的整合。

稳定性和持续性是一个相对的概念，大学文化的精神内核也不是一成不变的，它会随着历史发展被一再打上时代精神的烙印。大学文化的稳定性与持续性在面对社会变革与转型时期，时而呈现出某种“脆弱”，创新与变革总是在历史发展的某一特定时期表现得尤为关键。

即使在一个积极的文化体系、文化生态中，当大学文化之精神内核的稳定性、长远性不足以维持学校这一组织的持续改善和组织成员的发展时，便需要寻找其信奉的价值观、精神追求的外化系统，以及赋予实现学校前景、个人愿景的实现方式。

二、外部视角

（一）社会要素：大学发展与社会发展的交流互鉴

影响大学办学的各类外部要素，主要包括政府、市场和其他社会力量，社会要素是塑造高等学校持续变革的条件。其显著表征是办学自主权问题。欧洲古典大学，特别是私立大学在其历史发展中形成了较大的办学自主权；近代以来，欧美大学在政府、市场和其他社会力量的多重作用下，高度自治制度事实上走向瓦解。

中国大学制度的形成走出了一条与欧美大学截然不同的发展道路。随着外部环境的变化，大学由社会边缘日趋走向了社会中心，大学越来越卷入了各种社会事务，其自身生存与发展必然与社会外部因素发生更加紧密的联系和互动。“大学一方面力争拥有更多的办学自主权，另一方面却不由自主地比过去任何时候都更注重政府在社会各种子系统中的协调作用。”① 这种情形，导致追求自由和被控制的现实矛盾关系。

究其原因，一方面，大学立足自身使命不断开展知识创新、知识传播活动，当外部控制力量得到抑制，知识创新与人才培养的自由度就得到释放；另一方面，大学需要获取办学的资源，就依赖拥有资源控制权的教会、政府、市场或是社会公益组织等支持，而获得物质资源支持必然导入了各种社会力量的介入。于是出现了一种奇特的现象：大学作为引领社会的灯塔，不断强调办学自主权问题、精神自由性问题，又必须遵从社会发展的现实逻辑，承担相应社会职能，不得不受世俗权力的羁绊。随着时代的演进和大学机构办学规模的不断扩大，大学的社会功能不断拓展，大学的精神追求更加深刻地体现出现实关怀，承担了更多的社会职责。

从大学与政府的关系来看，政府是国家利益、社会利益的代表，拥有管理社会公共事业的强制力，这就决定了政府与大学之间的关系主要是一种非对等的关系。“高等教育越来越卷入社会的事务中就越有必要用政治观点来看待它。就像战争意义太重大，不能完全交给将军们决定一样，高等教育也相当重要，不能完全留给教授们决定。”② 从作用机制来看，政府主要是采用了强制性的管理与控制，基本模式是“命令—服从”。从大学与市场的关系来看，市场主体追求的不是权力而是利润。随着大学与市场越来越紧密地联系在一起，大学与市场主体之间仍然是以其知识创新的领先优势保持一种相对独立的对等关系。

---

① 李泽彧．高等学校与政府关系的两个问题［J］．厦门大学学报（哲学社会科学版），2000（04）：103.

② 布鲁贝克．高等教育哲学［M］．王承绪，郑继伟，张维平，等译．杭州：浙江教育出版社，2001：32.

从大学与社会组织之间的关系来看，社会性组织主体既不是为了权力，也不是为了利润，而是一种使命感，大学与社会组织之间的交流互动依靠的是理性、理解和信念为特征的对等关系，在现实交互中呈现出一种自组织机制。

总体来看，政府是影响大学自治程度的主导性因素，根据历史阶段性和制度环境的差异，政府对大学自治的影响程度、作用方式也有着本质不同。一般来说，政府通过行政拨款、人事任命、政策指导、检查评估等各种不同的形式对高等学校施加影响。在社会主义制度下，政府对高等学校的影响力主要是对其拥有政治属性与社会功能的规定权，即政治家、教育家办学。

（二）组织要素：文化追求与高校组织结构的对应生成

从历史上来看，现代大学一般都着重强调其教书育人、知识创新的双重功能，这个理念在德国、美国都产生了广泛的影响。随着时代的发展，现代大学的功能已经不仅仅是“传播知识”的教育殿堂，也不仅仅是“知识生产”的科研高地，而是被赋予了直接为社会服务的新角色。聚焦知识传播、知识创新和服务社会等职能衍化而生成的组织创新，即大学组织的适应变革机制，也内在植入了大学的理念、价值追求和使命担当。很显然，大学社会功能的拓展和对自身使命的追求，是推进大学组织变化的内生动力。

从历史来看，世界一流大学的组织创新有其对现实环境的适应机制。

1. 德国研究型大学的崛起与组织创新

德国研究型大学的崛起产生于大学的知识体系发生重大变革的时代，即从综合性的古典学术演变为专门化的现代学术。成立初期的柏林大学虽然被称为新型大学，但仍以古典学术为主体。古典学术天然具有综合性且排斥专门化的现代学术知识，其组织架构特点——哲学院的讲座与习明纳，围绕知识分支建立，由导师带领几个学生，形成一个个小而精、师徒式的古典精英教育机构，也适合于学生学习古典学术来进行心智训练。

而柏林大学迈入现代研究型大学的重大变革始于19世纪30年代，现代科学被自然科学家引入大学之后，引发古典学术的综合化与现代学术的专门化之间的对抗。现代学术在哲学院中的合法地位一经确立，组织层面就逐步建立了与专门化的现代学术相匹配的研究组织即研究所，这些组织以“旧瓶装新酒”的形态依附于传统的讲座形式，新学科不断从旧学科中分化出来，促进了学术知识的专门化与创新。柏林大学等研究型大学最终形成了以多个松散联结的专门化组织为主体的分列式线性结构，这一结构在大变革时代很好地适应了知识的专门化，并成就了德国大学的辉煌。

2. 美国研究型大学的组织创新

美国在学习德国建立研究型大学的过程中，在如何处理知识的综合化（基础文理知识）和专门化（现代学术知识）这一问题上存在三种变革方案。最初的两种方案是将这两类知识体系分开建制，将基础文理教育与学术性专业教育分离，建立专门化的现代学术研究组织即研究生院。第一种改革方案以约翰斯·霍普金斯大学等校为代表，深受德国模式影响的校长吉尔曼提倡将研究型大学与传统文理学院进行切割，摈弃了文理学院，建立以培养基础理论研究者为主的研究生院。第二种改革方案以芝加哥大学、哥伦比亚大学和斯坦福大学为代表，主张将传统文理学院和研究生院分开叠加，在初级学院传授综合性的基础文理知识，在高级学院以专门化的学术研究和研究生教育为主，两类学院教师也各自独立。

哈佛大学最终探索形成第三条道路（或改革方案）。经过长期办学实践与探索，哈佛大学停止了将文理学院和研究生院之间进行结构性区分的改革趋势，在文理学院层面统摄整合知识的综合化与专门化，最终形成了以文理教育为基础的学术教育。其研究生部改组为哈佛大学文理研究生院，研究生院被统一于原先的哈佛学院之中，两者整合形成了新的哈佛大学文理学院，这是一个“哈佛学院+研究生院”（研究生院又包含若干学系，即文理学院加专业学院）的双层结构，在大学层面形成组织结构上确认了的应用性知识与基础性知识之间的关系，适应了学术知识的大规模生产。

3. 美国创业型大学的组织革命

传统一流研究型大学相对排斥应用性知识，因此，强调应用性和知识资本化的创业科学的出现，是继专门化的现代学术知识与基础理论研究进入大学之后的“第二次学术革命”。从相关文献看，大学组织设计与创新是美国创业型大学研究领域的焦点内容。这表明当学术知识发生重大变化时，学界特别关心的是大学如何进行相应的组织变革。麻省理工学院（简称“麻省理工”）和斯坦福大学是创业型大学的典范。

在 20 世纪二三十年代，麻省理工还是一所以应用技术知识为主的工程学院，其校长康普顿的办学理念奠定了麻省理工变革的基调，学院开始通过组织创新来适应和发展创业科学。麻省理工在组织变革层面瓦解研究型大学象牙塔式严格的组织边界，推进大学与区域经济的相互渗透，形成若干边界性组织，比如建立制度化的咨询服务、专利制度体系和技术转移办公室等。这些组织边界的尝试性突破为教师的创业行为提供了合法性基础和组织保障，是大学为塑造新的功能与角色在组织变革上的前期探索。创业型大学的基本组织结构形成，它是经由咨询、专利制度改革的初步探索，到组织边界的大规模渗透，新型企业、大学科技园、大学企业孵化器等边界性组织出现并发展为成熟的组织模式，其实体是著名的高新科技园“128 公路”。于是，传统研究型大学的组织边界被打破，实验室和科技园模式在战后被延续并迅猛成长。

创业科学家不仅应具有学术研究能力，项目的组织者和负责人还应有强有力的领导和组织能力，成为能领导科学家的科学家。在这样一种组织结构中，研究人员兼具两种身份，受双重行政制约，一个是在传统学系如物理系的职位，另一个是在实验室的研究职位。每一个研究组织的成立都是以解决应用问题为导向，这意味着它必须网罗各传统学系和学科的研究人员共同工作，形成一个知识综合化的组织。同时，每一个研究组织处于网状的矩阵结构之中，每一个研究人员是网状结构的节点，学者、企业和政府之间的关系是联结。

（三）规范要素：制度规约对个体行为的规范整合

大学文化有其独特的价值和意义，通过文化的价值导入和建构，积极寻求文化认同、文化规约以及文化影响。大学文化之所以要建构一套规范体系，根本在于大学所承担并履行的社会道德责任。道德责任不仅是判断个体行为和组织集体行为的道德标准方法，而且是责任主体走向道德完善的必然途径。

从社会外部视角来看，大学所承担的道德责任是以“集体道德责任”形式面向社会，每一个学生、教师个体或者大学内设机构等都应具有与之相匹配的“道德责任”。从内部视角来看，大学诉诸日常教化、行为规约、舆论影响等手段，以整合规范、涵养塑造每一名师生的道德情操。一所大学不仅有“看得见”的规范和准则，拥有自己相对完善的制度、条目清晰的规章守则，这是外化且有形的规范，还要通过价值观念的渗透，形成一种“看不见”的规范，这是内化且无形的规约，这是大学文化的整合规范功能的内在机制。

约定俗成是文化的最大特质、功能和外在表征，这就是我们所强调的文化的规范整合功能。一般来说，大学文化的整合规范主要有三个层面。一是诉诸价值引导。大学所带给青年大学生的不仅仅是知识，更为重要的是文化熏陶和价值指引，从而涵养人格、塑造自我、砥砺梦想、践行追求、完善人生、实现价值。二是诉诸舆论倡导。校园媒体也是一个比较丰富的体系，校园广播台、电视台、校报、网站，还有各类学生社团创办的媒介，形成一个相对闭合的文化舆论场，成为师生凝聚共识、道德评判、舆论导向的重要载体和支撑。三是诉诸行为规约。大学规章制度、条目准则、警示标语、名人格言、建筑标识等都是通过文化的渗透和整合，从理论层面不断延伸到实践层面，形成一种带有文化涵养的环境场，对大学人的具体行为进行规范和约束，并展现一种权威性和约束力。

大学以知识为载体的活动，无论是学术活动、教育活动、社会服务和文化交流活动，均受到价值的左右，受到社会公众的普遍关注。大学人遵从相应的道德规范并承担相应的道德责任，这是毫无疑问的。大学作为一个共同体，不同身份的大学人的行为必然要符合共同体的总体利益和价值追求，大学人同样应该明确自己不应该做什么和应该怎么做，具有一个身为“大学人”的行为准则。而大学人包括学生群体、教师群体、管理人员（行政人员和领导人员）以及服务人员（教辅人员和后勤人员），这些不同身份的群体在大学这个共同体中发挥着自己的作用，与此同时还需要遵守相应的行为规范。而这种行为规范是大学制度文化中的一部分，通过大学文化建设将大学的价值追求渗透到大学人的行为规范中，使价值理念转化为道德底线和行为准则。

一般来说，按照分工不同，大学组织内不同群体所承担的道德责任和道德规范具有明显差异性：一是作为社会未来的精英群体的道德责任，这是对大学生的日常行为规约；二是作为学术研究与教育活动执行者的道德责任，教师开展各项活动要遵从教师职业道德规范；三是行政管理者、服务人员作为教书育人的重要一环，也要承担相应的道德责任，特别是在教育管理、教育服务工作中遵从相应的工作职业规范和道德约束。

（四）活动要素：价值观念与文化活动的体用关系

校园文化活动是大学校园特有的一道亮丽风景线，是大学生文化生活的重要组成部分，是大学育人环境的重要部分，对大学校风、教风、学风的形成与发展起着重要作用，对大学生素质提升、能力拓展和社会化角色认知等起着至关重要的促进作用。作为一种重要的教育活动，校园文化活动是课堂教育的补充、延伸和深化，是大学人才培养链条上的重要一环。

1. 校园文化活动的重要作用

大学校园文化活动是培养学生能力素质的重要途径。大学校园文化活动被视为“延伸的课堂”，成为大学人才培养的重要环节，教育界对此是有共识的。目前，绝大多数高校都构建了各具特色、形式多样的校园文化活动体系，这些活动吸引着绝大多数在校大学生的目光，充分调动了大学生的主动性、能动性，使他们在参与各类活动中循序渐进地接受道德情操和精神风貌的熏染，不断提升其专业能力、认知能力和实践动手能力。

大学校园文化活动是开展大学生思想政治教育、促进学生社会化的重要渠道。各高校积极拓展校企合作空间，有计划地组织社会实践、青年志愿者活动等，推动教师、学生加深对社会的了解、密切联系等，为学生走向社会打下了基础。

2. 校园文化活动的基本内容

大学校园文化活动具有鲜明的教育性、思想性、创新性、交互性等特征。它根据学生的身心发展特点，以学生喜闻乐见的方式呈现出来：

一是学习和学术活动类，如论坛、讲座和学术报告。论坛、讲座和报告是大学校园活动的主要形式，是大学生提高自身文化素质的重要途径之一。从实施教育的视角来看，学校或学院邀请专家学者与学生见面，或以增进学生专业素养、开展相关学术训练为主旨，组织开展专题人文知识讲授、自然科学教育、学术报告或座谈交流等活动；或以交流人生体验、成功经验、成长成才与就业为主题，组织开展校友访谈、就业创业经验分享会等。从学生兴趣拓展来看，以非教学单位或学生社团为主组织举办的各类知识讲座、兴趣短训班等大大拓展了学生课余兴趣。

二是文化竞赛活动类，如社会主义核心价值观知识竞赛、校园体育赛事、校园技能竞赛等。文化竞赛活动是开展第二课堂素质教育活动的重要载体，在校大学生不仅是活动的主体，还是主要组织者、参与者。根据大学生文化素质教育的目标要求，从竞赛活动教育功能上主要体现为知识类、技能类、体育类、娱乐类，以及其他时政综合类竞赛活动等。

三是大学生社会实践活动类，如社会调查、政策宣传、志愿服务、专业实习等形式。大学生社会实践活动是第二课堂的重要组成部分，它与大学的专业实践活动、社团活动既有联系，又有区别。伴随着素质教育理念的不断深入，大学里参加各类社会实践活动的学生也越来越多。统计资料表明，进入 20 世纪 90 年代以来，大学生利用寒暑假参加社会实践活动的学生数逐年攀升，达百分之九十以上。社会实践活动的内容十分丰富，组织形式也多种多样，大学生一般根据所学专业的不同参加相应的社会实践活动。大学生在参加社会调查、政策宣传、社会考察、志愿服务中了解社会现实，接受思想教育；在科技调查、科技攻关、专业实习等活动中参加专业实践，提升自身专业技能；在丰富多样的文艺演出、科技推广、医疗与志愿者活动等参加社会服务；在商务活动、产品宣传、家教服务等活动中实现勤工俭学。通过丰富多彩的社会实践活动，大学生可以受到多方面的教育，经受各种各样的锻炼，同时也能较好地发挥自身的知识、智力优势，为社会做出贡献。

四是学生社团活动类。学生社团活动就是学生社团主体组织的各类校园活动，从活动内容来看分为政治类、学术兴趣类、文学艺术类、体育益智类、志愿服务类等。社团活动是大学第二课堂中文化素质教育的基本组织形式。参加学生社团活动，是当代大学生开展社交活动、激发兴趣特长、实现自我社会化的初步尝试，其重要意义自不待言。

大学校园内的社团组织五花八门，但一般都有自己的章程和活动领域，一般都纳入学校团委的宏观管理和指导，有相对稳定的指导教师和新老传承关系。校园社团在管理层次上一般有两级，一级为校级社团，由校团委或学生处等职能部门组织管理；另一级为院系级社团，一般由学院团委管理，具有一定的专业特色。

（五）环境要素：教育活动与物质环境的体验承载

物质环境是物化的文化形态，通常是通过建筑设施、自然景观、人文景观、园林环境、图书资料等形式反映一个地理空间的物质性存在。文化是一个环境场，物质文化便是一个“空间场”。

物质环境是大学开展教学工作、进行学术研究、服务社会的基本物质条件，是其他大学文化形式的物质载体，构成大学文化的“空间场”，具体而言，大学物质文化主要是指校园地理环境、学校建筑、大学标识、大学学科设置、文献资料和文化典藏、实验室及其器材等。

大学物质文化是一代又一代师生在办学实践过程中缔造的在学校存留的历史建筑或标识，全新勾勒的现代风貌景观，历史名人和知名校友的塑像及寄语，甚至校园道路的命名、楼宇的命名都是展现精神文化最好的载体。教育者通过对校园资源的整合，将大学精神中的精髓与校园物质载体相融合，如创设幽深的学校环境，借山光以悦人性，假湖水以静心灵，使学生感受到超然世外的清幽，于此环境中追求知识的真谛。校园景观是大学师生共同创造并能深刻影响大学人情感的有形文化，学校的地理环境、规划布局、建筑风格都是大学精神的具体体现，要使师生在进入其中后能感受到学校的优秀传统、精神感召，愿意融入并创造性继承和发展大学独特的文化传统，这是大学物质文化建设的根本目的。如清华大学选址于京城西北皇家园林，浙江大学坐落于西子湖畔，武汉大学依珞珈山临东湖而建，这种地理环境会使师生放松身心，愉悦心情，激发创造的激情，培养一心向学问的高深境界。这种尊重自然，充分利用现有的自然景观、山川地形的基础从而进行景观设计与构建，形成一种人与自然和谐相处的状态，对师生无形之中产生一种教育意义。

校园建筑是大学物质文化载体的主体，它的整体性、多样性、创造性构成大学物质文化的主要部分。校园的每一处景观都经过教育者精心设计，诠释和展现特定的文化寓意。教学楼、实验楼、图书馆、校史馆、餐厅和学生宿舍基本构成师生教学和生活的主要场所，物质被赋予了意义才具有了灵魂，从一定意义上说，校园中的建筑应该和校史中的历史事件相联系，越是历史久远的建筑，越是打动人心，人文底蕴越深厚。如复旦大学著名的 3108 教室，里根总统曾在这里演讲，之后无数的仁人志士、国际学者、社会名流都在这里一展风采，如今 3108 教室俨然已经成为复旦开放自由讲坛的象征，更是复旦学子追求真理、继承复旦开放思想的物质载体。又如北大的红楼，这里曾是学生宿舍，208 教室曾是蔡元培校长的办公室，毛泽东同志在此工作过，历史的流转在这栋红楼里留下独一无二的印记，师生们身处其中便会油然而生一种崇敬之情，在这种历史自豪感的激励之下，北大师生们在继承中开创新时代。

文化标识是大学文化的集中体现，往往融汇着学校的办学理念、学校精神，成为大学文化的浓缩。学校的标识具体包括校门、校匾、塑像、徽记、校旗、校服等，这些元素在师生甚至校友心目中是情感的象征与寄托，如清华大学著名的二校门，俨然成为清华的标志。梁实秋曾这样描述：“清华的校门是青砖的，涂着洁白的油质的，一片缟素的颜色反映着两扇虽设而常开的黑栅栏门。门前立着一名守卫的警察，门的弯弧上镶嵌着一块大理石，石上镌刻着清朝要臣那桐题写的‘清华园’三个大字。”

著名人物或者知名校友的塑像能在无形中为校园增添一丝历史的厚重感，使人的思绪一下子回到历史故事中去，如复旦大学中著名的毛泽东像、陈望道像，北大校园中的蔡元培像，浙江大学中的竺可桢像，中山大学中的孙中山像。这些塑像和雕塑既是对伟人的缅怀与追忆，更是对今人的一种教育与激励，在为校园增添一道风景线的同时，也成为大学文化不可或缺的一部分。

图书馆、文献资料和文化典藏是高校大学文化发展的重要支柱，是高校开展科学研究、教学工作的物质载体。大学学科设置是大学立校之本，科学地设置学科和专业是大学发展中具有战略性的基本环节，不同的学校有不同的学科专业优势，这些强势学科在一定程度上影响着大学文化的特色。“大楼”是高校开展教学活动和科学研究的物质基础，而“大师”则是大学发展的灵魂，是大学文化发展的最基础的奠基与结构。

第二章　大学文化的理论视域与结构体系

如何把握大学文化的内在结构和内容体系？

当大学文化成为一个独立的研究对象，关于其基本内容与结构的分析就成为研究的首要问题。如前所述，大学和大学文化是一个历史范畴，具有其整体性和结构性特征：大学组织的发展与人类历史演进内在相连，其功能和作用不断拓展。而伴随着人类社会的时代演进，大学文化日益呈现为精神文化、制度文化、行为文化和环境文化等，对应生成了大学文化的意义体系、规范体系、互动模式和“环境场”，这就构成了具有大学文化自身禀赋的内容体系。其中，大学精神是人类时代精神的重要组成部分，是大学文化的核心与灵魂。这种层次结构本质上源于人类实践，是社会现实实践结构的显性表征。

本章立足跨学科和多重维度，从一般性与差异性展开对大学文化的探讨：诉诸形而上，揭示大学文化的内在结构；诉诸形而下，呈现大学文化的内容体系、个性表达和现实场景等，以期为读者重新发现大学和大学文化提供一个崭新视角。

第一节　大学文化的实践结构

在对文化现实形态的把握上，学者们的研究角度不同，对文化结构的划分也不尽相同，具体来说目前学术界大致存在以下几种观点：

物质文化与精神文化两重结构说；物质、制度和精神三层结构说；物质、社会关系、精神、艺术、语言符号、风俗习惯六系统说。何晓明在《中国文化概论》中将文化剖析为由物态文化层、制度文化层、行为文化层和心态文化层构成的一个由外而内的四层次整体圆心图式结构，这种文化结构的层次性直接表现出每个层次的结构与外在自然界联系的疏密程度；处于最边缘的物态文化结构运动、变化的节奏最快，直接表现着人与自然关系的生产力最活跃的因素，对制度、行为、心态有着决定性的影响作用。由生产力突飞猛进带来的物态结构的革命性变革必然会引起人们的行为举止、思想观念、生活方式的进步与演变，而这个过程相对于边缘结构的变化速度而言是相对保守的，却又恰恰构成了文化内核最核心的部分。①

一、关于大学文化的认知方式

大学文化作为一个文化体系，有其自身内在的文化结构。台湾著名文化学家黄文山将文化分为内部和外部的两个状态。② 从这个视角而言，大学文化的内部结构更侧重于大学的精神要素，即精神文化，它主要是指大学在逐步发展过程中得到师生认同并自觉遵守、坚定维护、具有自身特色的价值观念、理想追求、办学思想等文化形态，显示着大学不同于其他机构的气质特征。大学文化的外部结构则侧重我们在高等学校的组织或地理空间中由感官所能感觉到的存在，即大学文化的表层，它具体包括物质（环境）文化、制度文化和行为文化。从要素性的角度来看，可以将大学文化的外部结构分为社会要素、组织要素、规约要素、活动要素、环境要素，这也是本部分所要讨论的重点

① 何晓明，曹流. 中国文化概论［M］. 北京：首都经济贸易大学出版社，2007：2-4.

② 王少安. 试析大学文化的内涵、特色和功能［J］. 中国高教研究，2008（5）：66-67.

内容。同文化自身的结构形态相同，大学文化的物态结构、制度结构、行为结构、精神结构以由外而内、由快而慢的发展趋势进入大学文化内核的精神层面，构成一个整体的圆心图式结构。

大学文化的现实表现形式是在实践中形成并产生的。王少安认为，大学文化是一切大学活动方式、活动过程及其活动结果，是大学人在长期教育和办学实践中积淀和创造的结果。① 大学文化表现为大学的办学理念、科研治学风气、办学追求等方面时，构成大学的精神文化；表现在大学各种教学、行政管理制度、组织人事管理制度、教学科研制度、社会服务制度和学生日常行为管理制度等奖惩条例、制度规范和组织架构时，构成大学的制度文化；当它凝结于大学校园建设的硬件设施之上，如校园建筑和教育教学设施、文献资料和文化典藏、大学文化标识等实体性形态，形成大学文化的物质形态结构；当它体现在大学人教学、科研、文化体育等活动之中时，构成大学的行为文化，至此构成了大学文化的四种具体形态，这四种具体形态统一于大学里的社会实践活动之中，相互作用、相互影响，共同推动着大学文化的发展。

尽管我们在认识方式上把大学文化区分为物质（环境）文化、制度文化、行为文化和精神文化等不同层次，或者将大学文化区分为内在、外在两种结构，又或者梳理影响大学文化的社会要素、组织要素、规约要素、活动要素、环境要素等，但大学文化是一个不可分割的整体。就像任何一个生物体离不开其特定的生存环境，与其他生命体相互影响、相互作用一样，对大学文化的把握必须有一种整体理解：精神文化是大学文化建设的动力和核心，其灵魂必然以物质文化、制度文化和行为文化的形式呈现出来；而物质文化、制度文化和行为文化的全部过程和形式表现都是围绕精神文化这个轴心运转，是精神文化

① 王少安. 试析大学文化的内涵、特色和功能［J］. 中国高教研究，2008（5）：66-67.

的现实展现。大学文化的每个部分相互联系，相互作用，从而形成一个和谐的文化环境系统。

大学文化的价值统摄性。作为一种生活样式和认知方式，大学文化具有鲜明的理想导向和价值统摄，体现为在长期实践中形成的价值观念、思维方式和精神追求。雅斯贝尔斯曾提出，大学在真正意义上要归结于学问传授、科学与学术研究和创造性的文化生活。① 不管是学问教授还是科学研究最终都使得大学人的生活呈现出更高的文化艺术和趣味，青年师生浸渍在这种浓厚的文化情境之中潜移默化地形成一种生活方式，养成大学精神所传递的价值观念。因此，这种文化价值观的构建即大学精神文化的构建，所谓大学精神文化就是激励师生全面提升自己人格，不断挑战自我心智，努力挖掘自我潜力，这是大学文化之根本所在。②

二、大学文化的基本结构

（一）大学精神文化

探究大学精神文化，首先就要弄清精神是什么？精神相对于“物质”，是指人在思维、意志、情感等方面的内心活动，它包括有意识和无意识的心理活动。刘建平教授认为，大学精神文化主要是指师生的世界观、人生观、价值观以及历史积淀而成的、为大家所认同的文化观念，一所学校的校风、教风和学风都属于这一领域。③ 清华大学胡显章教授认为，大学的精神文化集中反映了对大学本质、功能和办学规

---

① 雅斯贝尔斯．大学之理念［M］．邱立波，译．上海：上海世纪出版集团，2007：19．

② 刘铁芳．大学文化建设：何种文化　如何建设［J］．高等教育研究，2014，35（1）：11-16．

③ 大学文化研究与发展中心．大学文化研究与发展高层论坛：先进文化中的大学文化［C］．北京：清华大学出版社，2003：40．

律的理解和价值追求，它是全面吸收历史文化传统、进行长期办学实践的探索与积淀，并随着时代不断充实发展的切合大学自身实际的世界观、价值观和方法论的继承。①

从外在特征来看，大学精神文化是一种内隐文化，是在特定的历史和地域文化的影响下，在大师或专家学者主导下由一代代大学师生在实践中发展形成的大学特有的精神表征，这种精神贯穿在教学、科研、管理、服务等各个环节，是大学文化的核心要素。

从其本质上，大学文化的核心和灵魂是大学精神，是办学理念、价值追求的集中反映。对于大学精神这个轴心，关乎对本质规律、传统积淀、价值观念、理想目标、道德追求以及思维、心理等内在规定性的认知，是大学师生对世界观、人生观和价值观的基本认知，对其重要性再怎么强调都不为过。

大学精神的外延具体包括大学理念和大学精神两个方面。② 大学理念是一种带有理想性的概念，表达了大学人对大学的认识及其对办学主张的综合结构性的认识和观念体系；大学精神是大学在历史发展过程中实际形成的体现大学人价值观念、道德情操、行为方式的独特气质和综合表达，这是二者本质上的区别。可以说，大学一般具有自身的办学理念，但并不是每一所大学都会形成自己的大学精神。在大学实践中，大学精神文化具体表现为大学理念、校风校训、教风学风等。在这些表现形态中，校训无疑是最凝练而又具有高度的表达，如清华大学的“自强不息，厚德载物”，哈佛大学的“与柏拉图为友，与亚里士多德为友，更要与真理为友”，无疑表达了各校在办学中的价值诉求，彰显了自身的办学特色。

---

① 胡显章．发展科学的大学理念，孕育科学的大学精神［C］//大学文化研究与发展中心．大学文化研究与发展高层论坛：先进文化中的大学文化．北京：清华大学出版社，2003：9.

② 刘新生．大学文化建设：下［M］．济南：泰山出版社，2008：260.

大学精神文化是一个历史范畴，不同时期的社会环境走向不同，其精神文化也不同，即使是同一时期不同大学之间的精神文化也不尽相同，它既是一个静态发展的文化现象，又是一个动态的文化发展过程。大学精神是大学人在一定历史条件下，在长期的办学实践中逐渐形成的共同价值追求和理想信念，被广大师生员工普遍认同，不断渗透在学校的校风校纪、教风学风之中并产生群体意识和力量，是大学文化的最高表现形式。大学精神的构建能够创设出影响大学人的价值观、思维方式、道德品质、行为习惯的教育环境，在无形之中对大学人产生规约作用，这种独特的魅力和个性也构成该学校的特色风格。如北京大学，强烈的社会责任感和政治参与意识、思想独立、人格独立、大度包容是其最鲜明的特色；清华大学以自强不息、厚德载物的精神品格著称；复旦大学服务、牺牲、团结、国家化精神是其独一无二的文化个性。另外，一所杰出卓越的大学应该发挥其精神文化的辐射示范效应，要将其精神理念与社会发展相结合，让大学精神之光穿透围墙，走向社会，使其发挥更大的精神引领作用。

（二）大学制度文化

大学制度文化是大学教育得以顺利进行的基本保障，是在实践中不断完善并形成体系的一套规则和管控程序。俗话说，“没有规矩不成方圆”，人的行为活动也不是无限制无边界，人必须在“规”与“矩”所成形的范围内活动，否则就会产生碰撞冲突。更正式地说，必须有一套社会博弈规则来规范人们之间的相互关系——制度。眭依凡教授指出，大学制度文化是经过学校意志选择的，具有强烈的、鲜明的规范性、组织性，属于校园范围内必须强制执行和严格遵守的文化类型。[①]

---

① 眭依凡. 关于大学文化建设的理性思考［J］. 清华大学教育研究，2004，25（1）：11-17.

所谓“制度”，《商君书》中提到“凡将立国，制度不可不察也，法治不可不慎也，国务不可不谨也，事本不可不抟也。制度时，则国俗可化而民从制；治法明，则官无邪；国务壹，则民应用；事本抟，则民喜农而乐战”。此处所指的“制度”意为制定法度，建立秩序以达到安国兴邦的目的。在国外，道格拉斯·C.诺思认为制度“是一系列被制定出来的规则、服从程序和道德、伦理的行为规范，用以约束个人的行为”①。具体而言，制度是对人们的行为起到约束制衡作用的一整套行为规范。当然，在约束人们行为的同时，制度也为人们提供了一个自由空间，归结起来即制度告诉人们可以做什么，不可以做什么。从诺思对制度的界定来看，制度不仅在国家正式规定的管理条例、政策法规方面做出强制性约束，在由社会认可的非正式约束方面同样具有效力，如伦理道德、风俗习惯、价值观念等因素，这些方面的约束力具有非系统化、非理性化的特点。正式性约束作为制度的核心内容是人们有意识创造的一系列政策法规，它通过规则为人们提供奖励或者制裁，以法律法规、政策的形式使得制度得以实施，这是制度发挥其作用的根本规定性。

大学作为一个特殊的社会组织，以知识为载体进行教育和学术研究活动，它崇尚理性和批判精神，自主地处理学校内外部事宜，在最大程度上自由地选择与外部的互动方式，这是大学制度文化形成的历史逻辑。

中世纪大学成立之初，为了摆脱封建势力、教会压迫，教师和学生自发成立了师生行会，以便顺利开展学术研究和实践教学，最终得以保持一定的学术独立性。工业社会以后，大学逐渐走出“象牙塔”式的精神生活，肩负起服务社会，推动社会政治、经济和科技文化进

---

① 诺思. 经济史中的结构与变迁［M］. 陈郁，罗华平，等译. 上海：上海三联书店，1994：225-226.

步的重要职能，在这一过程中大学自治的范围和手段的重要性日渐凸显。此时，大学章程的制订逐步被提上日程，并成为大学制度的主要载体。

所谓大学章程，是指大学最高权力机构依照国家法律法规，在尊重大学组织特性的基础上制定出来的纲领性文件，对内具有约束力，对外具有公信力。① 我国现代大学制度形成于 20 世纪初，国家作为投资者、政府作为管理者对大学具有领导、监督、调控权，大学必须服务于国家的发展，形成了“政府宏观管理和学校党委的领导下，以大学自治、学术自由为根基的“教授治学、校长治校”的具有中国特色的现代大学制度。管理制度在根本上是一种互动模式，人与人之间的管理模式和学术交流模式会产生不同的互动方式。目前我国大学中大致存在四种不同的管理制度模式，分别是学术主导的互动模式、行政主导的互动模式、经济利益驱动性互动模式和合作型博弈性互动模式。

在中国，处理好现代大学制度中内部层面制度关系即如何协调大学与学术发展和学生发展之间的关系是保障学术自由、教授治学、校长治校和科学管理的关键。目前看来，大学内部依然存在以行政权力为中心和以学术权力为中心的管理模式，行政权力更加偏重校长的治理，学术权力注重“教授治学”，但无论如何均不能相互排斥。随着高校社会服务功能的不断扩展，大学日渐走出“象牙塔”，走向社会。在这种情况下靠传统的“教授治校”显然难以适应现代大学制度的要求，必须过渡到“校长治校”上来。但是，这绝不意味着要剥夺教授在学术发展中的权力，教授在学术事务上的发言权必须得到尊重。②

① 陈超，张晓玲，张振飞，等．大学文化建设理论与实践［M］．重庆：重庆出版社，2013：204.

② 孙雷．现代大学制度下的大学文化透视［M］．北京：光明日报出版社，2010：26-30.

（三）大学行为文化

关于行为文化，孙晓红曾给出定义，“行为文化是人们在日常生产活动中表现出来的特定行为方式和行为结果的积淀，这种行为方式是人们通过内在的生理和心理作用而产生的本能和自觉的外显性活动，体现着人们的价值观念取向，是人和环境相互作用的文化表现，从根本上会形成一套隐性的规范体系”①。大学行为文化是大学文化的重要组成部分，也是行为文化的群体亚文化，是指“大学校园中文化主体所表现出来的行为举止及其行为所反映出来的心理状况、思维方式和精神面貌的总和，它具体包括办学精神、宣传活动、文体活动中所产生的文化现象，是校园文化的主要体现”②。一般来说，大学行为文化鲜明体现了大学校园内不同群体的身份认同、道德追求、价值统摄、心理共振与活动原则。按照大学主体结构分类，大学行为文化主要包括以下几个方面：

（1）学生行为文化。学生是大学文化建设的主体，对学生行为的构建主要体现在文明守纪、严谨治学、行为规范、心理健康等方面。

（2）教师行为文化。教师是大学教育的主导者，对大学生的价值观引导起着决定性的影响作用，教师的行为规范主要体现在师德高尚、教书育人。

（3）管理人员行为文化。学校书记、校长、中层领导、教学管理等各个层次的管理人员的文化，主要体现为包容、以人为本、担当的领导作风和高瞻远瞩的领导能力。

（4）服务人员行为文化，如行政、后勤管理工作人员的行为文化，主要体现在对学生的细致服务上。

（5）非学校工作人员行为文化，如校内工作人员的家属，到校联

---

① 孙晓红. 关于校园行为文化建设问题的思考［J］. 辽宁工学院学报（社会科学版），1999，1（2）：59-61.

② 刘新生. 大学文化建设：下［M］. 济南：泰山出版社，2008：509-510.

系工作的校外人员的行为文化，主要体现在其校内的行为表现。

按大学行为的性质划分，大学行为文化可以分为政治行为文化、法纪行为文化、道德行为文化、学习行为文化和生活行为文化，其中生活行为文化又可划分为物质生活行为文化和精神生活行为文化两部分。

从不同角度出发大学行为文化具有不同的分类方法，此处不再一一赘述。大学行为文化不是抽象的概念，而是在具体行为举止中呈现出的文化现象，进而形成一定的文化规范体系。这些规范体系形成于种种具体的大学人的行为之中，如学生在经过草坪时是会直接践踏草坪还是绕道而行，老师是专于学术研究还是陷于阿谀奉承的深渊，门卫是谦逊地对待来客还是态度恶劣……上述的行为发生在学生、老师、管理人员等大学人的具体生活之中，如何做符合规范，是大学行为文化的主流趋势导向，无形之中对大学人的行为方式产生约束力。所以，大学校园中的教师、管理人员要遵纪守法、躬身示范，为大学生提供一个效仿的榜样，发挥正向的引导作用，这也会长久地影响整个大学的行为模式。而大学的规章制度则对大学人的行为产生强制性的约束与规范，如学生要刷卡顺序进出图书馆、不得在图书馆吃东西、进出教室要保持衣着整洁……因此，大学行为文化建设直接关系着大学人的行为方式，进而影响大学精神文化的发展，在大学文化建设中发挥重要作用。

大学行为文化建设是实现高校立德树人根本目标的关键。党的二十大报告指出：育人的根本在于立德。全面贯彻党的教育方针，落实立德树人根本任务，培养德智体美劳全面发展的社会主义建设者和接班人。无论是追求至高无上的精神文化，还是创造物质文化，建立规约性的制度文化，这都需要表现在具体行为的积淀之上。因此，要落实立德树人的根本任务就要在大学生的日常行为之中得以体现。大学生德育工作不能只停留于课堂说教的表面，而要真正落实在各种大学生亲身参与的实践活动中，包括政治活动、文体活动、社会实践、宣传活动等，“内化于心、外化于行”是检验大学生德育水平的最好标尺。

大学行为文化在育人工程中充分发挥着渗透与熏陶的重要作用。上文提到，大学行为文化最终落实到隐性和显性的约束力之上，大学行为文化影响甚至改变着师生的行为，在心理上为大学人的行为活动提供一套标尺，时刻警醒师生应该如何去做，如何在规约中养成高尚人格和崇高人性。环境和周围的行为规范对人的影响是无形且巨大的，良好的行为环境在育人过程中发挥着巨大的熏陶作用，这种作用有时是任何说教也难以达到的效果。因此，在大学文化建设中要充分借助大学行为文化建设这一外力，帮助师生建立合理的行为知识结构，促使师生在内在精神上转化与升华。

（四）大学物质文化

前文环境要素中已有介绍，此处不再赘述。

第二节　大学文化的意义体系

如前所述，赋能升华是文化的一项重要功能，也就是说大学文化为大学机构的事实存在和一切办学活动提供着理想目标、思想境界、情感归属等多方面营养，并给予大学机构所有成员以自尊、自信，是对大学主客体存在价值的多重升华，并赋予终极性的文化意义。从现实来看，每一所大学都存在一整套文化的意义体系。对于一所大学而言，其精神本质、价值内核、办学理念、校园气质凸显了大学文化的意义体系，在这当中，科学与人文相融合的大学精神是意义体系的内核，而办学理念、校训校风则丰富了体系的内容。

一、大学文化意义体系的基本内容

每一个事物都有其存在的意义和价值，对于大学文化来说，同样如此。从大学文化的内部视角来看，大学的文化定位、大学精神、价值追求、群体经验构成了意义体系的主体内容。

（一）大学文化发展的航标

从存在论的视角来看，文化定位是关乎大学立身和存续的根本问题。大学的文化定位并非抽象命题，这既关涉大学机构所依存的社会性质、民族文化等，也关涉其办学传统、价值追求和功能定位等。我国大学的意义和价值，在于结合新时代中国特色社会主义的发展实际，找准自我的文化定位，体现社会主义大学的文化气质。自我定位是万事开头的首要航标，对于大学而言，内在文化人格的养成、文化心态的生成、自我精神和价值的追求，这一切首先体现在大学精神。作为大学文化的内核和灵魂，大学精神构建起意义体系的中枢神经，串联起意义体系的组织骨骼，将大学文化的内隐和外显特质有效整合，这也是大学文化保持持久生命力和广泛辐射力的根本所在。意义体系的建构在自我定位明晰、文化精神延续中，还需要依靠大学的群体经验，以建构大学文化的核心价值和意义体系。

大学文化的定位，在于自我认知，发展自我路径，培养符合学校要求、社会需要、时代需求的通用人才和专用人才，肩负引导思想、建构价值、涵养品格、传授学识、构筑灵魂、根植信仰的文化使命。每一个青年大学生可以自由全面地发展，这也是每一所大学的终极文化使命。基于新时代诉求，每一所大学文化定位的核心指向在于落实立德树人、实践养成，培育肩负起民族复兴大任的时代新人。大学作为社会组织的重要一环，文化定位需要紧跟时代发展潮流，密切联系实际，既彰显自我文化特色，又具有一般意义上的文化引领作用。

（二）大学文化的灵魂与内核

对“大学是什么、办什么样的大学、如何办大学、大学如何培养人”这些基本问题的回答，生动展现了一所大学所秉持的大学精神的基本内容。对“大学是什么、办什么样大学”的回答，主要确定大学的性质及其定位，明确大学在社会上扮演什么样的角色，这是一种定性理念，定位在大学的使命是什么；“如何办大学”是指大学的办学理念，是对大学教学、科研工作的系统构想，在实践层面上规定了大学的运行原则、规则和行为，具体表现在办学定位、办学目标、办学宗旨等方面；对“大学如何培养人”的回答，主要是对大学教育理念的阐释，教育是大学的基本价值取向；“如何培养人、培养什么样的人、为谁培养人”是每一所大学的教育者和管理者所必须回答的基本问题，具体表现在办学宗旨、教育方法、教育内容等方面。

之所以强调大学精神是历史范畴和历史活动的产物，是因为不同时代背景下的思想文化潮流熔铸了大学精神的基本内容和文化底色。比如作为大学精神核心意涵的科学精神和人文精神：人文精神源起于欧洲中世纪人文主义文化潮流的勃兴；而科学精神则反映了工业社会发展背景下欧洲近代大学的兴起与科技文化潮流的发展。杨叔子曾说：“对于任何一个国家、一个民族而言，如果没有现代科学，没有技术上的进步，一打就垮；而对于任何一个国家和民族而言，如果没有人文精神，没有文化传统，不打自垮。”科学精神是求真力行、含疑求真、求新求变、刚毅坚守的体现，人文精神是爱国励志、求善为仁、以人为本、兼容自由的体现，在大学文化的近千年历史中，所孕育和所富集的就是科学与人文相融合的大学精神。

科学精神的指向力对于大学文化的意义体系构建提供了探索、创新、民主、自由的精神品质。科学精神是学术探索与创新的奠基石，科学精神坚持追求真理，求新求变，在实践之中检验真理的正确性，依托客观实际，通过实践检验和逻辑论证形成有效结合；科学精神所推崇的是学术自由和民主，赋予每一个大学人探知过往与未来的自由性和民主性；所崇尚的是理性质疑，在怀疑的视角中求真力行；所倡导的是实践创新，纸上得来终觉浅，绝知此事要躬行，在现实语境中，跟随实践的脚步，探求事物的本来，在传统与未来的实践轨道和历史维度中，自我革新，拓展出一条全新的发展道路。科学精神所彰显的是大学文化的科学性，是摒弃愚昧落后，走向和谐民主。

人文精神是大学文化人本情怀的彰显，是对每一个大学人内心世界和精神生活的人性化关怀。人文精神所强调的是每一个大学人的人格尊严和生命价值，对每一个大学人平等看待和独立关切，是对独立自我和社会之我的有效整合；所追求的是对人生价值的叩问，对生命意义的探求，对生活本质的探索，对大学内涵的探析。人文精神是长期实践过程中所形成的一种隐形的、潜在的精神力量，是每一个大学人的自我关怀和相互关怀，将以人为本作为精神的聚核，以求善为仁、兼容自由为指引，以每一个具化的大学人为评判标准，关切其作为人的一切诉求和价值，从具体的行为活动出发，塑造完美的人格理想，自我的价值情怀，从而实现每一个大学人独立自由全面的发展。其具体表现在对于每一个大学人人格尊严的关切、价值情怀的关怀、自我命运和人类命运的统一关注，对于自我历史维度和现实语境的深切关注，对于自我人格尊严和价值追求的深切关怀，对于自我命运和自由全面发展的终极诉求，所凸显的是独立鲜活的个体和本我，所摒弃的是同质化的群像演绎和庸众的生活，所追求的是差异化的人生体验和多元化的精神向往，所摒除的是雷同化的人生样态和单一化的生活轨迹。大学人文精神的血脉在于每一个鲜活独立特殊的大学人所彰显的个性化气息和创造型人格，是大学文化意义体系的重要内核，体现了大学文化的终极诉求，其本质就在于每一个大学人实现独立自由全面地发展。

科学精神和人文精神相融相洽，内在统一于大学文化意义体系中。

科学只是人类生活的一部分，并非生活的全部，科学所探求的更多是对于世界和生活的理性解读，科学精神固然也关注人的独立人格、自我尊严和价值，但更多的是提供系统的、科学性的理性观念。人文是人类自我情感和自我体验的凸显，是个体关怀和群体关注的有效体现。过度强调科学精神，会使得大学文化显得生硬而不近人情，跳脱实际而不食烟火，从而只有严谨求学之风，缺少了人情冷暖；过度强调人文精神，会使得大学文化显得散漫而务虚废实，跳离实践而过度自由，从而一味地强调自由民主关切，缺少了力行的朴实坚守。大学文化意义体系的内核和本质在于科学和人文精神的相融相合，在于两者的互相彰显，在于两者的统一和合，唯有如此，才能更加凸显大学文化的核心诉求、精神实质和意义体系。

（三）大学意义体系的重要组成部分

大学精神是大学组织的旗帜和灵魂，而精神存在的意义也在于对众多理念和规约的涵摄。大学的办学理念和育人理念体现着基础性文化导向，大学作为高等教育人才的培养地，作为成人化教育的排头兵，其基本的办学和育人理念体现着一所大学文化的精神内涵和基础导向。

“找准自我定位，确定育人目标”是贯彻大学精神的出发点和落脚点，办学和育人的先导性关怀，体现着一所大学文化的基本涵养。“为谁办学，怎样办学，如何育人”都是首要性指导目标，对于校园文化而言，也成为具体的指南。办学凸显自我定位，凸显文化内涵，社会主义的大学需要找准自我定位，结合社会要求和时代所需，建构符合人民要求的大学，大学的文化应当植根于中华传统文化的热土，紧密结合学校悠久的办学历史，将传统与现代相结合，将历史与当下相融合，中华传统文化作为办学的文化涵养，紧密与新时代新风貌有效切合，使得大学办学融合古今，富含历史底蕴，拥有现代科学和人文气息，契合时代韵律。

培养时代新人是当下提出的新命题、新要求、新指向。过往的教育立足科举，注重考取功名，抑或创立大学，服务封建统治，从最初的封建式大学到西化式大学，逐渐在历史的选择和沉积中孕育自己的大学。过往百年，中华民族从贫穷落后到奋起抗争，从任人宰割到自强求变，大学文化包含了岁月洗礼和历史涤荡，从过往百年的枪火礼赞中汲取育人指向，找准坐标和航道。我们的大学所培养的固然是新时代的新青年，但是这些新青年们也需要感知历史的变迁、岁月的沉浮、民族的复兴、国家的崛起，成为有信仰、有担当、有作为、有理想的新青年。办学理念和育人目标需要与当下具体实践相结合，结合新时代高校办学工作的要求，将立德树人作为核心育人指南，将马克思主义的理论指向融合在社会主义大学的办学实践当中，融合新时代大学文化的要求，走出一条符合时代气息、具有时代特点、蕴含时代特质、体现时代特色的办学之路和育人实践。

校训、校风、学风、教风更能凸显大学文化的风骨和品格。古代书院的院训是校训的雏形，如长沙岳麓书院的院训“忠孝廉节”，体现了古时教育者的治学、教学理念，再如朱熹亲笔题写的《白鹿洞书院学规》反映了古代教育家的教育方针以及对学生的基础要求。从古代书院院训到近代学校校训，所演化的不仅仅是学校的外在形式，更为重要的是体现出时代的寄语、哲学的思辨、历史的沉浮、教育的追求。复旦大学的校训“博学而笃志，切问而近思”出自《论语》，是从传统文化典籍中汲取营养，激励复旦学子勤于学习、善于思考、学思结合，不仅要做好学问，也要思考自我人生的价值和走向，思考中华民族的未来；清华大学的校训“自强不息，厚德载物”来源于梁启超的演讲，君子应自立自强、顶天立地、厚实和顺、包容万物，做自我意义上的“大我”，也做时代意义上的“大我”；南开大学的校训“允公允能，日新月异”由严修和张伯苓提出，体现着当时的教育家救国济世的情怀。近代的中国被列强肆意瓜分，在民族危亡之时，以教育先行，凝练的校训是精神力量的富集，可以损毁一切有形的物质，无法消减无穷的精神之力。在民族沉浮的近代历史中，南开大学既有与北京大学、清华大学合组西南联大的光辉历程，也有自我救亡图存、不失气节的光辉典范。近代大学创立的校训延续百年，历经岁月浮沉，从中体会一所大学的历史命脉、文化特质、人文气息、精神内涵和时代风貌。

校训是凝练的标语，是在校师生需要遵守的行为准则和道德规范，也是一所大学历史、精神品格、治学理念的集中体现，代表了整个学校教育的价值追求。一所大学的校训体现着大学的精神信念、价值取向、理想目标以及对于世界的看法和态度，通过对校训的解读和透析，可以感知一所大学的历史底蕴、文化视野、精神情怀。大学校训既体现着大学传统文化，也蕴含着大学时代文化。校训既是对大学文化传统精髓的继承和展现，也是在时代洪流中的自我革新和转化，在这个过程中不断结合新时代新特点，挖掘与时代的契合点，在历史的承接和转化中，既体现传统大学文化的内涵，也体现当下时代风貌，彰显新时代大学的文化自信。校训承继历史特质，也诠释着时代精神，简单的几个字所蕴含的是一所大学的精气神。校训不单是最高的规约和指南，也是每一个大学人的精神信仰。历经岁月和炮火的洗礼，在血与泪的沉浮之中，校训不单是当下时代之光，也是对传统文化的礼赞。当下新办学校层出不穷，拟定校训求新求变，甚至为新而新。功利化思维和快餐式办学使得新式校训更多像精装版礼盒，缺乏内在的文化历史底蕴。言之应有物，言之应有形，校训绝非辞藻的堆砌、标新立异，校训需要结合新时代之风，体现创新变化，但如果跳脱传统文化和历史，便如无源之水，初饮甘甜，再饮苦涩，后之干涸。一所大学的文化气质应是在求快之中找寻慢，在求新之中找寻守恒，在传统与现代的交融中寻求创新，以此体现一所大学校训的独到精髓。

校风体现着一所大学的文化和精神，体现着大学的文化底蕴和精神风貌，彰显着大学的品牌和形象，如同阳光和空气一般，成为切实感知却又无法触及的软实力；大学校风也体现着一所大学的办学理念和育人目标，立足于本校的文化传统，凸显出植根于本校的鲜明特色，以及与时代承接的独特风尚。

学风是一所大学所体现的求学、治学的风气，对待学问、对待学习的具体态度和方法，是校风的基础。大学的良好学风体现着其办学的积极态度，治学理学的鲜明立场，对待学问严谨认真的态度，对待知识慎思明辨的准则，对待学习求知若渴的风貌，内蕴了办学理念和态度、教学方法和准则、求学原则和规约、治学立场和规范、育人目标和情怀。学风体现着大学的品牌和形象、品位和格调，是大学校风的集中体现。

教风是教育工作者所体现的职业道德和学识规范，具体来说就是教书育人的品格、师德师风的体现。大学中的教育工作者不单是传道授业解惑，也不仅仅是生活的引导，更为重要的在于人格的塑造和影响。一所大学师者有其风骨、有其品格、有其气节，培养教化的学生也会受其感染，成为具有大智慧、大品格、大人格的“大我”。

二、大学意义体系的基本特征

（一）个性与共性相融合

一般来说，大学精神文化与其特殊的发展历程、地理位置、文化传统密切相关，这就是大学精神文化的个性。

大学的文化个性核心是办学理念和办学方针。北京大学校长蔡元培主张“思想自由，兼容并包”的办学方针，革新北大风气，使得北京大学的校风、学风、教风焕然一新，成为学术自由与民主的主阵地。由此开始，“提倡新学，主张思想自由，兼容并包”成为北京大学的基本办学理念和文化传统；清华大学则主张“自强不息，厚德载物”，北京师范大学则以“学为人师，行为世范”而著称。虽然各个大学因为不同的历史环境而形成不同的精神文化追求，个性的文化追求背后也蕴含着共同的精神内涵，这些共同的精神内涵涵盖学术自由、科学民主、爱国救国、批判创新。从这个意义上说，大学精神文化是个性与共性的融合。

（二）规范性与先导性并重

在长期办学实践中形成的大学精神文化是为大学人所认同的理想信念，当这种精神塑造以后就会对广大师生产生导向和规范作用，无形中影响着大学人的价值选择和行为方式。“大学之道，在明明德，在亲民，在止于至善。”大学精神明确了师生该怎样做事，怎样做人，什么应该做，什么不应该做，这就是“在明明德”的体现。

“蓬生麻中，不扶自直。”人生发展固然取决于自我的认知和抉择，但是一个良好的环境也是极为重要的。大学是青年学子步入成年、成就自我的重要阶段，一所大学的校风、学风、教风等风气是否纯正，对于青年学子的成长成才是极为重要的。大学校风也是一种规范和准则，具有群体整合和规约的作用，具有凝聚人心、教育激励的作用，对在校师生具有精神指向的内在约束力，外化于自我遵守的规约，内化于自我明晓的准则。

（三）历史性和时代性相结合

大学精神首先表现出的就是深厚的文化传统积淀，一所大学的历史越长，它的精神就越厚重。

从大学精神的形成来看，科学与人文精神的传统正是欧洲大学与时代精神互动的产物，是跳脱具体大学文化的概括整合。从 1088 年博洛尼亚大学人文主义的光辉闪现到 1919 年北京大学的爱国救亡；从 1810 年洪堡大学的科技文化潮流翻涌到 1937 年西南联大的刚毅坚卓，每一所大学在历史的长河中流淌着自己的文化血脉，在岁月积淀中形成了科学与人文相融合的大学精神。

历史上的名校无一不是长期文化积淀的成果，如清华大学雏形是一所留美预备学校，正在这种文化背景下，才形成了清华强烈的爱国主义传统精神，折射出“自强不息，厚德载物”的文化个性。但是，历史是发展的，大学处在发展的历史过程中就必然要适应不同的时代需求，不断吸收人类社会进步中一切文明成果，弘扬和培育反映时代特征、符合社会发展要求的大学精神，只有这样才能使大学精神文化永葆生机活力。

三、推进大学意义体系形成的主体因素

大学意义体系植根于特定的办学环境、特定时代的主体追求中。大学中的每一位成员都有责任和义务去研究和加强学校意义体系建设，在实际工作中遵循办学宗旨，确立办学追求，积淀办学传统，形成办学风格，并在一次次地实践中创新、凝练并形成办学特色。

（一）校长的关键性

在整个大学精神文化形成的过程中，大学领导班子或者说管理者，尤其是校长的教育思想和人格魅力是影响大学文化走向的关键因素。[①] 北大没有蔡元培先生就不可能成为新文化的中心，清华没有梅贻琦校长就不会有今天的清华，浙江大学没有竺可桢也难以长盛不衰。一个好的校长是一所大学的灵魂，校长作为一所学校的主要负责人，其自身的教育理念是确定学校发展方向和培养目标的关键因素。大学精神文化建设需要校长的示范效应，领导者在文化建设中亲身参与，以身作则，会对师生产生一种无形的吸引力，使师生在心理上消除上下级之间的沟壑，自然而然产生一种亲切感和凝聚力，这种无形的感召力会形成一种最佳的领导示范效应。相反，如果校长在大学文化建设中没有存在感，师生在心理上难以认同校长的领导作用，对文化建设的积极性和主动性就会差很多，从而影响大学文化建设的进程。另外，

---

① 申明．大学文化特色论［M］．西宁：青海人民出版社，2009：165-166.

大学校长的示范效应能否引起师生的敬重，会直接决定校长的领导控制实施能力，领导者如何确保工作按照正确的方向进行，下级怎样去具体执行校长的决策，这是保障大学文化建设健康发展的关键。因此，校长在大学文化建设中必须亲力亲为，协调学校各个部门之间的关系，在领导决策中发挥关键作用。这里突出强调一下，社会主义国家的大学文化建设，必须坚持政治家办学、教育家治学的原则，全面贯彻高等院校实行党委领导下的校长负责制，认真贯彻落实执行民主集中制。党委书记作为领导班子集体的“一班之长”，在把握办学的政治方向，坚持马克思主义在高校意识形态中的领导地位，确保大学文化建设的社会主义政治属性方面担负着日益重大的政治责任与历史使命，发挥着独特的重要价值和作用。

（二）教师的核心地位

大学教师队伍，特别是大师的治学精神、处事修身品格成为锻造大学精神的独特资源。清华大学校长梅贻琦先生曾说过：“所谓大学者，非谓有大楼之谓也，有大师之谓也。”教师是一所大学的品牌，大学要站得住脚，教师一定要有实力。抗战时期的西南联大，办学条件十分艰苦，却培养出了一批著名学者，究其根本是当时西南联大师资力量雄厚，即使没有固定的教室、没有实验楼，但一支优秀的教师主力能够支撑起一所大学的兴盛。优良的教师队伍首先要具备高超的科学文化素养，准确把握所在学科的前沿问题，在教书过程中传递科学文化知识。更重要的是，大学教师一定要有良好的师德。邓小平同志说过，“一个学校能不能为社会主义建设培养合格的人才，培养德智体美全面发展、有社会主义觉悟的有文化的劳动者，关键在教师”，教师个人对学生心灵的影响是任何教科书、任何道德说教、任何惩罚和奖励制度都难以替代的教育力量。大学生正处于世界观、人生观和价值观形成的关键时期，教师的言传身教会对学生产生关键的引导作用，在一定程度上影响一所学校校风、校纪的形成。市场经济条件下，利益主体多元化的思想逐渐侵入大学校园，“重理轻文”“重实用轻素质”“学术造假”等行为严重影响了大学文化建设的效果。以师德为首，优秀的教师队伍才能为大学文化发展添光增彩。

（三）学生的主体地位

塑造大学精神的终极目标要归结于对学生的教育作用，在校生的学风和毕业生的建树是衡量一所大学有无生命力的重要指标。学生是学校的明信片，是学校办学宗旨是否符合时代发展潮流的检验石，校友的声望也是对母校精神最好的检验。在大学文化建设中大学生的道德素养、科学文化知识水平、行为方式等方面是否得到提升是检验文化建设的试金石。大学生要在文化建设的环境中，通过生活经验和学习借鉴不断深化对事物的认知和判断，在积极主动参与文化建设的过程中勤于思考，善于学习，克服消极事物的影响与诱惑，做到在行为中真正践行本校的文化传统。“拥有知识并不见得就有教养。只有当知识转化为个性特征和人格特征，转化为行为习惯并体现在日常生活的细节之中时，知识才成为个人教养的体现”①，大学精神文化建设的最终目的是要使大学人在践行中传承，在传承中发展。因此，大学生要学会将科学文化知识用于实践，将文化素养体现在日常生活中，将自己大学的文化传统、理念传递给社会，真正担负起大学精神文化建设的主体责任。

四、大学文化意义体系生成的现实逻辑

在当下语境里去深刻探析大学文化的意义体系，解读科学精神与人文精神的本质内涵，探析大学文化所包含的办学理念、育人目标、校风学风教风，更多地考量在于当下大学文化传统所受的冲击。

---

① 肖川．大学的理想与使命［J］．高等教育研究，2000（4）：16-19．

（一）大学意义体系变迁的现实根源

大学文化原生秩序的改变，根本源于现实社会生产力和生产关系的辩证运动。市场规律和竞争法则影响着校园文化的方方面面，文化价值和文化冲突层出不穷，经济利益的诱导，交往逻辑的改变，新观念新思潮的涌入，使得知识分子的独立文化人格在市场经济的浪潮中遭到蚕食，不断陷入阵痛和迷茫中，抑或失去方向。以学术之名的逐利行为，使得文化沦为“学者”“专家”自我标榜的逐利工具，使得一切衡量学术活动打上了利益的烙印，学术的着眼点慢慢从真理的追求、人格的培养转移到利益的追逐，学术能力和文化产品成了创收的手段……受此影响，知识生产的公共性和公益性被瓦解，学者也不再以社会批判和社会担当为己任，大学文化所彰显的学术自治和学术自由遭受严重侵蚀，这便是当下市场经济对大学文化的冲击。

（二）政治权力渗透对大学文化生态的影响

近年来，大学行政化问题受到社会各界的广泛诟病。大学行政化倾向对大学文化具有潜移默化的作用。官本位思想不仅使校园管理笼罩了浓重的官僚主义气息，钝化了大学精神的现实批判理性，也使大学生独立人格的涵养套上了思想枷锁。从细节看，受社会不良风气的影响，学校行政管理人员体现的不良工作作风和固化思维，使得大学成为“官场现形记”，弱化了青年学子对知识真理的追求和探索。必须大力开展“四风”问题的综合治理，以民主作风、优良学风校风涵养学子心性，以行政人员的专业精神和敬业精神感染在校大学生，砥砺青年学子的家国情怀和社会担当。

（三）大学教师、学生个体的行为对大学文化的形塑

校园是文化育人的场所，是思想碰撞的地方。大学校风、教风的建构和形成，除了大学组织化的教育引导外，也源于师者的自省自律，为人之师，应克己明礼，让受教者感受外化于行的学识、内化于心的品格，达到立德树人的效果。一些品德败坏的教育工作者、传道授业

者、知识传讲者，不仅起不到正向引导作用，还会对青年学子的世界观、人生观和价值观的树立，造成非常恶劣的负面影响。

在多元文化浪潮中，大学文化传统经受挑战；在网络时代和大众文化的涤荡中，大学文化传统经历冲击；在市场经济与功利主义的浸染下，大学文化传统遭受侵蚀；大学文化传统的失落，不是大学校园的个体现象，而是社会整体视角下的文化现象。无论是校训、校风，还是教风、学风，大学文化的意义和价值所面临的现实冲击和抵牾，社会转型所带来的阵痛，都是我们创新大学文化、优化大学生态的逻辑起点。不忘本来，面向未来；不忘初心，不失本心。不废弃传统也并不是一味回归传统，而是从过往优秀实践中汲取精华，滴灌当下的实践之花，这是大学文化实践的现实道路。

第三节　大学文化的规范体系

在大学校园这个环境中，大学文化有其独特的价值和意义，通过文化的价值导入和建构，积极寻求文化认同、文化辐射和文化规约。大学文化之所以要建构一套规范体系，根本在于大学所承担并履行的社会赋予的道德责任。道德规范，不仅是判断个体行为和组织行为的道德标准，而且是责任主体主动承担责任，逐步走向自我完善的必然路径。

从社会外部视角来看，大学所承担的道德责任是以“集体道德责任”形式出现的，也就是说，大学首先是一种道德形象，具有行为的集体意向性，以集体行为和影响力面向社会，同时承担或具备独立的道德行为能力，每一个学生、教师个体或者大学内设机构等都应具有与之相匹配的“道德责任”。从大学内部视角来看，大学所承担的道德责任具有广泛性、层次性和自愿性，并诉诸日常教化、行为规约、舆论影响等手段，以整合规范、涵养塑造每一名师生的道德情操。

一、大学文化的整合规范作用

一所大学不仅有“看得见”的规范和准则，拥有自己相对完善的制度、条目清晰的规章守则，这种是外化且有形的规范。还有通过文化的渗透，形成一种“看不见”的规范，这是内化且无形的规约，二者相互结合从而达到思想意识上的整合规范。大学文化本身就具有整合规范的功能，能够建构起规范体系，就是在于发挥文化的整合规范功能。

（一）价值引导

大学所带给青年大学生的不仅仅是知识，更为重要的是文化熏陶和价值指引，从而涵养生命、塑造自我、砥砺梦想、践行追求、完善人格、实现价值。大学文化通过价值体系的引导、理论精华的引入，形成良好的校风、学风、教风、作风，以一种良好的精神文化氛围和价值引导去规范大学人的行为，与此同时思想意识上的规约也需要有形且物化的章程加以具体实施。在成长成才的关键时期，外界纷繁复杂的声音和暗流涌动的思潮，对世界观、人生观、价值观尚不完善的青年大学生而言，需借助大学文化对其进行价值塑造，从而契合社会主义核心价值观以及新时代的要求。

（二）舆论倡导

在大学中，正面的舆论可以成为发展的“助推器”、道德的“风向标”、学生意见的“晴雨表”，而反面的舆论则可以成为学生的“迷魂汤”、混乱的“催化剂”。大学生正处于建构正确意识形态的关键时期，学校要对舆论进行必要的引导，倡导舆论的正面影响。而校园媒介是大学文化规范整合的重要渠道和载体，其在大学中具有极大的舆论倡导力，所以要加强校园媒介的作用。随着新媒体时代的到来，校园媒介也成为一个比较丰富的体系，不仅有校报、校园广播、校园展板、校园活动等传统的线下传播媒介，保持对大学生进行稳定的舆论倡导，还有校园网站、校园贴吧、校园微信公众号、校园视频播放平台等新颖的线上传播媒介，使学校对大学生的舆论引导更具有灵活性和广泛性。学校通过线上线下多种校园媒介，形成舆论引导的规范体系，积极倡导舆论的正面影响，使大学生在参与舆论互动中践行社会主义核心价值观，提升自身的综合素质，从而形成良好的舆论生态，促进文化的整合规范。

（三）行为规约

大学文化的渗透与引导，并非只是精神上的指引，校园具象化的规章制度、条目准则、警示标语、名人格言、建筑标识等都是通过文化的渗透和整合，从理论层面不断延伸到实践层面，形成一种带有文化涵养的环境场，进而体现大学自身独有的特色。结合大学自身的特殊情况，对大学人的具体行为进行规范和约束，从而展现一种权威性和约束力。大学作为一个共同体，不同身份的大学人的行为必然要符合共同体的总体利益和价值追求，大学人同样应该明确自己不应该做什么和应该怎么做，具有一个身为“大学人”的行为准则。而大学人包括学生群体、教师群体、管理人员（行政人员和领导人员）以及服务人员（教辅人员和后勤人员），这些不同身份的大学人在大学这个共同体当中发挥着自己的作用。与此同时，还需要遵守自身的行为规范。而这种行为规范是大学制度文化中的一部分，通过大学文化建设将大学的价值追求渗透到对大学人的行为规范当中，使大学人形成道德底线和行为底线。

大学文化整合规范功能的有效发挥，有利于更好地建构大学文化的规范体系。因而大学文化的规范体系是通过文化规范体系贯穿和平衡大学的整个秩序系统，尤其是指对大学师生的行为规范，确立预期结果和身份识别。

二、道德规范与道德责任的合理实现

大学承担着人才培养、科学研究、社会服务、文化传承创新和国际交流合作等各项职责。其中，人才培养主要依托教学活动得以实现；科学研究则依托大学师生的科学实验与知识生产活动构成；大学社会服务活动则日益呈现多维多面性，既包括大学师生通过科学研究活动为经济社会发展实际问题提供解决方案，又包括通过对高级专门人才的培养为社会做贡献，当然还有其他活动形式。文化传承创新功能的实现则依托以上三类社会职能的发挥，其工作对象主要聚焦民族历史文化资源的传承与挖掘、社会与时代精神的理性批判与解读、人的发展与未来社会理想的建构，以及人类新文明形态的科学发现等。大学师生开展这些基本活动都具有伦理性，这些活动的目的、过程和结果都涉及价值判断，活动的开展都体现了大学师生对其所担负道德责任的实现。

（一）大学学术活动的道德责任与道德规范

自古而今，人们对知识的追求与对道德的追求依然是唇齿相依的关系。就人的立场而言，谓“德性在内，学问在外”，“自内向外，德性发展出学问”；从学问产生的源头看，“学问是人之德性所需，为人之德性所能”。总而言之，“学问乃是一种自然发展，由天到人，由德性到功力。学问创造仅是人类天赋德性之表现”①。

在知识分子的“理想追求”“使命责任”等一系列问题的回答上，殷海光先生做了精彩的论述，归结起来可以用两个维度来表述，知识分子是“时代的眼睛”“社会的良心”。对于不求“使命为何”“人生为何”以及迎合流俗、哗众取宠的知识分子来说，此见解无疑是一记耳

① 钱穆. 中国学术通义：新校本［M］. 北京：九州出版社，2012：304.

光。学术活动作为知识分子的基本活动形式，无疑也内蕴着道德责任与追求。

为了社会发展和人类福祉，人们不断探索新的知识，提升生活质量和道德水平。从中国的文化传统来看，知识与人类的“德性”自古便融为一体，张载的“横渠四句教”是一个集中体现：“为天地立心，为生民立命，为往圣继绝学，为万世开太平。”知识分子群体，主要从事知识创新、追求真理的工作，同时又发挥着其他群体所不具备的责任担当、历史使命，凝聚成一所大学的价值立场和文化纲领。作为“社会的良心”“时代的眼睛”的知识分子，要想求得真理，必须具备与之相称的心性境界和素质能力。因此，大学承担道德责任的主要载体是学术研究与知识创新，二者无法分割。

从大学学术活动的历史发展来看，知识生产与道德追求始终具有不可分割的内在联系。自中世纪开始，大学作为专门的以知识性为核心特征的组织机构。正如美国著名高等教育学家克拉克所说：“知识材料，尤其是高深的知识材料，处于任何高等教育系统的目的和实质的核心。”① “随着知识的分化，大学也出现了分化，大学内部的学部、学院、系等组织结构的形成和确立，很大程度上是由知识的属性所决定的，是不断趋于分化与整合的学科制度化的产物。知识性是大学组织结构存在与发展的基础，也是大学区别于其他社会组织的标志性特性。”② 大学学术研究的核心内容是知识生产与发现真理，“为知识而知识”的抽象立场并不能成立，学术活动的终极指向是通过知识创新的过程以弘扬理性、完善人格。因此，大学正是通过不断进行知识创新来服务社会大众，实现其道德责任的。

---

① 克拉克．高等教育系统：学术组织的跨国研究［M］．王承绪，徐辉，殷正平，等译．杭州：杭州大学出版社，1994：17.

② 陈想平．论大学组织的知识性与科层性［J］．高教探索，2006（2）：62-65.

（二）大学教育活动的道德责任与道德规范

高等教育活动是纠结于现实之境和理想之境的一种活动，是一项面向未来的事业，是一种面向未来的价值构建。“教育活动不是一种价值无涉的活动，是一种广受价值左右的活动。教育从不在道德上保持中立。”①

事实上，高等教育领域天然是道德领域，主要有以下体现：一是高等教育处在社会教育体系中的顶端，它既是培养高素质人才的摇篮，也是孕育终极价值、推动社会整体发展的动力源。“高等教育属于教育范畴，是教育的一个阶段，而高等教育和教育有着共同的本质属性和规律。”② 比如接受高等教育首先是为了使人能够更好地适应社会，学习系统知识是为了人的道德与能力的全面发展，或对社会整体产生有益的影响，这就决定了教育活动必然采取合乎一般道德的方式。中国高等教育更是一种典型道德实践，其秉承“立德树人”的总要求，以培养社会主义事业接班人为主要目的，自然是合乎道德的实践。二是大学承担相应的“道德责任”，这是由大学机构的独特性质决定的，也是不容置疑的事实。大学有其自身发展的内在逻辑，作为一种联合性“文化共同体”，大学组织机制中既有针对不同群体强制性的行为标准，又能针对内部不同的道德主体做出决策并付诸群体性行动。从大学的基本活动和日常运行来看，大学基本活动的选择与设定都需要价值判断和道德指引。

从现实来看，道德性已经根植于大学精神的各个层次，渗透在大学校园的各个群体、各种活动和各类关系中。无论是作为未来社会精英的大学生，作为学术研究与教育活动执行者的大学教师，还是大学行政管理者、后勤服务人员，其参与教学、科研和社会服务、文化交

---

① 黄向阳．德育原理［M］．上海：华东师范大学出版社，2000：29.

② 潘懋元．新编高等教育学［M］．北京：北京师范大学出版社，2009：5.

流等活动，每个环节都充分实现其道德责任。这一切都昭示着高等教育领域天然是一个典型的道德实践领域。

三、道德规范与大学不同群体差异性

一般来说，按照分工不同，不同大学群体所承担的道德责任和道德规范具有明显差异性。

（一）作为社会未来精英群体的道德责任：大学生的日常行为规约

学生群体是大学的重要组成部分，更是大学的主体，作为一个特殊的群体，大学生需要遵守特定的行为规范。大学生行为规范是指用来指导或约束大学生个人、团体的行为，调节大学生个体之间、大学生团体之间、大学生与社会之间关系的管理规定或制度。[①] 从宏观角度来说，教育部颁布了《普通高等学校学生管理规定》《高等学校学生行为准则》等适合所有大学生的行为规范，这成为所有大学用于规范大学生行为的基础性文件；从微观角度来说，不同的大学具有不同的设立背景、发展方向、治学特色、学科建设、地理位置等，针对自身特色和对本校大学生的要求，不同的高校在国家性文件的基础上，制定了更符合自身发展、更具有可行性的大学生行为规范，使学生在学习、生活、娱乐、研究、实践等活动当中有具体的行为规范。除此之外，大学文化可以通过传统文化的“聚合场”形成有效的整合规约，良好校风的构建、优良学风的引导，可以通过精神风貌和良好风尚的整合，形成积极向上的校园氛围。大学生在优良的氛围中可以更好地提升自我，感知大学的文化传统和历史积淀、明晰校训内涵、体会校园环境所带来的内在涵养，从而涵养品格、健全人格、净化心灵、陶冶情操。

---

① 田园. 大学生行为规范现状研究：以“90后”大学生为例［D］. 中北大学，2014：13.

在大学文化的舆论整合中，除了具体的行为规范外，通过校园媒介的积极宣传、社会主义核心价值观的积极弘扬可以涤荡不良的思潮，纠正错误行为。将有形规范的约束力和无形文化的凝聚力进行双重整合，可以使大学生形成价值认同，从而更好地规范自我行为。

青年一代是祖国发展的重要后备力量。2018 年五四青年节前夕，习近平总书记在北京大学对广大青年提出新要求，希望他们可以更好地践行“爱国、励志、求真、力行”[①]。也就是说，青年大学生在新时代的航船上更应该积极发挥自身的力量，找准自身定位、实现自我价值。文化规范整合的首要目标群体就是当代大学生，整体而言，就是要对大学生日常生活的行为以及学风进行建构和规范。尽管学校对大学生的行为有相应的规范，但在日常行为中大学生仍会暴露出自身的不足，甚至行为失范。首先，大学生自主性较强但自制力和自律性偏低。当代大学生的知识水平普遍较高，而且其生活在自由和平的年代，可以自主地在自我价值观下实施自己的行为。但正是在这种自主性的引导下，普遍是独生子女的大学生更多表现出来的是自行其是、一意孤行，彰显个人主义而对集体主义的行为规范有所忽略，自制性和自律性有所欠缺，进而形成了一系列不良的日常行为习惯。其次，大学生的理想信念不够坚定，法律意识较为淡薄。随着社会的不断发展，大学生受市场经济的影响，其思维方式和行为习惯有形式主义、功利主义、享乐主义等倾向，这种不良的价值观冲击着当代大学生，使社会主义核心价值观在大学生心中的地位有所弱化。大学生以自我为中心，做事追求自身的利益，对公共利益和他人利益视而不见，进而就会产生一些违法、违纪、违规的行为，但身为社会人和大学人的大学生却对自己行为的性质毫不知情，更对自己的行为对学校、对社会、对自身可能产生何种不良后果没有正确的认识。最后，大学生对网络

① 习近平. 在北京大学师生座谈会上的讲话［N］. 人民日报，2018-05-03.

行为规范认识浅显。随着互联网时代和新媒体时代的到来，人人会上网，处处可上网，而以“95后”为主的大学生本就属于“网生一代”，作为网络的主力军，他们在网络上学习、交友、恋爱、娱乐……但由于大学生对网络行为规范的认识不足，有些大学生会在网络上发表不实言论、沉溺于网络游戏、在网上平台借贷等，这些看似不起眼的行为可能使大学生误入歧途，严重的还会导致网络犯罪。

以上大学生的这些不良行为是不符合大学生日常行为规范的，是典型的行为失范的表现，而产生这种表现最为主要的原因则是教育不足。大学是以培养人才为主要任务的，不仅要注重培养大学生的科学素养，更要注重培养大学生的人文素养，加强大学生的社会责任感、集体主义意识、爱国意识等，对大学生的世界观、人生观、价值观形成正确引导，以此来使大学生具有自制性、自觉性、自律性以及自控力，从而做出符合行为规范的行为。

学风建设的开展就是对青年大学生精神世界、自我价值观的建构，同样是大学文化规范体系建构需要着重考量的方面。五四时期的北京大学倡导“思想自由，兼容并包”，成为学术自由与民主的主阵地，大学生的学风规范是首要着眼点。学习的态度、用于学习的时间、探知真理的心态、思索问题的方式、获取知识的方法等都体现着大学生的学风。规范学风在于教育学生以一种求真务实、求理明识、学思结合、知行合一、言行一致的态度和方式对待求学之路。功利化的思维和快餐式的方式，对当下知识的获取和消化有着不小的影响：一切所希望获得的知识与所达到的高度都是在快节奏的生活中形成的产物，带有工具性色彩的眼光将知识分门别类、高低排序，只服务于自我利益与自我名誉；目光所关注的不在于人类命运的发展、社会现状的批判、自我价值的升华，而是在于娱乐时代碎片化解读、网络时代杂乱无序的跟风模仿、伪造抄袭模仿寻求捷径的利己化思维；纸质书籍不再是阅读的最佳选择，而成为自拍求点赞的展示品；考试成绩和奖学金成为驱使自我学习的最重要的动力，为此不惜作弊、抄袭、替考等，用一切逐利的手段量化自己学习的行为；实用属性和工具服务成为求知的优先考虑，零散碎片化的知识体系和只言片语的浅显解读，根本无法理解知识背后的隐藏含义；网络思维和用语的泛化滥用，传统文化的没落和失语，感受着一切电子工具服务的便捷性，从而忽略了文字和传统文化的魅力；速成化与堆砌化的文化成果与学术研究，成为财富榜的助推器和“专家”“学者”的美化剂，似曾相识的学术文献充斥在网络上，没有内涵的文化书籍充斥市场，头衔与荣誉成为自我标榜的学术终点，文化不再是纯粹地“腹有诗书气自华”，学习也不再是纯粹地“读书万卷下笔有神”，一切目光都聚焦在利与快中，浮躁之风日盛，价值观走向歧途，在快与利中感受自己认知的快乐。建构大学文化规范体系，在于将正确价值导向和文化指引充分滴灌，更为重要地在于大学生的文化涵养、价值建构、人生追求、理想认同。以大学文化的张力和大学历史的积淀，培养大学生正确对待学习的价值认同、正确为人处事的价值认同，革新的是思想意识上的精神驱动力，改变的是在快时代里寻求真知的心态与心境。大学文化规范体系以外化于形的规约，对大学生的日常行为进行严格约束，以内化于心的洗礼，对大学生的精神世界和价值观进行重塑和建构。

（二）作为学术研究与教育活动执行者的道德责任：教师职业道德规范体系

教师群体虽在数量上仅次于学生却在大学中处于主导地位，是大学运行的核心，大学需要教师对学生开展德育、智育、体育、美育以及劳动教育等综合教育活动，将学生培养成全面发展的人才，学校领导乃至整个社会都对教师群体寄予了很大的期盼，所以教师更要遵守一定的行为规范，为学生做出表率。教师在从事教育工作过程中，最需要遵守的是教师职业道德规范。所谓高校教师职业道德规范，是高校教师在教育职业活动中所形成的道德关系和道德行为的普遍规律的概括和总结。[①] 也就是说，职业道德对教师在教育过程中应该遵守的行为规范、思想情感、态度作风进行了明确的解释，要求教师采用正确的方式方法处理各方面的关系，尤其是教师与教师、家长、学生、领导等之间的关系。[②] 教师职业道德规范中一方面有对教师师德进行的规范，另一方面是对教师的教学行为进行的规范。对师德的规范是内在的、隐性的，但也是最为重要的，师德的高低直接在教师的行为习惯中表现出来，对学生的影响也是极其重要的。而教师的教学行为是一种外化的、显而易见的，是教师为了达到教学目标、完成教学任务而采取的一系列可见的行为。2011 年教育部、中国教科文卫体工会首次颁布了《高等学校教师职业道德规范》，该规范将爱国守法、敬业爱生、教书育人、严谨治学、服务社会、为人师表作为高校教师职业道德的行为准则。各大高校根据自身的实际情况，对教师行为做出规范并制定相应的惩处措施，以减少不良风气，加强学术规范和职业纪律。

大学文化的规范体系对于教师群体而言，重点在于内化于心的师德师风规范，外化于行的教学行为规范。教学行为是教育工作者在校园实践中的主体活动，也是需要重点规范的部分。教师通过自我知识的丰富，担任大学生的知识传授者、人生领路人、文化传播者、精神指引者，其自我言行对大学生的身心发展具有重要影响。大学文化的行为规约功能，不仅仅是文化中的理论部分以及对师者的理论层面的规范，更为重要地在于具象化，成为与教学实践紧密结合的规章准则，成为约束教育工作者的重要戒尺。除此之外，师德师风规范在于对教师队伍进行价值指引，树立良好的师者形象，展现师者之风，体现为人师表的典范。大学并不是大楼的聚集地，而是大师的聚合场，越是

---

① 王新华，任军利. 浅议高校教师职业道德规范 [J]. 华东交通大学学报，2004，21 (6)：97-101.

② 申明. 师德失范的制度原因及其重建 [J]. 广西师范大学学报（哲学社会科学版），2009，45 (4)：81-84.

文化涵养、历史积淀深厚的大学，越是拥有众多大师，从而形成文化的坐标点，积极彰显师者的风范。对于当前师德师风的文化规范，在于从思想意识上和精神世界中进行革新，对自我价值观进行重构，达到符合社会一般认知的师者形象。

随着经济的发展，党和国家越来越重视高等教育的发展，对高校教师提出了更高的要求，这就使得教师之间在学术上、教学上形成竞争关系，激烈的竞争使个别教师在职业道德和社会公德方面产生了一些失范行为，甚或违纪违法行为，从而葬送了自己的职业生涯。教师的行为失范对学生、对学校、对社会都会产生消极影响。教师的失范主要表现在以下三方面：

1. 教学行为失范

教学是教师最重要的任务，教学的效果直接影响学生的水平。比如有些教师教龄很长却缺乏创新和与时俱进的意识，敷衍备课、教学设计毫无新意；为了维持课堂秩序和吸引学生注意，上课期间花费大量的时间阐述与课堂无关的东西，导致教学的实效性有所欠缺；为了迎合学生的需要布置一些无难度的作业，使得课堂延展性不够、教育质量有所下降。[①] 教学作为体现师者水平的重要环节，能够展现其学识的丰富性、文化的涵养度、人格的高尚性、灵魂的启迪性，对于世界观、人生观、价值观需要完善的青年大学生而言是极为重要的。造成当前教师教学行为失范的原因从思想认识上来说，就是缺乏正确的价值引导，单纯地从工作视角和获利方式来看待教学行为，将教学的工作属性最大化，减少了自我情感的投入和自我价值的导入。大学文化对教师教学行为的规范，在于对其价值观进行重构，增强其对教学使命和责任的充分认知、认同，有效提升其教学水平和教学能力，使其

---

① 张洪波. 现代大学制度下的教师教学行为失范问题研究［J］. 学术探索，2012（2）：170-174.

及时反思其教学成效和进步空间，树立师者形象，规范师者行为。

2. 师生关系处理不当，没有摆正位置

教师应在学习、生活上积极指导学生，为其答疑解惑，促进其成长成才，但有一部分教师与学生的关系很是冷漠，课下对学生的指导少之又少，学生无法与教师进行学术交流，学术水平止步不前。师生关系本应是在平等条件下的尊重，而因为师德师风的下滑，出现师生关系的悖论。有些老师不能摆正自己的位置，凭借自己手中的权力威胁恐吓学生帮助老师做一些本不该学生做的事情，使学生的学习时间浪费在“服务”老师上；更有甚者，师生关系存在功利性，学生为老师积极做科研，老师将其成果发表获取相应的钱财，学生仅能拿到微薄的劳务费，这种功利关系不光对学术发展有负面影响，更对学生的成长成才不利。师者典范，绝不只是青年大学生的知识领路人，更是其人生的领航者。大学文化对于师生关系的规范，在于塑造师者形象，以文化的方式涵养师德师风，纠正错误的价值认知，摆正歪曲的价值心态，革除逆反的价值思维；在于涵养文化人格、重塑高尚品格，树立师者爱生如子的典范。

3. 学术行为失范

高校是科学研究、学术创新最为重要的场所之一，教师作为科学研究、学术研究的先锋军，更要规范自身的学术行为，但受不良风气的影响，当前学界有学术浮躁的不良倾向，一部分教师跨越了道德底线、学术底线，给学术界造成了不小的负面影响。互联网的发展壮大使搜索学术资料更为方便快捷，但同时也使一些抄袭剽窃变得更为简单，更重要的是，当前的学术成果有极大一部分都是偷工减料、敷衍了事的。这些学术不端行为不仅浪费了人力、物力、财力，更造成了学术上的“假、大、空”，阻碍了我国科学研究的发展进步。大学教师的学术行为失范除了弄虚作假外，更为严重地在于其功利化学术思维，以金钱衡量自我学术行为，无限放大其工具属性，无限弱化其学术属性，学术界不再是令人神往的“人间净土”，而是相互攻击的利益“竞技场”。大学文化对于学术行为的规范，在于肃清错误的学术思想，建构正确的学术研究价值范式，寻求价值认同和认可，净化学术风气，明晰学术目标，使学术行为回归到本来的道路，进而展现师者学者风范。

总之，教师的职业道德规范仍存在一系列的问题，需要各方的广泛关注。教师不仅肩负着科研的重任，还承担着培养学生的职责。所以，教师要积极践行职业道德，使自身的行为符合老师这一职业的要求，坚持立德树人，为学生树立榜样，营造良好的师生关系和学术氛围。大学文化对教师职业道德规范体系的建构，需要对师者的价值体系进行建构，使其获得正确的价值认知、价值评判和价值选择，使教学行为重新回到教书育人的正确轨道，体现教学相长、因材施教，展现师者教育者的形象；使教师重新审视自己与学生相处的方式，以爱生如子的理念贯彻自我教育的始终，展现师者良好的师德师风，体现为人师表的良好典范；及时摒弃功利趋向性行为，以普世情怀和人本视角，选取自我学术着眼点，展现良好的学者形象。

（三）行政管理者、服务人员的道德责任：管理、服务工作规范体系

管理人员和服务人员的工作规范体系建构也是大学文化规范体系建构的重要一环，行政领导、管理人员、教辅人员和后勤人员应在大学制度文化和管理文化的浸润下主动提升自我管理水平和服务意识。

行政管理人员为人处事多带有行政办事作风，校园语境切换为官场视角，大学的行政化使得官僚主义作风和习气成为不和谐的杂音，严重影响大学校园生态。同时，行政化思维也使得行政管理人员权力欲膨胀，民主自由的办事作风、公仆服务的自我意识、精简高效的办事效率在行政思维和权力欲中显得支离破碎。管理工作本就应以民主、科学的方式展开，高效率、精简化、便利化办公。大学校园文化对于行政管理人员的工作规范，旨在使其遵章守纪、按规办事，能够合情合理合法、简捷简单简便地处理事务，提升管理者形象；丰富自己的精神世界，限制自己的私欲，拥有正确的价值观，贴合“为师生服务”的宗旨；身处权力包围的管理场所，依旧可以平心静气，不在权力的欲海中迷茫失措，不用公权力之手丰满自己的羽翼，为自己谋取私利，不在利益和纷争中迷失自我，不在宦海浮沉之中淹没自我。无论是领导者，还是普通管理人员，都应明晓自己所承担的责任和义务，大学文化规范体系的有效建构在于建立良好的办事作风，从而形成良好的校风。规范的本质，并不仅仅是约束管理人员应该做些什么，不该做什么，更为重要的是在于形成契合校园文化优良传统、社会主义核心价值观和新时代语境下的管理作风。

教辅人员和后勤人员的服务作风和服务意识同样如此，当下服务模式的僵化、服务要求的冗杂、服务态度的忽冷忽热、服务热情的日益消减、服务意识的歪曲变质，简单的事务复杂化，复杂的事务推诿化，服务成为口号的“寻呼机”和街道可有可无的“牌匾”，服务也成为众多事务中的“空头支票”和“面子工程”。优质且行之有效的服务，需要结合校园具体实际，切合校园发展的主基调，做实做细。大学文化对于服务人员的规范，不单是按照外化于行的规约，依章办事，更为重要的是使其提升服务意识、拥有服务精神、践行服务宗旨、改进服务作风、提高服务效率、打造服务品牌形象，这也是校园文化的重要组成部分。见微知著，服务工作处于校园实际的细微之处，也承载着重大的文化影响力和口碑传播度。

师者，校园的“文化磁场”和“引力聚合点”；环境，校园的“推荐信”和“引力辐射点”；管理，校园的“空气净化剂”和“引力平衡点”；服务，校园的“传声筒”和“引力连接点”，加上众多大学生，构成大学文化有声和无形的传播场。构建大学文化的规范体系，在于将文化理论层面与校园实际进行深度融合，通过传统文化的有效指引和价值导向，无论是对青年大学生、教育工作者还是管理人员、服务人员都能通过外化于行的具体规约和准则，形成一种有效的权威管理的群体认可和约束力，按照具体可行的规章制度和条目准则，形成一套行之有效的规范体系。同时，大学文化通过内化于心的方式，润物无声、浸润心田，使大学人在这样一个文化场中，感知作为校园一分子的成长与收获。通过文化认同形成价值认同，通过价值认同聚合成价值规范，有形有声的传导让大学人清晰地感知校园文化所带来的“扎根”心理，无形无声的约定俗成则成为校园文化所带来的“归属”心理。在这样一种内隐和外显的双重整合中，大学文化的规范体系成为大学人日常行为和价值观的双重整合建构，而这一切最根本的就在于大学人对于大学文化的认同性。

第四节　大学文化的互动模式

从历史来看，世界一流大学及大学文化的形成，都有其动力机制，这就是人对“物”的作用机制，且因“事”而成、由“事”而就。对“事”的理解，主要指大学师生开展的教学、科研和社会服务等基本实践活动；对作为活动载体的“物”，主要指大学的知识体系及其变迁。作为一个特殊社会部门，大学的所有活动都是围绕人才培养而展开的。知识生产、人才培养是大学最基本的文化实践形式。其中，知识生产与传播是载体，人才培养和人的发展是目的。而聚焦知识与组织的互动，即对大学的生成机制的考察，是本节所探讨的大学文化的互动模式问题。

一、大学活动与文化互动模式

不能忽视的是，传统的指标分析法、要素分析法和结构分析法，只能满足于一般的大学评价、要素与条件的构成性或结构特征性的分析研究，而无法提供大学文化生成模式、内在机制的解释：一是它没有提供和形成对大学组织生成与演变的机制分析，即大学里的人与知识、社会力量的对应生成性；二是它无法解释不同大学在组织变革、组织沟通、行为方式等方面的重大差异。总之，更加全面深刻地理解一所大学，不应停留在指标、要素和结构的层面，而应引入文化的视角，分析能够有效联合与协调这些要素、机构，使之成为有机整体的机制，这就是大学的文化互动模式。

当前，学界对大学文化互动模式的研究主要有两种基本路径：一是历史发展视角，通过知识形态的演变看大学组织互动模式的变化；二是从共时态视角，看不同权力结构下大学组织的互动模式。无论是知识形态标准还是大学内部权力结构标准来考察大学互动模式，都立足于对大学文化形成内在机制的探讨，并呈现出以下实践规定性。

第一，从历史逻辑来看，通过组织创新、体制改革来适应学术知识的演变，在知识体系的跃迁和价值转换中不断发展，是一所大学实现良性发展的内在逻辑。大学组织结构与人类知识形态之间存在必然的对应关系。知识的专门化与综合化、基础性与应用性的矛盾贯穿于大学教育教学活动的全过程，而知识形态的演变成为认知大学组织结构性变化的起点。随着近代以来基础性知识与应用性知识日益分野，以及学术知识日益专门化，大学的自身组织结构不断发生着变化。对比德国、美国大学活动的历史特征，特别是柏林大学、哈佛大学、麻省理工学院等大学组织创新的先行者，和芝加哥学派、福克斯学派等不同学术流派与大学组织的关系为研究对象，在对比中提炼导致各个案例之间产生结果的关键性机制。

第二，从现实逻辑来看，大学组织体系与体制机制是学术权力、政治权力以及资本话语权等各种力量斗争、妥协的结果。基于大学内部权力耦合逻辑，是考察大学文化互动方式的重要现实因素，主要体现为大学组织个体成员在教学、科研、社会服务等实践中形成的组织运行规则、资源分配规则和文化领导权等。

良好的大学文化不是凭空产生的，也不能完全诉诸自然而然，它需要大学办学主体依据自身文化价值追求和实践需要不断调整完善，并最终通过制度不断固化为大学组织内部人与人之间，大学组织与社会组织之间的互动模式。文化互动模式反映的是大学组织人与人的交往方式、运营模式，以及大学组织与社会机构的关系等。就同一所大学来看，文化互动模式也并不是一成不变的，其必然要随着社会发展和交往方式的发展而不断进步。从其深层次来看，大学治理的本质是文化治理。而文化治理必然依托一定的文化互动方式为载体，持续推进大学组织机构调整变革，必须聚焦高校不同机构、群体或个体互动模式的调整来实现组织创新，对大学的生成文化互动模式进行全面解读与考察，以揭示大学制度与运行模式之间相互表里的关系。

二、历史性视角：基于知识形态嬗变、社会功能拓展的大学组织创新

从功能定位来看，现代大学一般都着重强调其教书育人、知识创新的双重功能，这个理念对德国、美国产生了广泛的影响。随着时代的发展，现代大学的功能既不限于纽曼的“知识传播之地”，也不限于洪堡的“知识传播之地与知识产生之地”，而是赋予了直接为社会服务的新功能。聚焦知识传播、知识创新和服务社会等职能衍化而生成的组织创新，即大学组织的自组织生成机制，也内在植入了大学的理念、价值追求和使命担当，二者具有内在的对应生成性。显然，大学社会功能的拓展和对自身使命的追求，是推进大学组织变化的内生动力。

社会功能的拓展带来了大学内部组织结构的创新。世界一流大学的组织创新有其对现实环境的适应机制。崔乃文提出，对大学学术知识演变中存在的“专门化与综合化、基础性与应用性的冲突”有着系

统论述，并基于冲突处理方式的历史考察，区分了世界一流大学中存在三种不同的组织类型，即“德国研究型大学的单层线性结构、美国研究型大学的双层复合结构和美国创业型大学的网络弥散结构”①。在对柏林大学、哈佛大学、麻省理工学院和斯坦福大学的组织模式考察中，作者依据不同历史时期知识形态的变迁与大学功能的不断拓展，对这些世界一流大学进行组织类型定位的划分。

（一）单层线性结构对应着传统德国研究型大学的组织特性

“德国研究型大学的崛起产生于大学的知识体系发生重大变革的时代，即从综合性的古典学术演变为专门化的现代学术”②，即以柏林大学为代表的传统研究性大学，其组织创新与专门化研究机构的产生，适应了“古典学术综合化”到“现代学术专门化”的跨越。

（二）双层复合结构对应着美国研究型大学的组织特性

在学习德国研究型大学建设的过程中，面对“基础文理知识的综合性与现代学术的专门性之间的冲突”，哈佛大学并没有因循守旧，而是“在组织上协调与整合了知识的综合性与专门性、基础性与应用性，塑造了独特的‘双层复合结构’”，③ 正是由于对基础文理知识体系和应用性知识的处理融入文理学院和专业学院建制中，统合并有效处理了知识的综合化与专门化的关系，形成哈佛大学组织发展的制度优势。

（三）网络弥散结构对应着美国创业型大学的组织特性

创业大学对应的是创业科学的不断发展与制度化，这意味着以解决现实问题为导向，“网罗各传统学系和学科的研究人员共同工作”，

---

① 崔乃文. 知识演变与组织创新：世界一流大学的生成机制分析［J］. 清华大学教育研究，2017，38（5）：98-105.

② 崔乃文. 知识演变与组织创新：世界一流大学的生成机制分析［J］. 清华大学教育研究，2017，38（5）：98-105.

③ 崔乃文. 知识演变与组织创新：世界一流大学的生成机制分析［J］. 清华大学教育研究，2017，38（5）：98-105.

“形成一个知识综合化组织”；这意味着“学者、企业和政府之间的关系”的重构，传统研究型大学的组织边界被打破，实验室和科技园模式在战后被延续并迅猛成长，体现为“组织内部呈现出一种有效支持创业科学的边界模糊的网络弥散结构”。[①]

当前，我国“双一流大学”建设政策的启动引发了学界对世界一流大学生成机制的深刻反思。从这个角度来审视中国大学，不同学校在创造发展条件、追求自身发展中，需要进一步树立人类视野和世界眼光，不断增强大学组织变革与组织发展的文化自觉。

一方面，中国大学需要通过有效的组织创新增强应对知识演变的有效性。要借鉴美国、德国等世界一流大学的内在生成机制，“通过主动的组织创新来适应和推动学术知识的演变”[②]，要通过积极的组织创新需要进一步认清自身所处的历史方位、办学定位和办学特色，探索切合自身发展实际的组织类型，探索并催生适合自身发展的内生路径。另一方面，中国大学需要通过有效的组织创新适应其社会功能的不断拓展。随着现代大学对经济社会发展的深度介入和大学职能的不断拓展。要结合中国经济社会发展实际推进大学的知识创新，提升学校知识服务社会的力度。要适应社会发展需求，通过组织变革支持大学教师身份与角色的变化，推动相关应用型专业教师从传统的知识传播者、专家学者到创业科学家的时代转变。

总之，世界一流大学正是把握学术知识演变与组织创新的内在逻辑才得以快速发展；世界一流大学的类型差异，源于他们对知识演变的组织处理方式的不同。通过主动的组织创新来适应和推动学术知识的演变，体现了世界一流大学的生成机制，而其组织创新有效性及其

---

① 崔乃文．知识演变与组织创新：世界一流大学的生成机制分析［J］．清华大学教育研究，2017，38（5）：98-105.

② 崔乃文．知识演变与组织创新：世界一流大学的生成机制分析［J］．清华大学教育研究，2017，38（5）：98-105.

获得的认同，则逐渐演化为组织变革的制度逻辑，这就是探讨大学文化互动模式的意义所在。

三、现实性视角：基于权力耦合与运转的大学文化互动模式

现代大学是充满矛盾的复杂组织，它包含若干既相互冲突又密切联系的体系。基于大学内部权力耦合逻辑的大学文化互动方式，大学组织结构以及人与人之间组织互动模式、制度逻辑，是我们认识大学的另一个视角。本书前面谈及并多次强调了大学文化的群体性、群体效应，实际上还隐含一个重要维度，那就是文化群体效应所依赖的群体交往与互动模式。在大学组织系统内，人与人之间的交往模式遵循某种特定的逻辑，并在实践中形成一系列制度。从这个角度来看，制度在根本上是一种互动模式，大学制度与文化互动模式是互为表里的关系。

“权力”是高等教育系统组织运转、资源整合以及改革发展的核心要素，以文化的视角探讨大学内部权力运行机制，既是一个重要的理论问题，也是一个实践问题。现代大学制度下的文化互动模式，本质上是处理好政治权力、行政权力、学术权力、经济利益等各方面关系，由于社会制度、学校传统的差异，不同高校形成了各具特色的互动模式。因此，我们所指的文化互动模式，就是大学组织在教学、科研、社会服务等实践中形成的交往规则、方式。现实中不存在纯而又纯的模式，往往各种因素相互交织、互相博弈，大学内部依然存在各种权力之间“谁服从谁”的艰难选择，但显然各具主导性因素：比如以行政权力为主导的模式更加偏重校长治校，体现出行政权力掌握资源较多、行政管理话语权较大等特点；以学术权力为主导的模式往往注重“教授治校”，体现出学术委员会话语权较大、办学资源全面向科研教学一线倾斜等特点。

兰军瑞提出了我国现代大学存在的三种类型的组织："以党委为主体的政治组织、以校长为首的行政组织和以教授为代表的学术组织，同这三种组织相对应，大学内部存在着政治权力、行政权力和学术权力，这三种权力的分化与整合，影响和主导着高等学校的决策和运行。与政治权力、行政权力和学术权力相对应，高校内部管理体制的基本要素包括领导体制、行政体制和学术体制。"他认为当前优化大学内部治理结构，取决于"现代大学组织制度的有机运行，关键是要划清上述权力之间的界线，改革全局的决策机制和运行机制，以便形成政府、高校和学者各司其职、各尽其责的权力结构"，并主张从我们大学的产权制度运行模式、组织制度运行模式、权力运行模式和管理制度运行模式多维一体综合考察大学制度运行方式。① 权力耦合结构，既体现为一种权力配置方式，更体现为一种权力主导类型。从国内高校来看，各种类型的划分并不是绝对的、纯粹的，往往各类权力的作用相互交织、相互影响。

孙中宁认为："中国特色的高校权力体系包括以党委为核心的政治权力，以校长为首的行政权力，以教授为主导的学术权力，以教代会为基础的民主管理权力。……这四种权力在高校运行中的作用都蕴含在党委领导下的校长负责制这一独具中国特色的高校领导体制、管理体制和权力运行机制中。其中，党委领导是核心，校长负责是关键，教授治学是根本，民主管理是保证……呈现出行政权力主导的科层制管理模式的特点。"他还指出了我国高校权力运行存在的问题：高校管理机关化；党政职权交叉重叠；学术权力边缘化；民主监督机制流于形式。②

权力运行模式是当前高校文化互动模式的集中体现，从国内外高

① 兰军瑞. 我国现代大学制度的运行模式建构 [J]. 信阳师范学院学报（哲学社会科学版），2016，36（3）：94-97.

② 孙中宁. 高校内部权力运行机制研究 [D]. 吉林大学，2011.

校的权力结构与运行状态来看，主要存在以下三种运行模式。

（一）“一元主导型”模式

无论是学术权力还是政治权力，从实际运行来看，都强调并承认权力运行模式的一元主导性。西方发达国家则常常采用学术委员会一元权力组织模式，如法国高等学校的学术权力机构是咨询委员会，由科学委员会、大学学习委员会和生活委员会等组成，而德国高等学校评议会中通常设立一些专门委员会处理不同领域的事宜。[①] 学位委员会由于接受政府学位委员会和高校双重领导，既是大学的学术权力组织，又实际具有行政权力特性。与此相较，法国甚至将学位授予规定为政府权力。因此，对西方大学的学术权力自由不能进行抽象考察。

我国公办高校主要有国家直属高校（即教育部直属）、省属高校和市属高校等层级隶属，基本上属于政治权力主导型结构。根据《中华人民共和国高等教育法》第四十二条规定：“高等学校设立学术委员会，审议学科、专业的设置，教学、科学研究计划方案，评定教学、科学研究成果等有关学术事项。”可以看出，学术委员会作为高校学术权力组织行使学术权力，已在法律制度层面得以确认。尽管近年来学术权力不断受到重视且话语权日益增大，但学术委员会的权力仅限于学术事务，处于相对边缘化状态；有的高校学术委员会由“双肩挑人员”兼任或依托行政机构运行，无法渗透到大学的各个层面，其真正的影响力有限。

（二）“权力博弈型”模式

权力的博弈表征了高校治理过程中内外部权力竞争关系，主要表现为政府、大学和市场三者动态博弈调整。而大学权力博弈的制度效果主要取决于各主体力量对比与各种权力正负功能的发挥而产生的现

---

① 张德祥．高等学校的学术权力与行政权力［M］．南京：南京师范大学出版社，2002：139.

实秩序。改革开放以来，政府通过不断简政放权实现权力向高校的转移，高校的办学自主权不断扩大；1992 年国家教委“高校 16 条”的发布，将原来由中央政府控制的包括专业调整权在内的十六项办学自主权向直属高校转移；1998 年颁布的《中华人民共和国高等教育法》进一步明晰了举办者、管理者和办学者之间的权责关系，第一次从法律上确认了高校享有七大办学自主权。此后，政府通过多次放权，不仅扩大了市场的话语权，对高校的管理逐步从微观走向宏观。

大学治理是一个极其复杂的系统，也是各种权力博弈的动态过程。从大学治理的视角来看，由于主体利益诉求、权力边界不清导致的博弈现象具有正负双向效果：从正向看，权力博弈直接产生了秩序重构、主体整合、矛盾缓冲、规则催化、组织激发等正向功能，当然也可能产生秩序动荡、矛盾紧张等负向效果。以专业设置为例，从“中央统一领导、中央与地方两级管理”，到政府主导的多次学科专业调整政策的出台，以及高校自主设置本科专业等，我国学科专业设置政策的演变，鲜明体现了政府、市场和高校三者之间的权变逻辑和价值调节过程。

（三）“权力耦合型”模式

权力的耦合体现为大学组织内两个及以上权力主体间相互依赖、相互规约、相互协同、相互融合的运行状态。从现实来看，大学权力耦合机制就是如何立足中国大学治理动态过程，反映和深描大学内部政治权力、行政权力、学术权力的相互规约、相互协同、相互融合的关系，其实质是规范行政权力、加强学术权力的有机结合。

由于办学历史传统、办学理念、组织类型、办学层次、各类权力主体力量对比与权力功能发挥，以及领导者等综合因素，不同高校在政治权力、学术权力、行政权力的耦合上存在着发展程度和运行方式的显著差异。一是权力分离效应，各类权力主体分别独立行使相应权力，互不干涉，但可以相互协同配合，权力边界比较清晰；二是权力渗透效应，由于作为行政权力、学术权力行使者身份合一，学术权力与行政权力边界的模糊，往往相互渗透、相互融合，管理组织既行使学术权力又行使行政权力，但在不同学校显现出不同的主调，多重权力运行比较贯通。

综合来看，大学内部组织制度运行的三种体制模式不论是一元的还是多元的，都是影响大学内部权力的变量。某种权力模式的形成代表了在较长一段时间之内大学内部管理运行的基本状态。当前，应不断提高学术话语权，不断厘清政治权力、学术权力、行政权力的边界，为各自功能的发挥创造更好的制度条件，为学术权力作用的发挥创造一个宽松的环境。

第五节 大学文化的“环境场”

大学文化依附于大学组织、大学校园空间，主要是大学的校园、建筑、设施、环境，包括各种楼堂馆所、山川湖泊、花草树木等，这些物质成果不同于天然的未经雕琢的自然环境，具有一定的文化内涵，都是对精神文化成果的系统贯彻，并在大学文化中扮演着重要的角色。实际上，大学文化的物质载体与大学精神的相互渗透、相互贯通，在大学校园空间内产生共生关系，形成大学文化的环境场。这个“场域”的本质是基于一种“精神场域”的文化生态。

大学文化是一种场——包含着精神理念、制度机制、行为规范、环境载体等诸要素共存共生的文化场域。场有排斥力、吸引力，既相互联系又相互链接，既有个体存在又基于共同体的共同作用。

一、关于对大学校园“环境场”的理解

在物理学定义中，“场”是指物理场中的磁力场或者重力场。但在

物理学界有关于“场”侧重于“空间”还是“作用”的争论，2011年中国地质大学（北京）曾华霖在《“场”的物理学定义的澄清》一文中提道：“实际上，地球物理学家在应用物理学原理研究地球时，自觉或不自觉地采用的物理场定义就是‘作用’、‘效应’或‘力’，绝非‘空间’。”① 日本建筑大师桢文彦也曾提出：建筑是向场所开放的，作品中对建筑使用的最终目的并非在建筑本身，而是在城市组构中加强它与地点的联系；建筑成为消除自我的角色，这便是建筑的本质。② 这种思想渗透到桢文彦的作品中，表现出建筑特质的有机构成和对公共空间的和谐处理。桢文彦的“场所形成”理论认为“‘场所形成’即‘场’的建立和领域的鲜明性。人与人相遇的场所是具有社会性的领域，桢文彦将这些公共交往领域称为‘场’”③。

20世纪80年代，美国著名社会学者朱利安·斯图尔德提出“文化生态学”概念，核心观点是将全球文化圈视为一个大生态系统，鼓励建立文化多样性，从而促进整个文化系统可以协调发展，这里所说的文化生态系统就是一个影响文化产生和发展的自然环境、科学技术、生产体制、社会组织及价值观念等变量构成的完整的体系。④ 华中科技大学涂又光先生的“泡菜坛理论”指出，校园就是“泡菜坛”，文化就是“泡菜水”，学生就是“泡菜”：泡菜坛里有什么样的泡菜水，就将泡制出什么样的泡菜。这运用到我们的文化环境场理论中也同样适用。泡菜坛和泡菜水就是一种场，一种可以作用于泡菜的场。泡菜坛没有裂缝，泡菜水味道好，这样泡制出的泡菜味道才会好；相反，如果泡

---

① 曾华霖．“场”的物理学定义的澄清［J］．地学前缘，2011，18（1）：231-235.

② 大师系列丛书编辑部．图解当代日本建筑大师［M］．长沙：湖南大学出版社，2008：168.

③ 金晶．西安大学校园文化场所空间的规划设计研究［D］．西安：西安建筑科技大学，2010：7.

④ 韩明涛．大学文化建设［M］．济南：山东人民出版社，2006：31.

菜水味道不好，或者泡菜坛是坏的，泡菜的味道也会不如人意。当然，泡菜如果是坏的，也会影响整坛泡菜水，也会使泡菜坛变臭。这也说明大学校园中的大学人对大学环境场也有反作用。

基于对“环境场”的理解，作者以为，大学文化的环境场主要体现为三个层次的内涵：首先，大学文化的环境场是“空间场”，是高等学校创建的有利于大学生成长的教育教学基础设施与环境文化；其次，大学文化的环境场是“要素场”，是贯彻高校办学理念与价值追求的系统教育要素集合与特别安排；最后，大学文化的环境场是“效应场”，是立足于大学办学实践的自然景观、楼堂馆所、人文景观、文献资料、文物典藏等物质载体与大学人这一主体之间的相互作用和共生关系。

以校园环境为支撑的大学文化生活，是教育和科研活动赖以进行的重要载体，环境与师生之间相互发生作用，构成了“环境场”。正如我国古谚所告诫的：“蓬生麻中，不扶而直。白沙在涅，与之俱黑。”在对大学文化的理解中，大学精神、校园环境、感觉氛围都是大学文化应有之义，由此，大学文化融入了“生态化”的理解。从某种程度上讲，大学环境和物质载体体现着大学的文化精神，贯穿着学校的灵魂。

二、校园环境的要素协同与大学文化生活的生成

（一）自然景观及其文化意蕴

一般来说，大学校园中的自然景观是给人以第一印象的存在。大学中的绿地、植物和水域等，根据大学校园本身所处地理位置的不同及面积限制进行规划，为大学自身特色奠定了基础。大学自然景观建设最重要的是尊重和顺应。充分利用已有的花草树木、山川地形等自然条件进行造景才能形成一种疏密相宜、明暗有序、动静结合的环境，从而与教师和学生的心灵体验及精神感受相互呼应。比如，踏入大学

校园门口首先映入眼帘的是一个喷泉，与长长的甬路两旁只有绿化带给人的感觉是完全不同的。灵活跳跃的喷泉给人以活力、自由的感觉；长长的甬路两旁的绿化带就给人以规范、严谨的感受。仅从踏入大学校门的自然景观就能感受到一所大学的文化氛围，从整个大学校园中的自然景观布局来阐述就会形成效应场，和大学人之间相互作用，形成文化环境场，从而影响大学文化的发展。

1. 环境景观与教育要素的融入

学校选址的地形为其他要素存在提供依据，是构成校园整体景观的基础。地形为地球表面的形状，面积大的称为地貌；小范围的人们难以察觉的称为微地形。[①] 地形为所有景观提供依托，并对景观的塑造有直接影响作用，设计师在进行学校整体景观规划时，首先需要考虑的因素便是地形。

作为育人场所的校园环境，必然是经过教育者精心设计后方能使得整合各种教育要素的隐性课程对学生的精神世界产生潜移默化的影响。校园地形不是在局部创造单独的景观，而是将校园所在的区域作为一个整体来建造地面景观，使得校园内环境具有整体性、连续性和丰富性，这会在无形中给大学生一种被包围感和充实感。校园每处景观弥漫着学校学习的氛围都带有设计者和领导者对学生的教导和期望。

大学校园的地形建设遵循因地制宜的原则，宜山则山，宜水则水，宜林则林。平原地区就要适当建设错落有致的校园景观，在校园内配以植物、水景、雕塑小品等，形成层次丰富、给师生以多种景观体验的校园场所。比如，清华大学校园内一礼堂处就有体量较大的山体，利用山体高度差，在山上修建观景设施，站在山顶可以一览学校全貌，令人豁然开朗；在山腰间倚山建道，营造盘旋曲折的校园景观，不禁让人想起“书山有路勤为径，学海无涯苦作舟”的名句；山下有一豁

---

① 常俊丽，汪辉. 大学校园景观［M］. 上海：上海交通大学出版社，2016：76.

口，以保证校园内主路通畅，让人想到成功的路上布满荆棘，但总能找到出路通向终点。

大学校园内的地形地势特色无不为学校的“空间场”、为各要素提供空间场所，让山川、河流、植被、各类建筑在地形空间上产生奇妙的化学反应，让大学人与其产生共生关系，形成“效应场”。比如，我国古代官学的标志是在校园的正前方设置一半月形水池——泮池，把对人的培养与寄情山水的情趣融为一体。水景与校园其他景观要素相比承载了更多的历史人文精神，具有教育感化的作用。中国传统文化中的“仁者乐山，智者乐水”阐述的就是水景与智者、智慧之间的紧密联系。大学文化的“环境场”需要水景这一重要自然景观来与大学人产生共生作用，发挥其在影响人、教化人方面的积极作用，以培养大学生的品格。比如，四川大学北侧校区的巴渠、德水、沫溪人工支渠分别是以著名校友巴金、朱德、郭沫若的名字命名，这样就给四川大学的历届学生树立了学习的榜样，同样为大学文化建设添上丰富的内涵。这三条渠水穿流在建筑楼群之间，形成了一个“川”字，与四川大学相呼应，同时渠水最终汇入明远湖，流进长江，暗喻四川大学的校训“海纳百川，有容乃大”，这样的水景不仅顺应了自然，而且体现了四川大学的精神风貌与育人目标。① 地形之上，山水之间，寄托抱负，心胸宽广，于山水灵气中培养出知书达理的贤士，可见以地形为基础，水景与之相互作用，不仅教会人要脚踏实地，还要有水一般的灵动与对自由的追求。两种要素彼此需要，又共同对人产生影响，正是我们本书提到的“环境场”效应。

有地形为基，水为源，两者相互作用，自然会给我们更多的馈赠——植物。大学校园中的草坪、树木和花朵随处可见，植物不仅可以改善小范围内的生态，净化空气，隔离噪声，重要的是植物具有暗

---

① 常俊丽，汪辉. 大学校园景观［M］. 上海：上海交通大学出版社，2016：81.

示和映射作用，在校园中扮演着施教者的角色。大学校园里的植物不仅对环境、学生的心理及生理有改善作用，而且也为校园景观的视觉增加了天然的色彩和形态，属于人工造园的一种视觉渲染。植物影响学生，也为学生所改造，应倡导学生参与到改造自然当中去，切身体会自然的力量。清华大学的轴线空间上的大草坪为师生提供活动的公共场所，在开阔的草坪上视野会随之放大，和老师同学一起交流更容易产生出新的灵感火花。

大学校园环境中的地形地貌作用不可忽视，人立于天地之间，会受到自然要素的重重影响。自然要素间也会相互作用，发挥环境“要素场”和“效应场”的效用。将大学文化进行“生态化”研究，顺应自然，运用自然，把文化意义赋予自然环境中的各要素，在环境要素相互作用过程中发挥大学文化的作用。

2. 环境布局与教育要素的同频共振

大学校园自然景观所依托的地形及分布的水景和植物形成了一所大学的整体环境，教育者将不同的教育内容分别赋予不同的环境要素之中，各要素承载的育人功能相互作用，使得学生一进入校园就像进入了一个诗情画意的世界，一个美轮美奂的精神王国。比如，河北大学七一路校区生活区的整体布局安排就充分发挥了环境对大学人成长的影响。穿过生活园区校门，“实事求是”校训精神教育着每个河大人，低头看到地上的坤舆全图，就像看到世界；抬头看到一棵独立于景观大道的大树，寓意每位学生都会成为独立的人才；大树后的一片银杏林，即“人才林”，寓意河北大学对人才的培养不只是锻炼单独一个人的能力，而是要培养一批又一批的精英。再往东穿过甬路是坤舆湖，湖上石头桥另一端是一个圆形舞台，寓意大批成长为翘楚的人才最终要走向江湖，走进社会这个大舞台，祝愿河北大学毕业生可以在大舞台上展示出自己的风采。环境场是关于人和环境两者的，是基于大学人对客观、静态、物质环境的体验感受。

大学教育阶段是大学生人格养成和思想锻造的关键时期，因此，大学校园内的自然环境要素的一切安排都是符合大学人的价值原则和审美原则的，都体现了教育者对学生的殷切期望，都赋予了环境以特定的意义内涵。一切的植物、水景等都赋予了大学生以生命的意义、精神追求、理想目标及审美旨趣。

（二）教育教学设施及其文化意象性

大学作为实施教育行为、培育人才的场所，更为重要、更能发挥其教育功能的是人文（意象）景观。心理学家将意象定义为人在记忆中重现曾经感知过的空间环境的形象。[①] 意象景观与实体景观相对，一所大学不仅需要自然景观点缀，更需要建筑载体直接地传载文化和知识。比如，一所大学的发展史都被展示在校史馆几十平方米的空间，把大学的肇创、发展、繁荣至今按照时间顺序记录大事件，让每一个生活在大学中的人所了解；艺术馆中储藏了不少从学校毕业的学生做过的展览、办过的艺术展等，还有生活在学校的学生都可以在这个艺术空间里找到它独有学校特色的艺术气息。当然，还有体育馆、博物馆、校园雕塑等都是大学文化环境场中客观存在的发挥“场”的作用的“载体”，由此形成大学文化的环境场。文化育人必然要发挥文化环境场对大学人的熏陶、感染、影响作用。

大学校园中各个区域有其固定位置，这一位置的设定有利于更好地培育学生，而道路是不同功能区之间的重要一环，将整个校园串联成一个文化整体，反映校园整体面貌。道路系统决定校园中的景观布局，景观布局反过来增加道路的视觉印象和改善校园的环境分布，使原来处在一个地形上的无特点区域变得区块分明，井然有序，为大学文化的环境场制造不同的功能区，为大学人提供不同层面的精神需要，

① 靳路明，卓景龙，罗瑞章．现代校园空间意象研究［J］．河北农业大学学报（农林教育版），2006，8（1）：95-98.

从而塑造学生健全的人格，帮助学生成长。道路作为大学校园的骨架和血脉系统，将校园不同功能区的文化氛围连接得更加合理有序。道路系统是体验校园文化的第一重要途径，是控制校园整体文化氛围的重要物质元素，走在校园道路上的大学人会通过道路景观感知和认识校园。[①] 在人流走向明显的道路上，学校选择设置通知公告栏或者明显的文化亮点，使学生可以便捷地了解学校发布的信息。由此看来，大学校园的道路设计及文化布置是大学文化环境场中不可缺少的一点。它在有效传播校园文化的同时，也将校园整体各文化要素串联在一起，使各功能区域的连接显得更为突出。

大学校园多分为教学区和生活区两部分，这两部分通常由各类建筑楼宇构成立体界面，中间穿插林荫大道或羊肠小道，以形成不同的尺度、形态、要素围合的环境场。

教学区是大学校园环境的主体，包括大学教学及科研服务的教室、实验室及相关行政办公场所，是学校利用率最高的环境载体，师生聚集明显。在这一空间要素中，教师与学生可以更专一地扮演其相应的角色。教师在课堂传授给学生以专业知识和为人处世的道理，提高学生的专业技能。学生在必要时间段接受课堂教学，其他时段可以选择自主学习。在每一个有关于学习的环境中都离不开相对封闭的空间，这种空间往往安静，给人以舒适和稳定的感觉，从而为师生提供学习和思考的场所。在这两者的关系中，共生作用更加明显。相对封闭的空间，如教室、图书馆等专为师生需要而存在，如果不被需要，那也就失去了这种空间要素存在的意义。因此，大学中的教育教学设施与大学人之间共生存在，才有了大学文化的产生。

大学校园更具代表性的一部分便是学生的生活区，生活区一般由宿舍楼、食堂、商业服务设施等组成。生活区与教学区是相互存在的

---

① 常俊丽，汪辉．大学校园景观［M］．上海：上海交通大学出版社，2016：106.

关系，是为使用教学区的学生提供居住的场所，在这一区域内形成了较为统一的认同感和归属感。生活区的存在目的是为大学人提供住宿和休闲场所，大学人在校园中进行建设和学习的任务之余，也需要休闲娱乐。因此，生活区与学生间就体现了共生关系。同时，大学人在生活区的公共环境可以交流沟通，发表自己的观点，在思想交汇中形成一所大学带有区域特色的文化氛围。美国哈佛大学的哈佛文化生活广场具有阅读、演讲、餐饮小憩、展览和表演以及纪念品购物等功能，成为邻近社区与大学互动的文艺空间。该大学的校长认为大学的生活文化广场应有三层含义：自由的象征、校园和社区的桥梁、呈现校园风格。民众与学生可以在开放的空间自由来去，拥有言论、思维与理念的自由大学生可以融入社区，社区的人也可以进来感受大学的文化。① 校园建设者在自身思想影响下定义校园、建设校园，培育出来的大学人就会受环境熏陶，相互作用，潜移默化中便产生了特色大学文化。

（三）大学文化标识

提到一所大学，最开始想到的就是校名、校徽，或者最有特色的建筑物。大学中的各种楼堂馆所一般都会有相应的名字作为标识，方便区分和记忆。楼宇的名字恰恰展现了学校自身发展的选择，也为大学人的发展提供的选择。它与大学的办学理念、行为方式、校园环境和发展历史等要素紧密相关。②

大学文化标识的分类可以从广义和狭义来理解。广义上的大学文化标识指的是代表大学形象的识别，即“大学形象识别系统”；狭义的大学文化标识是指具体的具有文化特性的大学标志，如校徽、校园特色建筑等视觉体现。本书所指大学文化标识主要是视觉的识别。只有

---

① 金晶．西安大学校园文化场所空间的规划设计研究［D］．西安：西安建筑科技大学，2010.

② 韩明涛．大学文化建设［M］．济南：山东人民出版社，2006：620.

让大学人看到、感受到文化标识元素的崇高指向意义，才能在大学文化环境场中产生引导、渲染作用，并潜移默化地带领师生向着自由而全面的人发展。

每一所大学内都有错综复杂的环境，内部往往有若干院系、部门、食堂、服务部门等，可以说是一个小城市的缩影。大学内设置完善的标识系统，通过这些标识，既能与其他单位、部门以及其他大学相区分，又能够使学校的内部结构变得合理有序，充满文化气息。清华大学有清华园，北京大学有未名湖，校园内不同道路也会被赋予不同的名字，这些都是大学文化环境场发挥其影响作用的途径和载体。

大学文化标识主要从视觉表现方面来分类，不同的标识对视觉的要求不同，根据标识在视觉中的形式特征，主要分为平面标识与造型标识。平面标识是指标识主体部分以平面的形式呈现，比如大学校徽、大学内各院系或部门的标志等。校徽又可以分为文字表现、标识性或象征性图案以及图文结合型。

文字表现类的如中国人民大学的校徽，以三个并列的篆书“人”字图形为基础，结合人大中英文校名全称及建校时间组成。三个“人”字分别寓意“人民、人本、人文”，即“人民的大学”“以人为本的精神”和“以人文为主的特色”；另外，三个“人”字并行排列，隐含“三人行，必有我师焉”“三人成众”“携手劳作”“同舟并行”等寓意。[①] 校徽代表了学校的育人导向，代表了学校以人为本的教育理念，在校徽的深刻寓意之下，在校师生也会以此为行为指导规范，时刻谨记，在学校中形成一种谦逊、好学、注重合作的良好风气。校园环境的建设，不仅需要历代教育者的精神赋予它一定的文化内涵，更要使之具体化，看得见才能学得到。

具有标识性或象征性的图案在校园内也非常多见，这些标识往往

① 韩明涛. 大学文化建设［M］. 济南：山东人民出版社，2006：624.

具有较高的辨识度和独特性。以大学校园富有特色的标识性建筑、植物或者人物为原型设计，用图案来阐释办学理念或学科特色。例如，美国和平学院的标志设计突出“和平”的主题，以象征的形式，采用全世界普遍认同的和平鸽口衔橄榄枝的图案进行组合，构成十分简洁的标志，成功地表达了“维护和平”的设计理念，也让和平理念深入每一位师生心中，营造出了崇尚和平、热爱和平的文化环境。再如，耶鲁大学中的古老钟楼和雕塑，美国独立战争期间，内森·黑尔弃笔从戎，从军期间打入敌军内部，后在打入英军内部的谍报工作时被识破，被英军以间谍罪绞死，英勇就义。他在死前说了一句话：“我唯一遗憾的是，我一生只有一次生命奉献给我的祖国。”（I only regret that I have but one life to lose for my country.）这一被绞死的雕塑形象以及这句话就在耶鲁大学内，让学生以其为榜样，传扬爱国精神。耶鲁大学法学院大楼门口拱形处有两组雕塑。一组雕塑内容为：教授在前面慷慨激昂地课堂上课，几乎所有的学生都趴在桌子上睡觉，教授表情无奈；另一组雕塑内容为：学生从法学院毕业，身着法袍坐于法官席，在桌子下着急地翻阅法律条文，席下是群众在焦急地等待法官宣判。雕塑寓意今天老师讲课你如果睡觉的话，明天就会面临如此尴尬境地。耶鲁大学的艺术雕塑映射的就是一种文化环境场，在这个“场”里，人的精神、理念、心理和行为与这些客观的静态的空间环境无不产生深刻的联系和影响。

实际上，文字表现和象征性图案往往会结合在一起使用，既能清楚地标识出教育以人为本的理念，又能将象征性的图案直接传达给师生或者社会人，有利于直接清楚地说明学校的文化导向。比如上海同济大学的标识，校名由中国书法家协会会长舒同亲笔题写，标志中加1907，表明建校年代，让同济大学的校友时刻记着学校发展历史绵长，经历过战乱，同济人一起并肩战斗，才保留到现在，应该谨记历史，面对困难勇往直前；标志的中心图案为三人划龙舟，昭示着三人同舟共济，向着一流的目标奋力拼搏的精神，这就是大学文化标识在一个文化环境场中发挥作用的最好表现。作为育人场所的重要标识，经过教育者的精心设计，方能使得整合了各种教育要素的标识对学生的精神世界产生潜移默化的影响。

（四）文献资料和文化典藏

文献资料与文化典藏是文明和文化赓续的重要载体，是科学研究的对象，更是一种文化底蕴的象征。

作为传承文化和传播知识的社会组织，大学也是大学文化发展的重要载体。大学文化的核心是精神文化，精神文化离不开重要的文化载体。一所大学有其特色教学学科，也就会有相关丰富的文献资料和文化典藏分布于博物馆、校史馆或者图书馆。比如农业类大学，就会有作物标本或者种子作为他们的典藏，在一代代更新的学生中作为资料和教具使用，也为提升大学自身文化氛围的浓厚度发挥着作用。在这里，这些资料和典藏主要是帮助大学人去了解历史的发展脉络，存在较少或者不存在大学人去改变这些资料和典藏的可能性。大学师生在学习和了解之后，加上自己的创新想法从而形成新的材料和研究成果，是对历史文献内容的一种延续和一种丰富，这也表现出大学文化环境场中的相互影响、推动进步的作用。博物馆藏品是大学人根据自身对客观世界的认识程度，根据当前科学认识水平和人们对科学体系与客观事物的关系的认识，以及对科学发展趋势的构想而搜集的。希望可以通过这些典藏，确凿地证实各种科学认识的客观性和科学性，从而全面系统地展示对人类、人类社会和自然世界的认识。① 因此，文化典藏和文献资料作为科学研究的对象，由人们搜集整理，用于验证已有事实，推动科学的发展，营造科学文化的环境场，同时有利于提

① 贾杰．博物馆与大学文化建设探析［J］．鞍山师范学院学报，2011，13（1）：103-105.

高大学人的专业知识水平，相辅相成，相互影响。文献资料和文化典藏从历史中走来，带着文化传统和文化精神，是文化底蕴的象征，也是社会主义核心价值观引领下的大学文化的基础和底色。塑造大学精神，培养大学人的品质品格，离不开对历史文化的学习。历史文化氛围是大学文化的“环境场”中的重要组成部分，大学人在这种氛围之中生活，继承和发扬先进文化，也在其中成长。两者相互影响，共生共存。

总而言之，大学文化本质上包含着精神理念、制度、行为规范和环境。大学文化的环境场不是单独空间的相加，在场的内部存在有张力构成，各种要素既互相排斥又相互连接，共同作用，共同影响的物理场。校园环境的建设，不仅需要历代教育者的精神注入，赋予它一定的文化内涵，造就大学文化，更要使之回归自然，使人文与自然融合，体现出优美的自然环境，熔铸鲜明的文化特色，形成大学文化环境场的自然要素。大学文化环境场中的人文要素包含高校对历史文化的传承和表达，校园文化新旧景观的互补，校园环境的变换、继承和发展，都体现着校园环境的历史价值和人文价值的发展和丰富过程。营造校园环境，不仅仅是教育者的职责，更应让学生参与其中，充分彰显高校学生的主体地位。只有让他们参与到保护自然、创造环境的行动中，才能培养其热爱自然的美德和创造能力，在其内心播下善良、真诚和崇尚美德、追求崇高的种子。这样才能让大学文化环境场既有环境的生态特点，保证大学的空间需求，又将文化输入到环境各要素中去，一草一木、一砖一瓦都具有其特殊的文化意义，再利用物理“场”的共生关系，发挥大学主体与环境之间“场”的相互作用。环境场就是文化环境场，文化场对大学人有主动激励、积极影响的作用，与大学人对大学环境的主观改造作用，两者间相互影响、相互改造，形成共生关系。

第三章　大学文化的类型分析与多元形态

大学是一个文化机构，那么，该如何把握大学文化的现实形态？

我们常常对文化进行类型学分析。文化的类别划分有多重标准，广义的大学文化一般指大学组织存在方式的总和，按实践结构可划分为物质文化、制度文化与精神文化，按历史时代可划分为校史传统文化与现代教育文化，等等；狭义的大学文化指以学校课内、外文化活动为主要内容的文化氛围和精神气质，按照现实载体（活动、场馆、社团等）也可以命名学科文化、课堂文化、社团文化、志愿文化，等等。

诉诸人们认识文化的一般类别，大学文化呈现为政治文化、学术文化、道德文化、社团文化、校史文化、环境文化等内容。政治文化彰显了大学与社会政治发展的关系；学术文化与一所大学的学术追求、学科特色、学术风气、学术制度等直接相关，是一所学校学术共同体建设的核心；道德文化则关乎一所大学的历史使命、价值追求、行为规范等内容；社团文化是大学精神和学术文化的重要延伸，大学社团类型多样，无论是学术社团、实践社团，还是公益性社团，均为大学师生价值追求的重要载体，反映了校园文化生活的丰富性；校史文化体现着一所大学文化精神传承的脉络，以校史馆为载体，大学校史承载着大学发展的时代轨迹、历史积淀和精神风貌；楼宇、雕塑、植物等环境因素构成了师生活动的物质载体，是人与人相互交流的环境场，承载着一所大学的文化特质和审美要求。本章对大学文化现实形态的考察，以大学文化的现实场景、物质景观的呈现为基础，深刻描绘大学师生独有的精神世界和文化特质。

第一节　政治文化

探讨大学校园政治文化似有泛化大学文化的政治属性之嫌，实则不然。由于大学文化与社会文化的相关性、互动性，探讨大学文化及其在历史中的政治实践形态成为绕不开的话题。每一所大学的创办、经营都有其现实的政治制度背景，大学机构的政治体制、知识分子的政治主张、政治社团的社会活动、育人活动的政治倾向等都鲜明地体现了大学文化的政治元素、政治底色。

在中国特色社会主义制度条件下，大学办学必须坚持党的领导，坚持立德树人初心，将为党育人、为国育才作为根本任务，努力培育社会主义事业的建设者和接班人，这是大学文化的必然选择。从历史发展来看，大学必然承担着相应的意识形态责任和功能，表达着作为文化主体的政治立场和政治主张，这是使人成为人的必然要求。大学文化充当了大学意识形态到人的媒介，同时又是大学意识形态实现的途径和方式。换句话说，大学文化是大学意识形态培养的一种手段，大学用大学文化的方式开展意识形态教育活动，从而提升学生的政治文化素养。

第一，办学领导权及其组织实现形式。运用社会主义核心价值体系引领学生价值观构建，是开展大学文化建设的重要工作，将其融入大学内部相关机构思想政治教育工作的全部环节及不同领域，目的在于使大学文化带有社会的主流意识形态色彩，增强大学文化的政治性，培养师生的政治素养。

根据《关于进一步加强和改进新形势下高校宣传思想工作的意见》

的精神要求，当前高校是意识形态工作的前沿阵地，做好高校宣传思想工作，加强高校意识形态阵地建设是一项战略工程、固本工程、铸魂工程，这关系到我们民族的兴旺和国家的繁荣。因此，新时期下加强大学文化中的政治文化建设十分重要。

本书阐述的关于大学内部意识形态建设的相关机构主要涉及党建部门、宣传部门、各学院及各职能部门的基层党组织，因此加强各级党组织的理想信念教育，增强其认同感和归属感，对大学文化发挥其意识形态指引作用尤为重要。当前，大学党委和各基层党组织坚持中国梦和中国优秀传统文化的宣传教育，不断加强马列主义思想的理论学习，加深组织的理论认识、信念认识和政治认识。只有达成“共识和默契”，才能凝聚人心和意志，才能凝聚主流思想和价值信念作为大学文化的底色，从而不断增强广大师生对中国特色社会主义制度和道路的自信，凝心聚力共筑中国梦，激发广大师生积极投身到改革开放事业的热潮中去。

做好大学意识形态工作，关键是掌握意识形态的话语权，做好广大师生的思想引导工作，建立大学内部相关机构设置的意识形态责任制。明确责任，履行相关引导义务，让大学文化潜移默化地带领全体师生一道传播正能量，倡导社会主义核心价值观，巩固马克思主义思想在国家战略发展和意识形态指导上的核心主导地位。大学的相关部门机构必须尊重社会发展目标和规律，坚持以人为本，以促进人的全面发展为最终目标，充分发挥党建部门、宣传部门、各学院及各职能部门的基层党组织的育人功能和培育机制，增强历史使命感和责任感，培育中国特色社会主义新式人才，在当前各大高校的育人格局中发挥先锋模范作用，增强广大师生的历史使命感与社会责任感，全面落实立德树人的根本任务，努力办好让人民、让社会满意、放心的教育。

大学文化以社会主流意识形态作为底色，积极遵循社会主流意识形态的政治引导，同时也承担起相应的意识形态宣传责任，为高校师生营造良好的政治氛围。党建部门安排党员师生学党史，上党课；宣传部门通过传媒手段广泛传播社会主流价值观；各学院及各职能部门基层党组织带领党员参观党史纪念馆、参与红色文化活动等。大学内部相关机构的制度和文化创新共同构筑了现代大学文化。

第二，大学文化的意识形态性与政治导向问题。大学开展人才培养工作，不能仅限于知识传授、能力培养，更重要的是开展思想道德教育，给人以正确的价值引导。专业的培养目的在于成才，只有德育的培养才更利于树人。立德树人，"德"指的是社会主义道德及价值主张。社会主义道德建设是与社会主义经济政治、文化状况相适应的价值观念、道德素养和行为规范的总合。培育社会主义道德，关键是对大学生开展社会主义核心价值观教育，给学生以积极健康的价值引导，并形成长效机制。高校是意识形态斗争的最前沿，开展社会主义道德培育是一项重要任务。为了实现全面实施科教兴国和人才强国战略，加快推进社会主义现代化进程，确保我国特色社会主义事业兴旺发达，加强和改进大学生主流意识形态教育，把他们培养成中国特色社会主义事业的建设者和接班人，必须利用大学文化，突出创新性和针对性，从而实现政治性和目的性。

大学文化虽然主要以高校组织为主体，但与社会联系紧密，因此，大学文化对学生社会主义道德的培养，不能忽略社会主流意识形态与高校主流意识形态之间的关系。高校学生正处在学习成才、全面发展的过程中，他们的成长需要，是形成其价值观念和价值尺度的原始动力。马克思曾经说过："'价值'这个普遍的概念是从人们对待满足他们需要的外界物的关系中产生的……"需要通过目标、愿望、要求的形式表达出来，需要的满足就是要追求目标，实现愿望，占有对象。对某一方面的对象、事物需要得越强烈，行为主体就越高估其价值性，占有欲和积极性也就越高，动力也就越大。这就要求高校必须加强主流意识形态建设，着眼于办社会主义大学，厚植新时代大学生国家主流意识情感基底，培育社会主义建设者和接班人，充分发挥社会主流意识形态的辐射、感染、引导作用，将其有效地渗透、融合到高校主流意识形态中。高校学生对主流意识形态的认同度同样能够检验社会主流意识形态建设的成效和质量，只有理解二者之间相互影响、相互促进的关系，才能推动社会主义高校主流意识形态的培育，使其真正内化为大学生头脑中的主流思想，自觉指导大学生的一系列实践活动。①

文化最终目的在于“化人”，进一步讲，“用什么培养人，怎样培养人，培养什么样的人”的问题是大学文化的核心命题。大学精神作为大学文化的核心，在其中发挥了不可替代的作用。因此，大学文化对学生社会主义道德的培养，需要通过校风、校训、校歌、标识等多种形式表现出来，在此过程中要不断加强高校学生的精神文化层面的教育，积极开展多种多样的学术、艺术和各类娱乐活动，寓教于文化活动之中。在弘扬主旋律的同时，与时俱进，使之深深扎根于学生的头脑和心灵之中，培养学生崇高的政治觉悟、独立自强的人格品质和拼搏向上的精神风貌，尽可能减弱资本主义意识形态和腐朽文化对高校学生的思想侵蚀。

大学文化对学生社会主义道德的培养，重点还在人。大学文化是一种文化呈现，但在校园中言传身教的作用会更具有实效性和针对性，因此就需要提高育人主体队伍的思想政治素质，为大学文化更好地发挥培育和引导作用提供强有力的队伍保障。培育一批政治素质过硬、业务能力超群的忠诚的马克思主义事业的教育主体，才能保证大学文化引导人的社会主义方向，传社会主义建设之道，授社会主义成才之业，解社会主义发展之惑，成为高校主流意识形态建设的主力军。当

① 王晓利，唐文玲．新时代高校主流意识形态培育研究［J］．邯郸学院学报，2020，30（1）：112-119．

代大学生一直成长于社会主义先进科学和文化的环境氛围之中，与人交流的方式更具有时代特征。因此，为了适应当代大学生的接受方式，教师队伍的选拔和培养就需要更注重年轻化。另言之，大学文化对大学生社会主义道德的培养，需要一批年轻教师，在不断学习教学管理经验，不断提高授课业务能力，拓展同行间的相互交流和相互借鉴的渠道的同时，高校还应配以合理、科学的教学评价反馈机制，不止从学科成绩进行检测和评估，还应注重对学生社会主义道德培养的评价，从而规范高校教师的实际教学能力，督促高校教师真正做到传道、授业、解惑。

第二节　学术文化

大学的主要功能在于知识生产和知识创新，因此，在大学文化的现实形态中必然要提到学术文化。本书中所阐述的学术文化主要包含对学术文化这一概念的界定、学术文化的建设方式及路径、学术氛围的营造，对以上内容的介绍主要通过学术共同体这一现实载体，并以此提炼出大学文化中的学术文化表现。

一、学术文化的概念

学术文化是大学文化的核心和灵魂。在大学发展实践中，学术文化是一种显性的彰显，经过凝练的大学理念、学术派别和大师的产生，是学术文化的精髓和突出表现。学术文化是在一定学科理论的基础之上赋予了新的时代内涵，根据时代的发展需要不断创造性地提出新的学术研究成果的集合。

大学文化的文化属性，决定了学术文化在大学文化中的重要地位。文化是长期发展并沉淀下来的精华，包含了人们在大学历史过程中创造的全部成果的总和，其中既有物质形态的成果，也有已经物化了的精神形态的成果。

二、学术文化的建设方式及路径

学术文化的建设是以专业文化为支撑，以学科文化建设为辅助的。学术文化是人才培养的催生剂，能激发学生对学业的热爱，对学校的情怀，使学生充满理想与憧憬。学术文化要致力于发展专业文化和学科文化，建设人才培养文化。要通过对学术文化的建设，培养学生的专业素质，形成专业思维，坚定专业信念，养成专业气质。学术文化的建设需要以科研文化为支柱，以校本文化为辅助。大学自诞生以来就是智慧和知识的产生、汇集科学研究力量并向外辐射的重要场所，科学研究使大学成为具有活力的生命体。在学术文化建设中，最重要的是从科研文化的内涵、学术前沿问题、纠正学术不端行为等方面着手，让广大师生从中汲取智慧的源泉。① 从大学学术文化建设的基本路径来看，主要包括以下四个方面。

（1）结合学科特色，大力弘扬求真、自由、创新等学术理念。传统大学从知识行会转化为“学者金庙”，强调学术性并形成一个学术共同体；创新科学知识、弘扬优秀传统文化、推动学术繁荣。无论是人文与社会科学研究，还是科技创新活动，知识创新、钻研精神是学术文化的活力源泉，知识的增长与创新，离不开学者对真善美孜孜不倦的追求，这也是学术活动的魅力所在。因此，弘扬求真、自由、创新等理念，也成为大学开展学术文化建设的永恒主题。

（2）加强大学学风建设，提升立德树人成效。学风是大学精神与文化的集中体现，也是学校办学理念、人才培养质量和管理水平的重

---

① 高石磊．大学文化育人功能的实现路径［J］．中国高等教育，2020（5）：55-57．

要标志。开展学风建设，贵在多维一体、综合施治。一是以思想教育引领学风建设，教育引导学生树立远大理想，明确学习目标，端正学习态度，激发内在学习动力。特别是帮助学生培养正确的政治观念、形成客观的社会认识、树立积极的人生理想，为培养优良学风提供精神动力。二是以教学质量涵养学风。加强教学管理，规范教学行为，明确教师的教书育人责任；加强课堂管理，充分调动学生认真听讲的积极性，吸收学生参与教学管理，实现师生互动，教学相长。三是以管理严学风。通过完善听课、教学督导、评课制度，加强教学日常管理，推动朋辈学业帮扶、严肃考风考纪等措施，培养学生严谨认真的求学态度和良好的学习习惯。四是以活动促学风，通过举办丰富多彩的讲座、辩论、研学和读书月等校园文化活动，营造浓厚的教育教学氛围。

（3）不断完善学术制度，推进学术评价工作。发挥制度的约束、激励作用，注重通过学术委员会对学术事务进行审议、评定，提出专业意见，形成学术权威，实现学术自治。调研并不断改进学术评价问题，尊重人才成长规律、学术发展规律，防止各类急功近利行为。遵循学术质量优先原则，完善评价制度建设，从制度顶层设计上强化优秀成果、代表作品的权重，防止出现数量指标权重冲淡或掩盖质量指标、贡献指标的情况。

（4）积极开展丰富多彩的学术交流活动。高校学术文化交流活动主要有学术会议举办、学术成果出版、科技情报交换、学术参观访问、学术成果展览、学术咨询等，是高校学术文化的重要载体。学术交流活动既是一个信息流通、知识创新的过程，更是一个知识传播、资源共享的过程。目前，研究型大学围绕学校学科发展重点，在组织、政策、经费上对学术交流活动给予了大力支持，成为大学文化发展重要标识和重要组成部分。

三、校园学术氛围的营造

学术文化是大学文化建设的重要方面，是实现科技创新发展的力量源泉。营造良好的学术文化氛围有助于高校大学文化的丰富和发展。高校是研究高深学问的场所，是思维碰撞的园地，更是高素质人才培养的摇篮。高校努力将最新的理念和创造展现给学生，让其独立思考、自由探究，学会了解问题、解决问题并在此过程中不断受到启发，从而塑造出一种积极探索、求知若渴的学术氛围。学术氛围的营造需要高校教师的指引和学生对知识的渴望与探索，两个方面的互动，以及对学术环境的高标准高要求，共同从物理空间和人文空间营造学术氛围。

学生是教育的对象，更是教育的主体。科研育人，首先应该从理念上坚持以学生发展为中心。知识型社会需要我们每一个人都成为终身学习者，通过理性发展，在自我教育过程中不断实现自我价值。而科研育人以学生全面发展为目标，通过发挥学生的主体性实现高等教育人才培养宗旨。以学生发展为中心，培养学生持之以恒、锲而不舍的科学精神，塑造学生正确的人生观、世界观和价值观，从而增强学生的责任感和创造力。

当前，学生生活在信息“爆炸式增长”和知识的快速更新与变化的学术环境中，问题意识、思考能力和批判性思维是一些大学生缺少的关键素养，这就需要大学生学会学习的方法和特定的思维方式，在思考、交流、判断和价值辨别的过程中培养出对知识的渴望与渴求。学生应主动思考对客观世界的每一种新的认识，在交流中反映出自身在主体联系过程中的协调能力，在判断中权衡所面对的多元化选择，在价值辨别中推动自身理想信念的形成。[①] 大学生的思考、交流、判断和价值辨别能力的提升对学术文化氛围的影响是绵长的，因为学术氛围需要经得起时间的考验和历史的检验，也就更需要青年大学生的不断接力延续。

四、校园学术共同体的建设

学术共同体这一概念由英国哲学家布朗提出的，在《科学的自治》一文中，他把全社会从事科学研究的科学家作为一个具有共同信念、共同价值、共同规范的社会群体，以区别于一般的社会群体与社会组织。[②] 学术共同体的成员往往“以学生为志业”，将科学当成一种个人的存在方式，一种人生态度，甚至一种精神境界。学术共同体内的成员需要具有共同的信念和共同的探索精神，使用共同的术语，通过思想交流、协调配合和共同努力，确认问题的重要性，指明需要研究的具体问题，通过研究、检验最终得出一定结论和成果。[③]

学术共同体的建立，能够真正使教师和学生在对话交流中找到新的灵感，开拓新的视野，是获得知识的综合力量。在教学过程中，知识是通过学生和教师共同建构起来的，是学生与教师在不断交流过程中形成的共识。学生在浓郁的学术环境的感染、熏陶下，积累知识，探讨观点，挑战权威，创新思想。

综上所述，塑造学术文化就是在进行学术文化的建设，学术在不断地探索中得到创新，大学文化也同样在不断被创新和丰富。学术文

---

① 王静，李俊秀．科研育人：高等教育变革的动力［J］．中国成人教育，2017（8）：30-32．

② 苌光锤，李福华．学术共同体理论研究综述［J］．中国电力教育，2010（21）：8-10．

③ 袁广林．大学学术共同体：特征与价值［J］．高教探索，2011（1）：12-15．

化在一所大学长期办学实践中积淀而成。学术文化的特色深刻影响着一所学校师生的思维方式、价值追求等，成为一所大学的重要文化标识。现代高校不仅仅需要高度重视学术文化建设，更要在建设中运用科技优势和先进的手段，积极促进科学教育和人文教育的协同发展，促进学生科技素养与人文素养的交融。此外，还要积极汲取人类优秀的文化成果，并内化为师生的人格和气质，从而指导师生正确处理理性、情感和意志等方面的矛盾冲突。

第三节　道德文化

一、对大学道德文化的理解

大学道德文化是指在大学特定的地理环境下，以社会道德文化为背景，在长期教育实践积淀中凝聚而成的，并为全体大学人所认同、遵循的道德理念、道德准则和道德行为。道德文化通过呈现道德事实，孕育道德价值，引领道德风尚，形成道德行为。其本质意义在于影响大学人的道德发展和制约大学人的道德行为，进而提高大学人的思想道德素质。

第一，大学道德文化是大学办学实践中经验、传统、风气等积淀的产物。凡具有厚重历史文化底蕴的高校，在其常年的办学实践中，不仅培养了一代代高素质人才，还创造和积累了丰富的经验，形成了大学自身所特有的传统、风气和习惯。这些大学所特有的传统、风尚和习惯经过多年的积淀与尝试，便形成了大学所特有的道德文化。

第二，大学道德文化是大学人共同认可的思想道德观念的体现。其一，大学道德文化是大学管理者思想观念的体现。大学道德文化的形成与大学管理者密不可分，管理者的价值理念、心理品质、行为准则总是潜移默化地影响着大学人的思维养成和行为习惯，影响着大学道德文化的生成。其二，大学道德文化也是大学人成长成才的重要体现。大学生的成长成才离不开德育与智育的统一。大学在传授知识的同时，也要重视提升道德素养。德育是全部教育活动的灵魂、归宿和价值指向，也是大学的最高追求。大学德育能够通过显性与隐形的教育方式，使大学人自觉将自己的信仰追求、价值理念融入大学整体精神之中，达到个人道德素养与大学道德文化的和谐统一。

二、大学道德文化的功能

大学道德文化作为一种向美、向善的文化，其根本目标在于引导大学人树立正确的世界观、人生观、价值观，促进大学人的全面发展。在此过程中，大学道德文化的功能得到有效发挥，具体表现为导向功能、凝聚功能、约束功能、稳定功能等。

（一）导向功能

大学是一个开放的系统，各种思潮在这里汇聚和碰撞。大学道德文化坚持以文化人、立德树人，旨在对大学人进行正确的价值导向，提高大学人的思想道德修养与辨别是非的能力，培养有责任、有担当的时代新人。大学道德文化对大学人价值理念与行为方式的引导体现在两个方面：一是直接引导大学人的性格、心理和行为方式；二是通过大学整体的价值认同来引导大学人。在发挥大学道德文化导向功能的过程中，大学管理者自身的素质和精神状态对大学人有重要的榜样示范作用，对大学人的心理素质、行为习惯具有重大的导向功能。

（二）凝聚功能

大学的凝聚力是大学办学的条件之一，也是大学持续发展的保证。大学道德具有强大的凝聚力，这种力量源于大学长期的文化积淀，表现为对大学共同价值理念的坚守，对大学愿景和阶段目标的一致认同与共同追求，以及对价值共同体的使命感、自豪感和归属感等。大学道德文化能够以微妙的方式，将大学的办学宗旨、道德风尚等纳入大学人的价值体系中，使大学人产生强烈的集体意识与道德认同，并成为大学人自觉遵循的行为习惯，使大学人同心同德，自觉地去关心、爱护学校，共谋大学未来发展。

（三）约束功能

不同于大学规章制度对大学人的硬性要求，大学道德文化对大学人的约束通过无形的方式使大学人将共同认同的价值观念、道德准则内化于心，并成为大学人所共同认同、遵守的行为准则。当大学人的思想和行为与大学道德文化相统一时，会受到称赞和奖励；反之，则会受到舆论的压力，受到来自各方的批评。大学道德文化对大学人的规约是以一种无形、非正式的方式进行的，是一种不成文的规约，一旦被大学人认同，便会产生群体间道德情感的共鸣，产生强大的约束力，成为大学人自愿践行的行为准则，并使其心甘情愿地以大学道德文化来进行自我管理与控制。这种自我管制的规范约束在很大程度上弥补了生硬强制的大学规章制度所带来的偏颇与不足，更有利于道德主体价值理念的生成和行为习惯的养成。①

（四）稳定功能

大学的发展不仅需要稳定的政治经济秩序，还需要大学内部价值理念的相对稳定。大学道德文化作为大学在长期办学实践中积淀的文化产物，具有高度的稳定性和持续性，是大学稳定持续发展的保证。大学道德文化一经建立，便会产生持久的生机与活力，为大学人所共同认同与遵循，并成为大学人代代相传的宗旨与行为准则。

需要强调的是，大学道德文化的功能不止局限于此，大学道德文化还具有教化功能、激励功能、协调功能等。同时，大学道德文化功

---

① 曾姝．我国高校道德文化建设略论［D］．武汉：华中师范大学，2006：11．

能的发挥并非以单一的形式分别发挥作用，而是多种功能融合在一起，综合地、多方面地发挥作用，共同促进大学人道德品质的提升。

三、大学道德文化的建设

（一）合理开发传统道德文化资源

大学道德文化建设离开对传统道德文化资源的吸收借鉴，就会成为无源之水、无本之木。中国传统道德文化是大学道德文化建设的重要资源。中国传统伦理思想重视道德修养，强调个体要通过自我道德修养成为有德之人，比如《大学》强调“大学之道，在明明德，在亲民，在止于至善。……古之欲明明德于天下者，先治其国，欲治其国者，先齐其家，欲齐其家者，先修其身，欲修其身者，先正其心……”，强调的就是自我道德修养。只有个人道德完善，方能“齐家、治国、平天下”。又如《礼记·礼运》言：“大道之行也，天下为公。”天下为公的道德理念不仅是历朝历代仁人志士“鞠躬尽瘁，死而后已”的心声，更成为全世界所共同认可的道德文化观念。中国传统道德思想中这种重视自我道德修养，强调个体道德的自觉性观点，正是当今大学德育教育所需要和借鉴的。重视对传统道德资源的合理开发利用，必然会促进大学道德文化建设。

（二）发挥管理者的榜样示范作用

大学道德文化的建设离不开大学人的共同努力，既需要管理者的高度重视与引导，又需要教师队伍的培育和维护。

一方面，大学道德文化建设需要管理者的重视与示范。管理者的道德品质与行为习惯对大学道德文化的形成具有导向功能，所谓“上行下效”，“其身正，不令而行，其身不正，虽令不从”。管理者的道德品行是无声的动员令，能够影响和带动大学人道德的养成。因此，大学管理者应坚定政治方向，树立高尚道德情操，做好榜样示范，以自身的言行举止带动大学人创设良好的道德文化，形成良好的道德情操。[①] 另一方面，大学道德文化的形成离不开教师队伍的维护和培育，教师作为大学道德文化建设的主导力量，其价值取向、理想信念、行为规范影响着道德文化的建设。对此，应加强对教师队伍的管理，培养教师对大学道德文化的认同感；激发教师的主体意识，使其认识到大学道德文化建设的重大意义，并将道德文化贯穿于教师教书育人、管理育人、服务育人的全过程。只有建立一支高素质的教职工队伍，才能建设健康高雅的大学道德文化，从而充分发挥大学道德的文化功能。

（三）积极打造大学道德文化场域

大学人道德的养成受到教育场域的制约。德育场域具有“场”的一般属性，既包括大学文化环境的物质形态，也包括精神文化元素，如道德文化理念、学校文化传统、校风校训等。道德文化建设通过物质和精神两个层面打造道德场域，进行文化辐射。

一方面，要确立与大学相适应的道德文化理念，创设良好的道德文化环境。大学应结合自身特有的历史传统、文化优势、办学理念，建立切合大学发展需要的、为绝大多数大学人所认可的道德理念，并将大学道德文化贯穿于大学一系列教学与实践活动中，引领大学人共同实现大学道德文化目标。大学道德文化的创设同样离不开良好的道德文化环境，大学道德文化环境的培育必须坚持以人为本，营造向真、向善、向美的道德文化氛围。比如，整洁得体的仪容仪表、谦和优雅的言谈举止、友好和谐的人际关系等都有利于道德文化环境的创设与大学人道德文化的养成。另一方面，注重大学物质文化环境的创建。大学道德文化环境的形成，也表现在物质文化上，比如亭台楼阁、建

---

① 曹建军，潘先银．新世纪高校道德建设研究［M］．昆明：云南人民出版社，2002：327.

筑雕塑、花草树木等，这些自然与人文相结合的文化载体不仅给大学人带来道德的熏陶和心灵的启迪，也直接彰显着大学的品位，影响着大学道德文化的构建。①

第四节 社团文化

学生社团作为大学文化的传承载体，作为高校社会实践的主要形式，伴随着社团的发展壮大，必然会形成与之相适应的社团文化。根植于大学文化中的社团文化，是大学文化中最自由、最活跃的部分。

一、关于社团文化

研究社团文化，首先要把着眼点放在“社团”一词上。《中国大百科全书·教育》对学生社团有如下解释：“中国中等学校和高等学校学生在自愿的基础上自由结成的群众组织，可打破年级、系所以及学校的界限，旨在团结兴趣爱好相近的同学，发挥他们在某方面的特长，开展有益于学生身心健康的活动。”《辞海》（1999 年版）对社团的解释是：“中国高等和中等学校的学生自愿组成的群众组织，形式多样，有学术研究会及诗画社、棋艺社、摄影社、美工社、合唱团、戏剧球队等，以有益于学生身心健康成长为原则，多数由共青团和学生会给予适当的指导和支持。”2005 年 1 月，《教育部 共青团中央关于加强和改进大学生社团工作的意见》指出：“大学生社团是由高校学生依据兴趣爱好自愿组成，按照章程自主开展活动的学生组织。”以上对学生社团的界定从社团的性质、类型、管理模式等不同方面展开，各有侧重。

---

① 孙友新. 学校道德文化建设的意旨、反思和践行［J］. 教学与管理，2019（34）：15-17.

结合以上观点，我们将社团界定为在学生自愿的基础上，为满足学生的兴趣爱好和共同的价值追求，按照一定的宗旨和章程，由学生自主创办、自愿开展的不以营利为目的的学生群体组织。它以创建的自发性、运作的自主性、目标的整合性、鲜明的开放性、群体的广泛性、组织的多样性等特点，成为彰显大学文化、传承大学精神的一面大旗，并逐步发展成涵盖学术理论型、实践应用型、文体娱乐型、社会公益型等较为成熟完善的社团类型，进而促进个体的自我发展与完善。

二、大学社团的类型

走在大学校园里，我们经常可以看到社团绚丽多彩的各式海报和条幅，异彩纷呈。当今大学学生社团种类繁多，覆盖面广，对社团的分类也各有侧重。从社团的性质及其特点出发，我们将大学社团分为学术理论型、实践应用型、文体娱乐型、社会公益型四大类。

（一）学术理论型

学术理论型社团主要是指那些与学科专业结合较为紧密、学术性较强、具有专业实践性质的社团。学术理论型社团强调专业性和学术性，往往以学科专业为依托，以满足成员对知识的需求为基础，旨在拓展社团成员相关方面的专业知识和技能，完善知识体系，提高学术能力和实践水平，是大学生进行学术研讨、知识普及的重要载体，如文学社、法学社、红研社、英语俱乐部、数学建模俱乐部、计算机协会等。这类社团往往通过开展论坛、讲座、报告会等学术交流活动，以及参观展览、进行学术科技竞赛等方式，将专业知识有效运用于专业实践，以达到第一课堂的有效延伸。以河北大学红研社为例，红研社依托马克思主义学院，通过宣讲的方式提高成员的政治素养，贯彻党的路线、方针、政策，培养时代接班人和专业建设者，使马克思主义在当代落地生根。

（二）实践应用型

实践应用型社团是以提高学生的实际应用能力和操作技能为宗旨，通过组织学生参加社会实践、科技创新、实习兼职等系列活动，激发学生的发展潜能，增强学生的实践能力与创新能力的一类融传授知识与锻炼能力为综合培养体系的学生社团。实践应用型社团采用实践性教学方式，加强校企联合、工学联合，让学生走出校门，参与社会实践、生活实践、探究实践，以提高自身的动手能力，实现“实践—认识—再实践—再认识”的知行循环，巩固和深化对所学知识的理解和掌握，拓宽知识面，建立合理的知识结构，启发学生思维，深入培养大学生的实践与创新能力，如职业发展协会、口才与演讲协会等。社团活动的开展可以帮助和引导学生提高自身素质、锻炼个人能力，提前适应社会、规划人生，为个人发展成才提供经验借鉴和经历支持。

（三）文体娱乐型

文体娱乐型社团是以社团成员的兴趣爱好、艺术特长为基础，以满足社团成员的精神文化需求而建立的一类非专业化的文体娱乐型社团。这类社团活动形式活泼、内容轻松、具有较强的娱乐性，大都以演出、展览、观摩等方式进行，如音乐协会、舞蹈协会、曲艺协会、憧憬乐队、话剧社、漫画社、摄影协会等。“兴趣是最好的老师”，文体娱乐型社团在带给成员美的享受，使之获得身心愉悦的同时，也在一定程度上培养了个人的兴趣爱好，提高个人审美情趣，丰富其精神世界。如茶艺、曲艺等协会，不仅可以提高成员的艺术修养，调节其生活节奏，还在一定程度上对中华民族优秀文化的传承起到积极作用。

（四）社会公益型

社会公益型社团是以自愿、无偿的形式开展的，以服务社会为主要内容的社会实践类社团。社会公益型社团强调奉献、友爱、互助、进步，服务领域涉及绿色环保、法律协助、防治疾病、社区义工及大型志愿服务活动等多个方面。随着社会进步，大学生自主参与公益事业的意识不断提高，社会责任感增强，社会公益型社团越来越受到广大成员的欢迎和支持，在大学校园乃至全社会产生重大影响。以河北农业大学的诚信驿站为例。河北农业大学有一个很特别的柜台，那里是诚信驿站成员活动的主要场所。诚信驿站成员将采购回来的学习用品摆放在柜台上，让同学们自助购物。诚信柜台的所有物品进价对外公布，所得利润全部用于公益，比如举办一次正能量的电影活动，组织成员去孤儿院、敬老院等地方献爱心等，多次受到市政府的表彰。通过公益性活动的举办，社团成员不仅培养了劳动意识、奉献精神，更在奉献社会中获得人生价值，这种意义远远大于志愿服务本身。

需要强调的是，大学社团类型的划分是相对的，其界限并不是泾渭分明的，存在着交叉与并存，如计算机协会，既依托于学科专业基础，又以实践操作的形式呈现。

三、大学社团的功能

大学社团作为大学校园文化生活的重要组成部分，作为高校课堂教育的补充和延伸，在加强大学文化建设、提高学生综合素质、引导学生适应社会等方面发挥着重大功能。

（一）加强大学文化建设

大学文化的形成与发展与大学校园文化活动密不可分，社团则是大学校园文化活动中最直接、最活跃的因素。学生社团通过持续而有特色的社团活动，培养了当代大学生积极乐观、健康向上的精神风貌，还使他们在潜移默化中传承了大学文化，弘扬了大学精神。积极向上、健康有序的大学社团文化作为大学文化建设中的一道亮丽的人文风景，展现出当代大学生良好的文化修养与高尚的道德情操，不仅为大学文化的建设与发展带来勃勃生机和青春活力，同时也促进了大学文化多渠道、深层次、高质量发展，是大学文化建设中不可或缺的一部分。

一所高校的发展历史离不开社团的发展历史，一所名校的多元化发展更离不开社团文化的繁荣。学生社团随着高校的产生而产生，随着高校的发展而发展，如北京大学从无到有、逐渐壮大的学生社团就为其风雨兼程的百年发展谱写出壮美的篇章，更在中国历史上留下了灿烂辉煌的一页。

（二）提高学生综合素质

学生社团作为大学第一课堂的补充和延伸，满足了学生强烈的求知欲和能力素质训练要求。不同于具有明确教育要求和教育导向的正式群体活动，学生社团更多地体现了学生的自发要求，学生可以按照自己的兴趣爱好和发展意图自愿参加、自主选择、自由发展，充分发挥其主动性、能动性，发掘个人潜能，为其发展个性、发挥潜能提供了更多的机会。同时，社团活动的开展能够对学生进行潜移默化的情感熏陶、思想引导，不仅有助于其性格的培养、意志的锻炼，还有助于其在社团实践中锻炼才干，提高组织管理能力、实践能力、社交能力、团结协作意识等，促进个人社会化，全面提高综合素质，使其成为一个完整的人。

长期以来，大学社团以丰富多彩、喜闻乐见的形式活跃在大学校园的每一个角落，潜移默化地影响着大学生的道德情操，影响着其人格的塑造与行为习惯的养成。大学生接受社团文化的熏陶，不仅在社团参与中强化专业学习，提高精神境界，提升情趣品位；也在社团实践中锻炼其能力，完善自身知识结构，促进知识向能力的有效转化。因此，大学社团是学生综合素质提升的有效平台。

（三）指导学生适应社会

21 世纪需要的人才，不仅要拥有多方面的知识技能，还需要较强的人际交往能力，较强的社会适应能力。大学社团的发展正在日益满足这一社会需求。大学社团能够最大限度地实现自我管理、自我教育、自我服务，是学生充分发挥主观能动性及展示才能个性的广阔舞台。

社团活动在组织、策划和开展的过程中，需要社团成员自己动手联系、落实，需要他们之间相互沟通、协调，需要他们与各具特色的社会人群和不同类型的组织联系交往，平衡和实现社团成员的不同利益需求。① 在这一过程中，学生的社会交往能力、协作能力将得到充分锻炼，学生能够通过参与社团活动增进对社会的了解，也有利于社会了解当代学生，促进了学校与社会接轨，为大学生走向社会做好充分准备。社团是学生观察社会、了解社会的窗口，是学生接触社会、服务社会的通道，同时也是学生适应社会、促进社会意识形成的催化剂，更是引导学生适应社会的广阔舞台。②

第五节　校史文化

一所大学就是一部历史，大学校史不仅是大学的发展史，更是大学文化与大学精神的传承延续史。大学校史是一所大学发展轨迹的真实记录，记载着学校的创建、发展及其壮大的历程，也彰显着大学的办学特色、传承着大学文化与大学精神。

一、校史文化的继承与积淀

任何文化的产生都离不开特定的历史条件和时代背景，校史文化也不例外。校史文化是在悠久、深邃的历史传承中与长期办学的实践积淀中形成的。

（一）悠久历史文化的传承

每一所名校都有着悠久的办学历史，虽然我国现代意义上的大学

---

① 王从严，张拥军，程为民，等. 和谐校园文化建设与学生社团的持续发展［J］. 中国青年研究，2008（5）：99-101.

② 肖华. 应用型本科高校立德树人探索［M］. 苏州：苏州大学出版社，2014：167.

与世界著名大学相比产生时间相对较晚，但其文脉却可追溯到百年甚至千年，中国古代的书院、近代的学堂都与现代意义上的大学一脉相承，如湖南大学的办学起源于古代岳麓书院，北京大学起源于京师大学堂，天津大学起源于近代的北洋大学等。自古及今，虽然不同历史时期的大学均与当时的政治、文化、发展水平密切相关，其组织形式、管理体制也各不相同，但传播知识、培养人才一直是大学的使命，对历史文化的传承、学术传统的继承一直是大学文化建设的宝贵资源。因此，应从历史的、发展的眼光看中国大学的历史。

（二）长期办学实践的积淀

一般来说，只有长期的办学实践才能积淀起一所大学文化的大厦。一所大学的历史与其办学历史有很大的关联性。所以，大学的创业史、发展史凝结成大学的历史文化。在大学校史中，知名校长、学者对大学文化的积淀，大学精神的传承尤为重要，如北京大学校长蔡元培提出“囊括大典，网罗众家”“思想自由，兼容并包”的教育思想，奠定了北京大学学术独立、思想自由、兼容并包的精神，并为一代代北大人所传承。大学历史文化的积淀也离不开历史环境的积淀，一所大学的建筑、绿化等环境的呈现，往往与其文化、传统、精神等相辅相成，如厦门大学依山傍水，“背山面海，风景绝佳”，其山水之精神赋予了厦大学子山的胸怀，海的智慧，使其大学文化产生鲜活的生命力。

二、校史文化与大学文化

大学是人类历史发展到一定阶段的产物，一所大学的创建不仅是社会文化的凝聚，更是大学机构肇创的开端。一所大学的历史发端于大学机构的创建。历史与文化是相互联系的，从本质上说文化是社会历史的积淀，反映在大学文化与校史文化的关系上，大学文化是大学历史发展的积淀，大学文化凝结着大学发展本质，大学校史则通过大学文化来彰显其丰富内涵。

具体来说，大学文化是在大学校史发展的进程中，在大学人的办学实践中所积淀而形成的文化态势，体现的是一所大学经过历史发展到当前所形成的一种相对稳定的文化，是一种现存的状态。校史文化是“大学办学经验等方面的长期积淀，是大学文化与大学精神的映射和集中体现，也是大学发展定位、战略规划、管理体制、学科建设等一系列重要工作得以展开的可靠历史依据”①。每一部校史都承载着一所大学的艰辛探索，都凝聚着几十年、上百年的文化传统与精神传承，都是一个国家民族教育史、思想史、文化史的总体反映。校史文化是大学文化在时间向度上的具体体现，是从历史的角度反映大学产生和发展的全过程。因此，大学文化与大学校史文化之间是包含与被包含的关系，校史文化是大学文化的重要组成部分。

从文化演进的视角来审视大学校史文化，校史文化就视同大学发展演变和大学文化发展本身。当然，视角可以有很多种，比如大学精神的积淀与汇聚、大学办学物质条件的改善、大学制度文化的变迁等，每一个视角都成为学校历史沿革的一条重要线索。加强大学文化建设需要高度重视校史文化。一方面，开展校史文化建设，通过历史批判和反思来凝聚文化共识，不断做出符合时代精神的文化选择，是提升大学文化内在品质、实现文化育人的重要渠道和有效载体。另一方面，以大学文化总体性来推动校史文化建设，立足于文化批判与扬弃、文化比较与选择，既要保留符合时代要求的文化精神，又要全面反映全体师生的文化共识，实现历史与时代、个体与共同体的有机统一。

其一，物质载体如何反映校史。比如大学中不同时代建设的屋舍楼宇，作为物质载体反映着时代独特的风貌，奏响着大学文化的流动

① 柳礼泉，唐珍名．高校德育视野下的校史校情教育［J］．高校理论战线，2011（3）：52-55.

音符。校史物质文化是载体文化也是环境文化，是大学人的对象化的投射，更是学校的建校历史和光辉岁月的象征，彰显着大学人的思想意识、价值观念和审美情趣。

其二，精神文化如何表征校史。大学精神是大学文化的内核和灵魂，是高度浓缩和深层次的存在。不同时代的知识分子对精神的感知、对当下的理解、对未来的诉求都有巨大差异。大学人生活在具体的历史环境和现实条件之下，大学精神体现了大学人对既往的传承、对当下的理解，也充满着对未来的期许，校史精神文化在不断丰富大学校史文化内涵的同时，也为大学的后续发展提供了坚实的文化基础。

其三，制度文化如何反映校史。制度是时代的产物，制度文化表征了大学人开展文化活动的准则、规则，集中体现了大学办学目标、办学理念。制度文化不同于一般的大学文化，它体现的是大学机构在人才培养、科学研究、社会服务等办学实践活动中的机制、规则的变迁。不可否认，每一次社会变革、事变都会引发大学的反应，都激起了大学制度的自适应行为，并引起了方向性的变化。作为校史的一部分，制度文化反映了根本，凝聚着历史经验，也为现存大学制度的持久稳定提供了制度保证。

三、校史文化的功能

（一）价值导向

校史文化的价值导向是指校史充分发挥其文化育人优势，引导大学人的思想行为，使其顺应社会发展要求，并对大学人进行适当的启发教育。大学校史的价值导向功能主要体现在对校史文化的宣传与研究上。校史通过显性教育和隐性教育相结合的方式，使大学人在思想上以校史文化为引领，向优秀历史人物看齐，以他们的先进事迹、突出成绩为导向，找准自己位置，合理规划未来，进而实现自己的人生价值。

大学在新生入学、教职工入职培训中都会涉及校史文化介绍，尤其是大学发展过程中所经历的、具有历史转折意义的事件，某些领域取得的辉煌成就，以及校风、校训、校情等校史文化方面的介绍。利用校史文化这一资源对大学人进行价值引导，既可以使大学人充分了解大学在物质层面、制度层面、精神层面等相关方面的真正内涵，更快地融入大学生活，帮助其树立主人翁意识；又可以使大学人在了解大学相关规章制度之后，严格规范自己，使自己的言行符合大学要求。对于大学人来说，校史文化的引领是一次很好的价值教育，同时也是一次精神洗礼，会使大学人在校史文化的学习中更加坚定理想信念，更加明确未来发展方向，更愿意将自己的奋斗目标、职业规划与大学发展融为一体。

（二）激励凝聚

大学校史的激励凝聚功能是指大学人基于对校史文化的认同而产生的吸引力和向心力，这种向心力一旦形成，便会激励大学人朝着共同的目标前进。校史文化的激励凝聚功能不仅表现在对大学人精神的激励与凝聚，也体现在对大学人才队伍的吸引与凝聚中。

大学校史文化反映了历代大学人共同的理想诉求，它所包含的价值观念、理想信念、行为准则、思维方式等是以特定的心理定式存在于大学人群体中，虽然看不见、摸不着，但是能在大学人中形成强大的向心力和凝聚力，使大学人自觉按照大学的主导价值观去学习、工作。比如，在校史文化中凝练而成的大学精神、校风、校训等内容，是一代代大学人对理想的执着追求，并以其巨大的感召力和凝聚力激励着一代代大学人奋发向上，从而形成大学主体共有的责任感和使命感。此外，校园英才及校友对大学人同样具有激励凝聚作用。在大学历史的长河中，既有为推动教育事业而无私奉献的教育者，又有在社会不同领域取得杰出成就的校友。这些人物及其事迹更容易使大学人产生情感的共鸣，提高荣校、爱校的情感认知，不断激励大学人向榜样学习，并自觉承担起弘扬大学文化的责任与使命。

校史文化作为大学的金名片，代表着大学的形象，体现着大学的优良校风与学风。一个具有厚重历史底蕴与富有激情和凝聚力的大学必然会吸引世界各地优秀人才的加入，这不仅有助于大学办学水平的提高，更有利于形成强大的文化氛围，激励广大员工积极投入到大学的建设中来，将个人的发展与大学的发展相统一。

（三）文化传承

历史是昨天的记录，又是明天的向导。大学校史文化是在对悠久、深邃历史文化传承的基础上，在长期办学实践的积淀中产生的。校史文化传承伴随着大学发展的整个历史进程，不仅积淀着一个大学过去全部的文化创造和文明成果，也蕴含着大学走向未来的可持续发展的文化基因。

"校史文化作为大学文化的重要组成部分，大学文化本身所具有的兼收并蓄要求校史文化要以时间、地点和条件为转移，对自身的内容进行创新。通过正确的判断和选择，在吸收优秀文化元素的同时，融合传统文化优势，使校史文化延续发展，使大学真正走向至真至善的永恒之境。"[①] 大学校史文化的传承不仅包括对大学悠久历史文化的传承，也包括传承基础上的文化创新。校史文化在新的文化背景下不可能一成不变，它要不断地与时俱进，随时代发展，这是校史文化传承功能的意义所在。校史文化的传承本质上是一个扬弃的过程。一所大学的历史文化底蕴源于办学过程中所创造的理念、思想、精神、作风、制度、环境等文化因子，在大浪淘沙的历史进程中不断沉淀并映射为大学发展的整体状态。客观上讲，一切历史都是当代史，随着时代发

---

① 滕菲. 大学校史文化育人功能及其实现路径研究［D］. 桂林：广西师范大学，2018：19.

展，我们在回答当代问题的过程中需要站在历史的高度，取其精华，去其糟粕，使文化在延续中不断创新发展。

第六节 环境文化

校园环境是大学文化建设的重要载体，是大学精神建构的重要内容。大学环境文化营造出一个让时间在文化的韵律中慢慢积淀、成熟的场所。校园环境文化不仅是施加人工力量的自然环境，更是一个传递大学文化的精神载体。丘吉尔曾指出："我们塑造了环境，环境又塑造了我们。"大学作为培养高素质人才的摇篮、传播先进科学文化知识的基地，[①] 其校园环境作为大学文化表层的物质实体，反映着高校师生群体的精神风貌、审美情趣和价值取向，并传承延续着学校的文脉与地域文化；同时大学文化的"环境场"需要山水、建筑、雕塑等景观来与大学人产生共生作用，发挥其在影响人、教化人方面的积极作用，以培养大学生的品格。

一、大学环境文化的基本阐释

人们必须与环境打交道，根据《中国大百科全书·环境科学》，"环境"一词一般是指"围绕着人群的空间，及其中可以直接、间接影响人类生活和发展的各种自然因素的总体"。因此，我们所指的环境是以人为中心的外部世界，也是人类赖以生存、发展、从事生产和活动的外部客观世界。[②]

校园环境主要指大学物质环境如整体布局、建筑物、校园绿化、

① 本书编委会. 高校"形势与政策"课程建设与教学管理创新实用手册：下［M］. 北京：中国教育出版社，2012：1109.

② 刘新生. 大学文化建设：下［M］. 济南：泰山出版社，2008：385.

校园干道、景观小品等，它们的布局、风格、色彩与样式，组成了大学的校园环境文化，也是最为显著的形象，传达出不可估量的教育信息功能，具体包括学校办学所处的内部环境和外部环境。外部环境主要指学校的外部公共环境；而校园内部环境是融有大学精神文化符号的物质环境，又可分为两个层面，即显性的物质环境和隐性的文化（精神）环境两个层面。显性的物质环境主要指校园的基本设施，包括大学的师生教学、科研、生产、生活环境及其娱乐设施。隐性的文化（精神）环境主要指隐含于学校师生和管理人员中的价值观、教育观、管理作风及校风、学风、班风等，它通过文化氛围、道德行为准则及各种规章制度等对全体师生的身心发展和素质提高施以影响，给予受教育者一种潜在的教育。①

二、大学环境文化的具体形式

环境文化是大学文化不可或缺的一部分，是环境与人才成长的有机结合。当我们谈及大学文化，除了大学精神、学术成果以及大师巨擘，不可避免地还要说到给校园师生留下深刻体验的环境载体。有学者指出，“环境文化是大学文化生成的基础，是大学文化的外部表现形式”②。大学环境文化主要构成要素包括校园建筑、植物、景观雕塑、设施小品、标识系统、铺装等。

（一）建筑景观与文化载体

建筑是大学文化的直观印象，是大学文化的容器，也表达着大学文化最真实的呼声。校园建筑不同于社会中企业、事业组织的建筑风格与设计，在实用功能基础上，必须具有育人的文化特征，是文化与

① 韩明涛．大学文化建设［M］．济南：山东人民出版社，2006：231.

② 郑宏．厦门大学文化的历史与解读［M］．厦门：厦门大学出版社，2010：45.

审美的结合。

校园建筑在特定的空间环境中，本身的功能性，如建筑物的尺寸、体量、造型颜色、材料、比例等关系也决定着对大学环境的影响。到美国哈佛大学参观，多数人会对其整体建筑风格有深刻印象，那就是标志性“哈佛红”。在校园初建时期，所有建筑均采用红砖白檐的建筑风格，并在后期校园建筑中延续该色调，不仅如此，深红色逐步成为该校的校色，其后出现了以“哈佛红”为名的大学日报，以“深红色”为名的学生社团，也因此成就了哈佛大学的重要文化标识。哈佛大学用这种视觉语言表达出来的信息符号，探索出校园建筑信息的表现力，并以此来提高大学文化传达的效率与领域。

校园建筑与大学文化、传统、精神等相辅相成。曾任燕京大学校长的司徒雷登在回忆录中说：“校舍的本身就象征着我们的办学目的，也就是要保存中国最优秀的文化遗产。”① 人们把“水木清华”作为清华大学的象征，水木清华的主体景观是工字厅后面的一个荷塘，荷塘之畔垂杨山水之中掩映着一幢秀雅的古建筑，既有中国古典园林的亭台楼阁，又有典型的西式风格建筑，这种中西合璧的校园正是“古为今用，洋为中用”办学思想的写照。

（二）雕塑景观与人文文化

大学环境文化显现是表层的物质实体，人们把抽象的文化意识形态具体化来反映高校师生群体的精神风貌、审美情趣和价值取向，并传承延续着学校的文脉与地域文化。校园环境中的雕塑是体现大学文化的人文景观，是一种造型艺术，是利用艺术手法与物质材料将文化思想进行再创作并立体呈现在校园中的实体造型艺术，具有较强的艺术审美性与观赏性。

---

① 吴鼎民. 北大、清华校园文化探源［J］. 南京航空航天大学学报（社会科学版），2001，3（4）：26-31.

在大学这一特定环境中的雕塑作品主题与大学文化紧密结合，带着思想意识的标志。大学环境中的雕塑景观大致分为校训育人类、文明传承类、抽象装饰类、人物类等，将景观隐性的育人功能展现在环境中。厦门大学校园内《世纪的嘱托》群像雕塑，从空间上采用开放式构成形式，与周边环境紧密融合，拉近师生互动，让师生参与其中，增加亲近感；从时空上，将 20 世纪二三十年代、80 年代，以及当代大学生形象与陈嘉庚先生形象结合作为表现主体，打破了时间上的跨越交流，整体造型是陈嘉庚先生与一名当代学生促膝谈心，他双手抚握着那名男生的手，周围的四个男女学生静心聆听、如受重托。这个雕塑旨在进一步体现老一辈的爱国精神及对青年的殷殷希望，使陈嘉庚的精神与学生永远在一起、与历史长存。① 南京大学中的雕塑作品《孺子牛》是熊秉明先生的作品，写实的表达形式，一眼看出其表达的文化色彩，解释为：“这是中华民族的牛：他是忍辱负重的牛；他是任重道远的牛。”将雕塑作品立足于中国传统文化的根基，将文化与写实形式融合。特定的大学校园环境中，艺术表达着丰富的文化内涵，激励着青年一代大学生及人民大众努力学习知识，为社会心甘情愿奉献的精神。

大学环境文化中的雕塑景观是文化的表层呈现，放置在校园公共环境空间中，丰富了校园的人文气息，活跃了校园文化气氛，加强了大学文化建设，发挥了文化育人作用，培育了良好校风、学风、教风。

（三）植物景观与文化生态

校园环境中的植物景观是必不可少的生态因素，是具有自然生命力的展现，它们具有人工景观无可比拟的特点。大学校园中的植物自然景观与校园整体布局、建筑物、雕塑等相辅相成，并不是独立存在

① 马金辉. 浅议校园环境雕塑的隐性教育功效：《世纪的嘱托：陈嘉庚与学生》组雕创作随感 [J]. 雕塑，2006 (4)：44-45.

的个体。从时间角度出发，植物景观随着季节的变化有变换不同的景象，彰显着校园环境的色彩与活力。

为了营造活泼的自然生态环境，大学文化结合树木的姿态、花草的点缀创造独具特色的意境之美。清华大学的近春园有一座莲桥，桥的四周被长满荷花的水塘包围。这片荷塘是朱自清笔下月色中的荷塘："曲曲折折的荷塘上面，弥望的是田田的叶子。叶子出水很高，像亭亭的舞女的裙……"整洁幽静的大学校园环境会使师生从内心深处产生一种对环境的热爱之情。武汉大学的樱花园是日本为纪念中日友好十周年而赠送给武汉大学的，具有纪念性的文化内涵，提升了大学的知名度，更重要的是营造了学校氛围。

充分利用校园环境空间，将育人作用与植物景观紧密结合，通过精巧实用的设计把大学精神文化融入校园的每一个角落，逐渐营造独具特色的文化氛围。比如，北京大学的"智慧之树：塞万提斯之树"即为塞万提斯逝世三百六十六周年之纪念。1982 年 4 月，西班牙驻华大使等十个西班牙语国家驻华使节一起在北京大学种植此树并为其命名，这棵树成为北京大学对学生进行历史文化教育的重要载体。

三、大学环境文化的意义

苏联教育家苏霍姆林斯基曾说："学校应该让每堵墙都说话。"大学校园环境文化是大学教育中无声的课堂，是一种影响人、塑造人的综合教育力。环境文化是显现的物质文化，也具有精神文化的特质，是可视的、可感知的。

（一）文化名片与个性

大学校园环境文化的物质呈现以大学文化为根基，所以每所大学都具有各自独特的环境文化元素，是大学独具个性的名片，展现出不同的精神风貌。不论校园环境中的文化要素是自然景观还是人文景观，都会延续历史与文化，成为学校的独特名片，为自身赢得良好的社会知名度与声誉，同时实现文化辐射效应。

（二）文化导向与育人

校园环境文化的各个要素不仅仅是提供观赏给师生带来情感触动，还要满足其存在于空间里的文化导向性，对师生的行为与价值观起到规范、凝聚作用。对于师生来讲，环境文化服务于师生的生活、学习等方面的发展，其散发的文化气息，潜移默化地传播着大学文化，引导大学人的行为与文明素质。

（三）文化审美与美育

环境文化是大学文化中最具有生命力的要素。在校园这个特定的空间中，环境文化是一种显性的精神载体，具备可视可感的功能。人文景观本身就是一种具有审美作用的艺术品，出现在校园中让师生不知不觉地接受文化与审美的感化，无形中指引着大学人的积极行为、价值取向、知识获取。相比直白的文字口号，环境文化以熏陶、艺术审美形式展现教育作用更有张力，更加深刻，也更加深远。

第四章　大学文化的主体性与生成逻辑

一所大学必须有文化自信。文化自信的根源是什么？那就是大学文化的主体性。

从历史来看，一所大学的发展和文化建构绝非纯客观过程，而是一个文化主体不断选择、动态有为的历史进程。从现实来看，当我们意识到大学文化本身，体察所处群体的历史传承、结构矛盾、内在规律、整体规约，以及社会担当、价值诉求、文化个性等问题，形成一定的文化认同并在行动中做出选择时，这就是一种文化自觉。无论人才培养、科学研究、社会服务、文化传承与创新，还是国际合作与交流，都贯穿着一所学校的文化自觉。显然，文化自觉不是一种“个体的、孤立的、偶然的”事件，而是贯穿于文化共同体之中的群体性意识和自觉选择。

从文化自觉到文化自信是一种升华。习近平总书记指出：“文化自信就来自我们的文化主体性。”文化涵养着一所大学，生成一种自我批判、推动变革、创新发展的力量，不断内化为个体与共同体的双重建构，最终成就了人的生存与发展问题。开展大学文化建设，要对西方大学的文化属性有清醒认识。西方大学所标榜的文化价值，以及根植于西方现代化运动的知识体系，都深深镌刻着资本逻辑的话语独断。立足新时代发展中国大学文化，必须在“两个结合”上下功夫，处理好“根脉”与“魂脉”的关系，大力弘扬社会主义核心价值观，植根中国优秀传统文化和中国逻辑自主建构知识体系和话语体系，不断高扬中国大学的主体特性。

第一节　大学文化的基本特质

一、大学文化的多面特质与多维理论建构

大学文化既有作为文化的一般性，也有大学组织存在的独特问题域和内在规定性，以及多样化的现实形态与外在特征。由于认知视角、问题域等方面的不同，学界对大学文化基本特征的认识也存在较大差异，理论表述更是千差万别。具有代表性的观点主要有以下几种：

一是立足大学文化的生成性来认知大学文化的特征，强调大学文化的多维特征。肖谦认为大学文化各个层面的形成和发展并不是同步的，都需要经过时间的积淀与升华，由此决定了大学文化的基本特征："客观性与主体性、思想性和科学性、可塑性与超前性、非强制性与相对持久性。"① 孙雷、周凌波从大学文化、大众文化和其他社会文化相区别的角度，阐明大学文化所具有的自身的鲜明特征："第一，大学文化是一种追求真理的文化；第二，大学文化是一种追求理想和人生抱负的文化，是为了满足人类的永恒需要；第三，大学文化是一种崇尚学术的文化；第四，大学文化是一种严谨求是的文化；第五，大学文化是一种具有强烈批判精神的文化。"②

二是从系统论的角度来认知大学文化，强调大学文化所具有的区别于一般社会文化的创新性、批判性和理想性等。眭依凡等认为大学

---

① 肖谦. 多视野下的大学文化［M］. 成都：西南交通大学出版社，2009：12.

② 孙雷，周凌波. 信息技术人才：两种文化间的成长［M］. 北京：清华大学出版社，2006：196.

文化只是作为文化系统中的一个构成要素，是文化系统的组成部分，既有文化的一般特性，也有自身的显著特征："大学文化具有不同于社会一般文化的理想化、集约化、稳定性、批判性的特征，还具有一般文化共有的特征，即大学文化具有积淀性、社会性、建构性。"① 他们还明确指出："大学文化的显著特征主要表现为创新性、动态性与较强的更新能力、历史性与继承性。"② 张忠华则认为"大学文化作为一种社会亚文化，一种特殊群体的文化，具有自己鲜明的特征和独特功能。大学文化的特征主要表现为先导性、创新性、综合性、独特性、多元性、动态性"③。

三是从存在论的视角来把握大学文化特征，强调大学文化的现实形态和内在追求。申明从大学的文化存在和精神存在角度来阐释大学文化的特征，他认为："大学文化的核心是大学精神，大学文化的表征是学生的文化素质、教师的文化素质和大学的文化品位等。……大学文化是高层次、高品位的文化，是探索真理、追求理想的文化，是倡导自由民主、富于批判精神的文化，是追求创新精神的文化，是以知识及其学科（专业）为基础的文化，是人文与科技相融的文化。"④ 蔡劲松等则从文化主体的社会存在方式和主体所处的内外环境出发，研究大学这一主体文化的形成和发展，并提出："高等教育是大学的本质活动，教育活动的本质和特征、知识的本质与特点以及围绕教育活动的社会环境，决定了大学具有知识性、公共性、专业性、道德性和创

① 眭依凡，俞婷婕，李鹏虎．关于大学文化学理性问题的再思考［J］．清华大学教育研究，2015，36（6）：1-8.

② 眭依凡，俞婷婕，李鹏虎，等．大学文化思想及文化育人研究［M］．杭州：浙江大学出版社，2016：81.

③ 张忠华．高等教育专题新论［M］．北京：光明日报出版社，2013：237.

④ 申明．大学文化特色论［M］．西宁：青海人民出版社，2009：31.

新性等文化特征。”①

四是从大学文化的社会属性来把握，强调中国大学文化作为社会主义先进文化的内在规定性和价值取向。由陈超等人所编写的《大学文化建设理论与实践》则是把大学文化放入当前中国特色社会主义新时代全面建成小康社会，实现中华民族伟大复兴这一特定的阶段来阐述我国大学文化的基本特征，由此提出了“当代中国大学文化具有社会主义先进文化的本质属性，是以社会主义核心价值体系为取向，具有鲜明特点的文化”②。

二、大学文化的现实实践与基本特征

前文从自身的视角对大学文化的基本特征进行了概括与总结，综合来看，从文化哲学的主体视角来认识大学文化的基本特征，主要表现为以下五个方面：

（一）文化交往方式：制约性与延续性

大学文化总是产生于一定的历史文化背景中，大学文化的交往方式受一定的社会历史条件的制约。

地域文化是在一定地域范围内长期形成的历史遗存、文化形态、社会习俗、生产生活方式等。它既是一种历史积累，又是一种历史沉淀，更是一种历史绵延，具有强大的惯性和渗透力。大学是在一定的地域环境中建立的组织，总是不可避免地受地域历史文化的制约。山东大学地处齐鲁大地，它的文化与它所处的齐鲁大地有着密不可分的联系，其大学文化的精神内涵深深烙印着齐鲁文化的印迹；四川大学

① 蔡劲松，等. 大学文化理论构建与系统设计［M］. 北京：文化艺术出版社，2009：18.

② 陈超，张晓玲，张振飞，等. 大学文化建设理论与实践［M］. 重庆：重庆出版社，2013：92.

有巴蜀文化的烙印，云南大学有滇云文化的烙印，不同地域的大学师生耳濡目染着各自身边的地域文化形态。不同地域的文化使得不同大学接受的文化特征和气质各不相同，造就了不同的大学文化特色。比如从大学文化活动的举办方式来看，陕北地区的大学可组织“信天游”歌咏比赛，而东北地区的大学则可以将“二人转”等节目纳入节目计划。

大学的办学历史也对大学文化交往方式起着强烈的制约作用。“组织的历史甚至比外部力量更能决定组织的未来”，哈罗德·珀金在强调大学办学历史对大学文化发展的影响时，曾精辟地指出，“一个人如果不能理解过去不同时代和地点存在过的不同的大学概念，他就不能真正理解现代大学……虽然研究高等教育的历史学家手中没有水晶球可作预言，没有魔镜可占卜，但他在这一领域也能为他人提供有益的东西：如果你想要知道你要去哪儿，它帮助你了解你曾经去过哪儿。”可见，一所大学的办学历史对其未来发展的影响是不可忽视的。任何一所大学的办学历史都是一部充满激情的发展史，一部历经艰辛的奋斗史，都会留下光荣的印记；同时也会留下历史的包袱和束缚，潜移默化地影响着每一代大学人的思想观念和思维方式。

大学文化具有深厚的历史积淀，优秀而厚重的大学文化熏陶了一代又一代大学人，铺就了一批批德才兼备的大学人的成功之路。作为人类文明的传承者，大学在人类文明进步中扮演着重要角色，承担着重大的社会责任，具有强烈的继承性。大学文化交往方式的继承性主要体现在一代又一代大学人对大学精神文化的继承。大学精神文化是大学在长期发展中积淀的最富大学特质和时代特色的精神特征；是大学群体的面貌、水平、特色及凝聚力、感召力和生命力的体现；是大学优良文化传统的结晶，是大学历久弥新的动力和源泉。校训是大学精神的凝练，任何一所高校的校训都折射出了大学的精神内涵及其价值追求，一旦被师生接受，就会成为引导他们追求理想、规范行为的无形力量，为他们提供正确的价值导向和精神追求，这有利于形成良好的师德师风、校风学风和师生关系，对大学文化的继承和传播起着重大的推动力。

推进大学文化建设必须植根于中华优秀传统文化之中。习近平总书记强调“坚持把马克思主义基本原理同中华优秀传统文化相结合”，就是强调当今文化的主体性问题。构建新时代大学文化建设，必须从丰富的中华优秀传统文化之中汲取营养，不断壮大自身。中华优秀传统文化是一代代中华儿女生命历程的表征，记载着中华民族的所思所想所行，已融入我们的文化血脉，成为我们的文化基因。比如通达包容的态度（厚德载物）、人与自然和谐统一的精神（天人合一），以及面对现实、积极进取的精神（刚健有为、自强不息）等。将这些宝贵的传统文化资源融入思想政治教育，影响和塑造青年群体，把青年培养成马克思主义的信仰者和践行者、中华优秀传统文化的继承者和弘扬者，探索面向未来的理论和制度创新，使我们在世界文明的交流互鉴中更加坚定自我，文化自信就有了根本依托。

（二）文化发展诉求：继承性与创新性

大学文化是大学文化传统代代传承和历史积淀的结晶，是一所大学的历史底蕴所在。英国著名教育家阿什比曾说：“大学保存、传播和丰富了人类的文化。它像动物和植物一样地向前进化。所以任何类型的大学都是遗传与环境的产物。”因此，构建现代大学文化必须根植于大学文化历史，在积淀传承中发扬优秀的大学文化。北京大学、清华大学、剑桥大学、哈佛大学等世界一流大学都是在一代又一代学人的不断传承与实践中发扬光大的。中国大学文化发展的继承性，笔者认为可以从以下几个方面进行阐述。

第一，对传统书院文化传统的继承。任何国家的大学文化都不可能与本国的传统文化割裂开来，尽管一般认为现代意义上的大学起源于西方中世纪的欧洲，但是从文化角度而言，中国传统文化的积淀是我国现代大学文化的根与源，也是当代大学文化继承与创新的重要文化基础。早在两千多年前古代中国就有了高等教育机构——太学，后逐步演变为国子监和翰林院。唐宋时期，民间也出现了由私人创办、讲学为主的集教育、学术及藏书为一体的综合性文化机构——书院，其创建者多为当时的宿学鸿儒，他们著书立说，并邀请不同学派的学者名流登堂讲学。清末民初，随着新学制的确立，书院文化衰亡，但这并不意味着书院文化完全退出了历史舞台。20 世纪，各地纷纷借书院改造大学，或重建已经失落的书院，康有为、章太炎、唐文治等数十位学者融合中西教育，探讨精神渗透和制度建设之间的巨大张力，并提出了将西方的大学制度与中国传统书院精神相结合的主张。其中具有代表性的无锡国专，堪称传统书院风格与现代教育体制磨合的典范。湖南大学也修复了具有千年办学历史的岳麓书院，并延续了其书院文化，继承其学术传统、教育传统，为后来大学文化建设提供了宝贵的文化资源。

第二，对民国时期大学文化担当的继承。20 世纪初至 40 年代，以蔡元培、梅贻琦、张伯苓等为代表的教育家在中西文化的交融与碰撞中，将西方大学办学理念与中国大学实践相结合并使之本土化，提出了对中国近代大学理念、精神的认识与看法。他们在国家内外交困之时，心怀强烈的民族责任感和民族忧患意识，维系大学之人文精神、自由主义精神，捍卫学术尊严，维护学术独立与自由，坚持教授治校的基本精神，是我们研究大学文化的重要思想基础，至今仍值得我们进一步总结与挖掘。其中，最具代表性的是西南联大。

西南联大是在民族危难之际，在新文化运动大兴欧美之风，中国传统文化面临现代化转型的文化大格局变动中，临时组建的一所大学。在这种文化变局与乱象丛生中，西南联大清醒而又理性地探索出一种在发挥本民族主体地位基础上整合西方思想的教育范式，既借鉴了当时西方的先进教育思想，又保留了中国优秀传统文化，将优秀传统文化资源进行了现代性诠释与现实性转化并应用于“治校、治教、治学”中。正是这种理性自觉的文化选择，使西南联大在办学八年间创造了中国近代高等教育史上的奇迹，成为中国高等教育的巅峰。正可谓：“联大有精神：政治情怀、社会承担、学术抱负、远大志向。联大人贫困，可人不猥琐，甚至可以说‘气宇轩昂’，他们的自信、刚毅与智慧，全都写在脸上。”① 西南联大的文化选择范式无疑为今天中国大学在文化选择与定位上提供了成功的模式借鉴。

第三，对西方现代大学文化模式的继承。现代意义上的大学产生于西方，中国近现代的大学体制也基本是按照西方大学的模式建立的。在 20 世纪中国思想文化思潮中，“西化”最为彻底的是教育，尤其是大学高等教育。西方大学的办学理念、办学制度对中国大学文化的产生与发展有着十分深刻的影响。

如果说对历史文化的继承是大学文化发展的基础，那么对大学文化的创新则是促进大学不断发展、使大学保持旺盛生命力的所在。

大学作为科学研究、知识传播和追求真理的场所，本身具有创新的条件：大学拥有大批学者、科学家、教授等高学术水平的人才，他们处于各自学科发展的最前沿，以提出新的见解、发现新的理论而自豪；大学里的学生，思维敏捷，好奇心强烈，是有着强烈探索精神、努力追求真理的知识群体；大学拥有高端的仪器设备和丰富的图书资料，有利于开展科学研究和传递最新的科技信息；大学宽松的环境和民主科学的氛围为创新提供了较为自由的空间。由此可见，大学本身具有的创新性为我们推进大学文化建设奠定了基础。

西方大学的文化主张，鲜明体现在对科学、真理的追求上。大学文化是一种崇尚科学、追求真理的文化，它拒绝一切思想教条的禁锢和束缚，始终强调独立人格、独立思考、独立判断，要求在自由的氛

① 陈平原. 大学有精神［M］. 北京：北京大学出版社，2009：106.

围中进行理性思考和学术研究，在开放的环境中开展科学创新。大学作为各类文化的汇聚中心，无时无刻不在发生着文化的碰撞与交融。大学文化的创新离不开与世界文明的交流和沟通，离不开对世界各国优秀文化的吸收和借鉴。这就要求大学应具有全球意识和世界眼光，以更加开放的心态、更加广阔的视野，广泛吸收借鉴人类文明有益成果，比如广泛、深入开展国际交流与合作，学习国外高等教育的先进经验，推动中国大学教学、科研、管理模式创新，培养具有国际视野的综合性创新人才。

（三）文化发展形态：统一性与多样性

文化本身具有多样性，大学文化作为社会文化的子系统，因其所在地域、历史积淀、学科结构、办学模式等多种因素的不同，也呈现出多样性的特征。

不同的大学存在着历史传统和办学模式的差异性。不同民族、不同地域、不同时间建立的和不同风格校长领导的大学，其文化积淀、文化选择和文化氛围是明显不同的，这使得大学文化发展呈现出多样性的特征。如西南联大，它成长于风云动荡的战争年代，大学师生在战火中颠沛流离，但仍不改初心，刚毅坚卓，团结向前；西安交通大学在西迁过程中展现了“胸怀大局，无私奉献，弘扬传统，艰苦创业”的文化精神；首都经贸大学发扬“骆驼精神”，为共建“一带一路”提供人才支撑。

大学办学主体的多样性体现在学生与教师来源的多样性。在开放办学的形势下，随着海外因素的注入，来自五湖四海、不同的国家民族或城市乡村的学生汇聚到一起，语言、习俗、生活习惯、思维方式千差万别。随着人才流动的日益频繁，大学教师也在时刻发生着变化，加上新教师的引进和老年教师的退休使得教师队伍呈现出多样化的趋势。

不同类型的大学在专业设置上呈现出不同特点，从当前来看，主要分为理工类院校、综合类院校、医药类院校，以及语言类、体育类、财经类等专科类院校。理工类院校如清华大学、中国科技大学、哈尔滨工业大学等；综合类院校如北京大学、中国人民大学、南京大学、复旦大学等；医药类院校如北京协和医学院、北京大学医学部等。当前，不同学科文化的发展直接造就了一所大学的办学特色；良好的学科文化对塑造学生的专业理念和科学精神起到不可替代的作用；而部分学校对学科文化的忽视，师资力量的匮乏，未形成集群效应和学科特色，也成为部分大学内涵的发展现实短板。从总体趋势来看，学科之间交叉互融缺失成为制约学科文化发展的瓶颈，如自然科学与人文学科之间的隔膜，不同学术方向、研究范式的歧见，造成学术沟通的障碍，甚至诋毁等。究其原因，应该是缺乏对其他学科文化的正确认识，学科的主体性尚未建构起来。

大学文化主体价值观的不同也使大学文化呈现多样性的特征。由于各主体来自不同地域、家庭、学科、专业，以及信息全球化背景下多种文化的交流和融合，使得大学文化主体的思维模式、价值判断和行为选择存在多样性的特征。

（四）文化发展要求：大学文化作为社会主义先进文化的统一性要求

承认和尊重大学文化发展多样性并不意味着对多样性的大学文化放任自流。在社会主义国家，大学文化作为先进文化的重要组成部分，是凝聚师生的精神纽带，要坚持以社会主义核心价值体系引领大学文化，将大学文化的多样性更好地统一起来。

在我国，大学文化以科学的理论武装人，就是用中国特色社会主义理论体系，尤其是坚持运用习近平新时代中国特色社会主义思想来提高和统一高校师生的思想认识，使之作为大学文化的核心内容和中心任务。作为大学文化主体的广大师生员工由于受多种因素的影响，思想活跃多变。因此，在大学文化建设中，应当对大学文化主体加强理想信念教育，坚持以科学的理论帮助师生解放思想、提高认识，使中国特色社会主义理论渗透到广大师生的心灵深处，并外化为树立理想、努力学习的行动。

大学文化以正确的舆论引导人，以优良的校风、务实的教风和严谨的学风教育、影响大学文化主体。因此，在大学文化建设中要营造积极向上的舆论氛围，引导教师不断改进本职工作，增进学生学习热情，正面引导师生努力工作，勤奋学习。同时，应当对学生加强责任感教育，引导他们全面认识社会，了解世情、国情、党情，坚持把社会实践作为大学生文化建设的重要内容来抓，使小课堂变成大课堂，调动社会力量来教育学生，从而扩大大学文化活动外延，充实课堂内容，增强育人效果。

大学文化以高尚的精神塑造人，这既是时代的呼唤，也是大学文化主旋律的内在要求。大学文化作为社会文化的子系统，是社会文化高层次的体现，更应该适应时代的要求，体现时代主旋律。因此，大学文化必须大力弘扬高尚精神，使广大师生成为有高尚精神的大学人，用格调高雅的文化来教育和引领学生，用崇高的时代精神来塑造学生，引导学生树立正确的世界观、人生观、价值观，增强民族自尊心和自信心，使大学文化环境得以净化，大学生思想境界、精神需求得以完善和升华。

大学文化以优秀的作品鼓舞人，为广大师生提供优秀的精神食粮，激发学生对优秀文化的热情，培养师生正确的审美观，使师生受到爱国主义情感的激励和鼓舞，受到优秀作品的熏陶和感染，真正享受高雅艺术的纯美。充分发挥大学文化的辐射作用，在不同层次、不同爱好的师生间开展丰富多彩的大学文化活动，拓宽学生视野，增强学生对知识的追求和热情，坚定社会主义事业建设的信心。

（五）文化发展格局：差异性与包容性

“海纳百川，有容乃大。”大学之大，不仅仅在于其规模、层次、人数及学科之大，更在于其心胸宽广、包容差异的视野与格局。

大学文化的差异性源于历史。大学文化其在自身发展过程中所形成的历史积淀、价值取向都是独一无二的，同一个国家的不同大学之间存在着文化的差异，不同国家大学之间的差异更为显著。

大学文化的差异性首先体现在学术自由。何为学术自由？英国著名教育家阿什比在《科技发达时代的大学教育》中指出："学术自由就是可以自由地发表新思想和新发现，不仅不必因其向正统挑战而怀有畏惧之心，并且确信这种新思想或新发现如果经得起考验，就可以变成新正统以代替旧正统。在科学研究领域是不分等级高下的，科学上的权威不是一成不变的。"学术面前人人平等，学者在科研中都有独立的科研意识，每一位学者都会从自己的视角对大学文化特征进行探索、分析，由此形成了大学文化的差异性。

校训是一所大学对其文化传统及其内涵的概括总结，是所在大学办学理念、办学风格的集中展示，是大学文化精神的浓缩。由于历史及其价值观方面的差异，中西大学校训之间也存在着差异。如清华大学的"自强不息，厚德载物"；南开大学的"允功允能，日新月异"；中山大学的"博学、审问、慎思、明辨、笃行"；复旦大学的"博学而笃志，切问而近思"；厦门大学的"自强不息，止于至善"等，体现了中华优秀传统文化中的重德、求善的优良品质。而西方大学校训则体现的是追求真理、重视知识的思想，如哈佛大学的校训是"以柏拉图为友，以亚里士多德为友，更要与真理为友"；耶鲁大学的校训是"真理和光明"；斯坦福大学的校训是"愿学术自由之风劲吹"；剑桥大学的校训是"求知学习的理想之地"；约翰斯·霍普金斯大学的校训是"真理必叫你们得以自由"等，这些都体现了西方学校重知、求智的办学理念。以上中西方大学的校训反映出两种不同的大学文化氛围，中国大学的校训受中国传统文化尤其是儒家思想的影响，追求的是安身立命、治国平天下的道德信条，而西方大学的校训体现的是对客观世界的认知，对真理的追求，对思辨能力的培养。

如果说大学校训是大学文化一种显性的彰显，那么，大学建筑则是大学文化最为直观的外化。由于中西大学文化所蕴含的传统习惯、信仰追求等因素的不同，中西方大学建筑形式也表现出明显的差异。中国大学校园多采用围墙将大学校园封闭起来，独立于外面社会，校园内规划大多采用轴线对称手法与院落式建筑群体的组合，以道路作为功能区划分界线，整体风格严肃整齐，这体现了中国传统文化的浓厚。西方大学校园则是没有围墙，完全向全社会开放，即使是有篱笆围成的围墙，也是低矮不阻挡视线的，这体现了西方天性热情、开放、坦率，倡导自由的文化理念。

大学文化的包容性源于内在追求。立足于多元文化时代全球文化激荡交融的大背景下，大学正在逐步成为多元文化沟通和融合的桥梁，我们要承认和尊重大学文化的差异性，要以一种开放的心态及胸怀，尊重、包容、鉴赏、吸纳不同国家、民族、地区的大学文化。正如费孝通先生所言："各美其美，美人之美，美美与共，天下大同。"这是大学文化繁荣之路，也是大学文化发展之道。

大学文化的包容性首先体现在大学精神文化的相互包容。中国传统文化自古以来就有兼容并包的优良传统。孔子主张"和而不同"，反对"同而不和"，倡导以和为贵、以和为善、以和为美的和谐文化。中国大学在办学之初也秉承了这一特色。20 世纪初，马相伯在创办复旦大学之初就提出了"囊括大典，网罗众学，兼容并收"，并吸纳十几位留洋学者，开设新课程。蔡元培先生在《我在北京大学的经历》一文中精辟地指出："我素来不赞成董仲舒罢黜百家独尊孔子的主张。""我素信学术上的派别是相对的，不是绝对的；所以，每一种学科的教员，即使主张不同，若都是言之成理，持之有故的，就让他们并存，令学生有选择的余地。"这与他在担任北京大学校长期间提出的"思想自由，兼容并包"的治校理念是相一致的，主张对不同的学术观点的兼容，对性格各异的学者的包容，从而使得北京大学成为中国新文化运动的发祥地。曾经创造了我国近现代辉煌大学历史的西南联大其实也是一部兼容并包的大学文化历史。在当时，这所大学“同无妨异，异不害同，五色交辉，相得益彰，八音合奏，中和且平，万物并育而不相害，道并行而不相悖。小德川流，大德敦化，是天地之所以为大”，道出了大学文化的兼容并包是推动文化发展的真谛。兼容并包不仅是一种教育主张，更是一种大学文化包容的倡导。

大学文化必须重视学术的发展，在学术上要主张和而不同，要尊重不同学术学派和学派观点，包容各种年龄、性别、国籍、种族的学术人才在个性发展上的差异，为他们追求真理创造宽松的环境，使之能够自由地开展各种学术研究和探讨，从而达到协调、合作、共生。正如我国学术界尊重不同的学术派别的观点，对大学文化特征的认识持包容的态度，使他们可以以自身的视角对大学文化的特征进行解读，自由地探讨、研究，从而使大学文化充满生机与活力。

同样，大学文化环境也具有包容性。大学文化环境在继承悠久的传统历史的同时，也彰显着时代的特征。厦门大学漳州校区就很好地展示了“穿西装，戴斗笠”的中西合璧的嘉庚风格。大学文化环境还重视人文环境与自然环境的结合，不仅赋予校园美的形象，还必须具有深层次的文化内涵。厦门大学依山傍水，“背山面海，风景绝佳”，得山水之精神，赋予了厦大学子山的胸怀，海的智慧。只有将自然景观与人文景观结合起来，大学文化环境才会产生鲜活的生命力。

第二节　大学文化发展中的矛盾关系

台湾著名文学家龙应台认为，人本是散落的珠子，文化就是那根柔弱又强韧的细丝，将珠子串起来成为社会，而文化就是公民社会中最重要的黏合剂。大学的校园文化反映在大学人（包括领导者和所有师生员工）自身一举一动所展现出的人文精神和品位、风范、素养、道德和智能等。[①] 大学文化是以大学为载体，通过历届师生的传承和创造，为大学积累的物质成果和精神成果的总和。[②] 大学文化的载体与主体之间相互影响，相互作用，因此，大学文化想要发展就需面对以下三个方面的矛盾关系。大学文化本身的价值导向与行为规范之间的矛盾；大学文化的整体规约与个性发展之间的矛盾；大学文化的现实情况与理想之间的矛盾。这三方面的矛盾从文化的导向作用、大学文化的主体以及大学文化的发展着眼，探讨研究大学文化发展中的矛盾关系。

一、价值导向与行为规范：主流意识形态与多元文化的矛盾冲突

目前，国家不只注重经济发展，更加强调和注重意识形态的发展。在国际环境日趋复杂多样的情况下，坚持马克思主义指导地位，培育和践行社会主义核心价值观，加强主流意识形态建构，健全文化立法，积极借鉴人类优秀文明成果就显得尤为重要。[③] 对于主流意识形态的传递，更多地应该寄予当代大学生以厚望。大学生正处于个人价值观形成的关键时期，对其意识形态的培养，高校责任重大。正确认识大学生的意识形态状况，分析其出现原因，探究高校对大学生的价值导向与大学生自身行为规范之间的差异，对大学文化发展具有重要意义。

（一）大学生的意识形态现状及原因

世界发展到今天，全球化进程高速推进，文化多元化逐步加强。在外来文化与中华传统文化不断融合的过程中，大学生有了更多的选

① 林爽. 大学文化论［M］. 济南：齐鲁书社，2006.

② 韩明涛. 大学文化建设［M］. 济南：山东人民出版社，2006：7.

③ 杨宏伟，王亚妮. 我国主流意识形态安全问题探析［J］. 山东行政学院学报，2017（2）：29-33+50.

择权。面对众多文化，有人类优秀文明成果，同样有不符合我国主流意识形态的文化存在，比如否定革命，解构历史真相的历史虚无主义，以及主张个人主义和私有制的新自由主义等，这些错误思潮对大学生的价值观造成严重影响，也阻碍了大学文化的健康发展。

大学生是国家未来的建设者和接班人，他们对主流意识形态的信仰，对整个校园文化氛围的形成至关重要。2009年樊娟曾对上海市五所大学的一百五十名在校大学生进行问卷调查，结果显示：百分之五十的学生信仰自由主义，百分之二十七的学生信仰宗教，百分之十六的学生信仰马克思主义和共产主义，另有百分之七的学生具有其他方面的信仰，不难看出，学生氛围当中主流意识形态的贯彻还不够。近年来，国家大力倡导社会主义核心价值观，各类标语印刷、悬挂或在广告牌循环播放，在日常生活中不断加强正确意识形态的引导。在学校，思想政治工作受到高度重视。2016年12月7日，习近平总书记在全国高校思想政治工作会议中发表重要讲话，强调高校思想政治工作关系高校培养什么样的人、如何培养人以及为谁培养人这个根本问题。要坚持把立德树人作为中心环节，把思想政治工作贯穿教育教学全过程，实现全程育人、全方位育人，努力开创我国高等教育事业发展新局面。高校是党领导下的高校，是中国特色社会主义高校，因此必须坚持以马克思主义为指导，坚持不懈地传播马克思主义科学理论，抓好马克思主义理论教育，从而为学生成长奠定科学的思想基础。

（二）价值导向向行为规范的转化

价值导向是一种将具体的价值取向进行择优选择，把其中某种取向确定为主流价值方向的过程，在这个过程中，逐步将这种价值取向设为重点，并用它来引导自身的选择和发展。行为规范则是一种社会群体或个人在参与社会活动时所遵循的规则、准则的总称，是社会认可和人们普遍接受的具有一般约束力的行为标准。前者为精神导向，后者为行为标准，在实行过程中，必然存在矛盾。

国家的主流价值观念、学校校训、校风等，对大学生正确价值观的养成具有极为重要的规范、引导作用。反之，在校大学生也需要在正确的价值观引导下匡正思想、规范言行，明确并践行自身责任，力争成为一名合格的社会主义接班人。

习近平总书记在全国高校思想政治工作会议上指出，学生正确价值观的养成要依靠教育引导学生正确认识世界和中国发展大势，从我们党探索中国特色社会主义历史发展和伟大实践中，认识和把握人类社会发展的历史必然性，认识和把握中国特色社会主义的历史必然性，要树立起为共产主义远大理想和中国特色社会主义共同理想奋斗终生的信念和信心。面对当今世界的多元文化，要全面客观地看待，正确认识多元文化冲击带来的矛盾和冲突，遵循科学的价值导向。

大学文化的价值在于培养人，培养自由而全面发展的人。人的全面发展很大程度上是一种理想、一种追求、一种社会和人生的信念。人的全面发展作为一个相对概念包含四个层面的内涵，即完整发展、和谐发展、多方面发展和自由发展。① 因此，大学对于人的直接培养的方式就显得尤为重要。大学的建设和发展同时伴随着大学文化的发展，大学文化对大学人的价值导向功能的核心就在于促进人自由而全面地发展，但是这一导向终归是目标和理想，与大学人的真实行为之间还存在一定距离和实现的难度。大学人的行为受到条条框框的规范制约，这些制约挂在墙上或者以口号喊出来，在人们实践过程中起到的作用毕竟有限。因此，大学文化的价值导向以其无形的特点存在于人们的心中，在某些时刻对大学人的作用有限；另外，行为规范较于价值导向有形于人们的生活，会真实地表现在眼前，比如过马路的红绿灯有时间显示，斑马线实实在在画在那里提醒着人们，这些都是对人们的行为规范的明确表现，这些规范尚未彻底地完全地“框”住人们的行

① 扈中平.“人的全面发展”内涵新析［J］.教育研究，2005（5）：3-8.

为，大学文化的导向作用实现起来难度可想而知。面对大学文化的价值导向与行为规范之间的差异和矛盾，应该时刻警醒，大学文化的发展还有很多方面需要去做，有很多细节需要去填补，会在现实条件的矛盾中向前发展。

二、整体规约与个性发展：共同体与个体的矛盾冲突

大学文化作为一种文化呈现方式，与其他类型文化的区别在于大学文化的主体是大学人，载体是大学校园。在大学校园这一各类文化聚集的地方，并没有表现出明显的文化冲突，恰恰相反，一个大学校园的校风正是在各类文化相互交流、碰撞、融合的过程中逐渐形成的。大学文化形成于校园，同样作用于校园中的大学生。大学文化对人才的培养起着强大的助推作用。大学文化共同体作为大学文化的一种独特文化景观，表现为大学的差异体现出不同的文化品格和形态，大学人也因不同大学文化力的作用而彰显出自身的特性。① 这里既有大学文化共同体这一整体规约，又有大学人独特品格的个性发展，在两者不断磨合的过程中，大学文化继续向前发展。

（一）大学文化整体规约的表现特点

1. 整体性

大学文化整体性是指构成大学文化的各个要素之间具有内在有机统一关系。大学文化包涵精神文化、制度文化、环境文化、行为文化等内容，也呈现为学科文化、管理文化、师德师风、社会团文化等具体形态，这些都是大学文化的重要组成成分。当然，大学文化不是这些方面的简单拼凑，是相互交流、碰撞和融合的关系。同时，大学文

① 包万平，储朝晖. 大学文化共同体及其品格特质［J］. 黑龙江高教研究，2008（8）：43-46.

化还必须坚持社会主义先进文化的本质属性，与所处的时代相适应，与我国的社会主义意识形态和文化大背景相一致；坚持社会主义核心价值观的价值取向，共同引导师生树立正确的世界观、人生观、价值观。大学文化是一个整体，是从宏观角度来看大学这一社会机体得出的结论。大学文化的整体性为其发挥强有力的引导作用奠定了坚实的基础，师生在亲近和融入大学文化时，才不容易被其他偏颇的文化影响，有益于指明师生的前进方向。

2. 包容性

大学文化首先要立足于大学校园的建设和进步，大学校园的建设过程中会引进先进的学科人才和管理经验，这也就充实和丰富了大学文化的内容。大学文化在接纳和包容其他优秀文化时，就体现其包容性特点，以先前的文化为基础，吸收更多的优秀文化，综合体现大学文化的包容性。大学文化与新的各方面的文化相融合，范围不断扩大，地基也越打越牢。另外，大学文化本就是建立在大学这一特殊的载体之上，而不是以其他社会单位或其他教育单位为载体所形成的文化；大学文化的主体是大学的教师和学生，他们相互交替，教师的更新没有学生那么有规律性和频繁，所以大学文化的新鲜点在教师身上体现得不是非常明显。学生就有所不同，每年迎接新生，送走毕业生，一届一届薪火相传，连续不断地增添新的内容，在工作岗位中将大学文化的精神内涵传递给社会，去适应社会的进步，感受自身与社会的距离，体验文化与现实的冲击；大学文化既是传承的结果，也是创新的结果，是一个不断包容新内容的过程。

（二）大学文化个性发展的表现特点

大学各有其办学特色，有的偏重理工，有的偏重人文社科，也有综合性大学，这就决定了大学文化的个性特色。大学文化虽然整体以马克思主义为指导，以社会主义核心价值观为核心，但仍然有明显的个性。这种情况并没有与大学文化的整体氛围产生矛盾，而是丰富了大学文化的内容。大学文化个性的核心是独特的文化精神和文化追求，是自身文化传统、开创者智慧、办学实践积累、社会环境因素共同作用的结果。

大学文化的个性方面来源于思想认识最初的文化母体，这一文化母体包含大学人自己的受教育程度和内容以及价值观雏形，因此在向大学文化的导向价值靠拢时会出现分歧点。这一分歧点与大学文化的整体规约相互碰撞，如果符合马克思主义的指导和社会主义核心价值观内容就会被大学文化所包容，偏离了大学文化发展的主方向就会被摒弃。与大学文化的整体步调保持一致并且保持其个性之处，就是大学文化个性发展的特殊性。

从大学的发展历史来看，所有取得辉煌成就的大学都具有自己的文化个性。从国际上看，学校越著名特殊性就越明显。美国作为当今世界上最发达的国家，拥有最多的大学，也拥有最多的个性大学。比如，哈佛大学专心于追求高质量的学术，追求文学、艺术、科学和专业知识的进步，并努力把学生培养成为社会事业的领导者；普林斯顿大学的一位校长伍德罗·威尔逊说过："普林斯顿不像哈佛，也不希望变成哈佛那样；反之，也不希望哈佛变成普林斯顿。我们相信民主的活力在于多样化，在于各种思想相互补充，相互竞争。"从国内的大学发展历史来看，北京大学校长蔡元培倡导"兼容并包，思想自由"的原则，使北大真正成为"囊括大典，网罗众家"之大学，成为当时思想最活跃、学术最兴盛的最高学府。西南联大因为在全民族抵御外侮的十四年抗战中坚持做学问，坚持保护和传承中华民族的优秀文化，肩负着历史发展的使命和坚强刚毅的精神、教授治校和民主治校的传统、自由宽松的学术气氛和勤奋刻苦的学风，也因此展现其特有的坚毅的大学文化。[①] 这些大学为什么能被人们熟知？除了人才辈出以外，

---

① 韩明涛．大学文化建设［M］．济南：山东人民出版社，2006：414.

更重要的是突出又特殊的大学文化给人印象深刻。有时是一个学子不经意间的行为带给社会以温暖，有时是一位校长的毕业发言给社会人以力量，这都能透露出一所大学的文化精髓所在，特殊所在。但是，现在很多大学千校一面，没有鲜明特色的校训，缺少大师和学者，没有令人耳目一新的校长发言，没有自身亮丽的名片，这正是我们要反思的，反思在大学文化的个性发展中该怎样做，在当今倡导创新的大背景下应该如何改。树立大学文化特色，应该摆脱狭隘的功利主义，摒弃虚伪的形式主义，培育大学文化个性，提升大学文化品位和高度，以大学所在地域特色为基调，确定大学发展方向，突出大学文化特色。

（三）在整体规约与个性发展中发展大学文化

大学文化是经过长期发展所形成的特有的气质，这种气质与大学本身的发展历史、所处地域、学科设置和管理能力等因素息息相关。大学文化会对大学人产生巨大的影响，是因为大学文化的整体规约已经在他们身上打下了深深的烙印，他们一届一届交替传承和丰富大学文化，当他们从学校离开时，又带走了同样的大学文化核心，虽然表现在不同的人身上有不同的文化特征和精神品格，但总有一点是相同的，都是毕业于某所学校，都听过某位教授讲授的课，都有一种大学人的情怀，因此大学表现为一种文化共同体。大学文化共同体给予文化个体以共同的价值观念，同时这些价值观念为大学人提供了日常人生引导，虽然不明显，但已经扎根在心里。在文化共同体中，无论是教师还是学生的行为都在这一整体规约之中，因为这个规约为大学成员提供了心灵归属感和行动方向感，同时也反映出一所大学在思想与行动中实行的价值观与规范。①

大学文化坚持这一共同方向，同样也包容个性存在，因为个性会

① 包万平，储朝晖．大学文化共同体及其品格特质［J］．黑龙江高教研究，2008（8）：43-46．

为大学成员保留其特殊性，每个成员都是独立而特殊的个体。文化共同体与文化个体之间的矛盾尚在不断碰撞、摩擦和融合之中，大学文化也不例外。大学文化承认在其对校园的整体规约中缺乏特殊性，但也同样认同个性的存在，只是要在可控范围之内存在，因为要保持大学文化的发展方向不变，发展路径向前。

三、文化现实与文化理想：大学文化的现实关切与终极关怀

“大学之道，在明明德，在亲民，在止于至善。”无论是弘扬品德，还是去恶从善，都在表达着一所大学的宗旨和价值追求。一般而言，大学所特有的文化及传统都会有两个维度，即现实性和未来性。文化现实是指在市场经济高速发展的今天，人们的功利意识在无形中迅速膨胀，功利想法越重，利己思想越明显，导致道德缺失甚至沦丧的可能性就会越大。人们不得不面对现实文化问题，如唯利是图、损人利己、失信、失约等。当然，问题是通达未来的先导，大学文化有其现实关切与终极关怀，并在人类发展与终极关怀中实现大学文化的进一步发展。

（一）大学文化的现实关切

大学受社会现实制约，但并不是被动地受影响，大学有其现实关切，即坚持问题导向，对社会现实问题提出解决方案，从而对社会产生积极作用，促进社会的发展与进步。这种现实关切是多方面地、全方位的。大学文化的现实关切是“工具”还是“目的”，两者不能混为一谈。大学文化应当以“哲学”方式为现实关切服务，对现实生活中提出来的问题给予一定的哲学阐释，并通过无形的文化影响引导大学人加深对大学文化的重视和理解，帮助大学人树立健康的生活信念、道德情操和价值导向，从而在整个大学校园塑造出一种崭新风貌和人

文精神。[①]

（二）大学文化的终极关怀

任何一种文化的终极关怀都在寻求个体与共同体的至善之境。对于个体来说，这意味着生活意义的寻求和全面的能力素质的提升；对于共同体来说，这意味着对生存境遇的反思和符合人性生存模式的探索。大学人生活、成长在大学校园，共同塑造出一种大学文化，一种可以体现大学人的理想和现实的大学文化。这种文化理想帮助大学人树立一种至上、至本的精神和情感寄托，其意蕴就在于用整合好的理性的科学的精神和高尚的道德理想来荡涤现代校园中的个人主义、拜金主义、享乐主义的污泥浊水，为民族文化素质的提高、人文精神的升华尽绵薄之力。因此，大学文化的终极关怀并非遥不可及，其主要任务的完成依靠生活在大学中的每一个人，终极关怀实际上正是大学文化切入现实生活的特有方式。[②]

大学文化究竟会走向何方，这是一个很遥远的问题。但是以发展的眼光和矛盾的角度来看，为社会的进步、中华优秀文化的传承，为中华民族伟大复兴的中国梦的实现带来什么，或者推动些什么，这应该是大学这一特殊的社会形态表现出的文化应该承担的。终极关怀不是想得越远越好，而是行动起来，越实际越有说服力。大学文化是从大学人中慢慢丰富起来，也要给大学人以馈赠，给予他们优秀的品格、过人的胆识或者守信的态度，这些在实践当中，在社会建设当中，都有利于社会的进步。大学文化最直接的作用还是大学人，关心师生的成长问题就相当于关心国家的未来。大学文化的终极关怀不是一句大话空话，它应该实实在在地放入社会发展中来考虑。

---

① 丰子义. 终极关怀与现实关切 [J]. 天津社会科学，1997（1）：21-24.

② 丰子义. 终极关怀与现实关切 [J]. 天津社会科学，1997（1）：21-24.

（三）大学文化在文化现实与文化理想之间

大学文化既是大学人多年沉淀和积累的成果，是一种大学校园良好氛围的文化呈现，是一种目的，同样也是引导学生健康全面发展的工具。现如今，大学用文化引导学生的方面颇多，把大学文化当作一种工具，用以解决大学校园中存在的现实关切问题，要坚持大学文化的终极关怀与现实关切相互制约，保持一定的张力。缺少张力，两者难免会越离越远，成为两种状态，导致两极分化，即使将两者联在一起，也是“贴”而不是“切”。张力形成的根据就在于大学人价值的定位和成熟的意义。学生毕业从校园离开，教师和管理者走出校门成为社会中普通一员，他们的表现其实都带有大学文化的特征。他们处于校园环境之中和上述走出校园的不同处境，所坚持和遵守大学文化核心的程度有一定区别，这种区别就是终极关怀和现实关切之间的张力。这种张力何以产生？原因就在于大学人生于不同自然天地，走进同一个环境，既拥有自己的特点，又要受到大方向的引导，由此产生出困惑和矛盾，促使人们不断想要解决这些问题。这些问题的产生及其思考解决，正是张力存在并发挥作用之地。所以，终极关怀所致力的是以一种独立的理性精神对大学文化的现实发展程度进行审视，在冷静的反思中关切现实问题，以强烈的社会责任感推行真正体现时代精神的大学文化大力发展。

终极关怀的“终极”不是一个给定了的点，它所体现的关怀也不是一成不变的。在不同时期、不同条件下，终极关怀有其不同的内涵，这种内涵是由当下的时代要求所决定的。现实生活中的热点问题往往会成为理论的焦点，这些问题和焦点实际上就是终极关怀的切入点。马克思曾说：“问题就是公开的、无畏的、左右一切个人的时代声音。

问题就是时代的口号，是它表现自己精神状态的最实际的呼声。”[①] 找准大学文化发展中出现的问题和痛点，看清楚问题现状，理性地分析，制定出解决方案，大学文化的终极关怀将不再是空中楼阁。我们不反对大学文化中的内容有高度，但这种高度不能只停留在概念演绎和口号宣传层面，不能对现实状况中的问题不闻不问。面对社会转型期的高速发展，最重要的问题就是如何使大学文化引起高校的足够重视，如何发展大学文化，如何发挥大学文化对大学人的引导作用，这是全社会应该普遍关注的现实关切。重视大学文化、发展大学文化、发挥大学文化的作用，要立足于现实社会对高校思政课的重视，利用思政课的课堂教学和学校对思政课的重视，衍生出对大学文化的同样重视；通过思政课的教学充实和丰富大学文化中的理论内容，大学文化发展的方向不会出现偏差。同样，大学文化也要积极吸取中外著名大学的特色文化发展经验，建立体系完整的大学文化价值系统，从侧面推进思政课教学内容的实践。通过这样的方式和努力指明大学文化的终极关怀的方向，明确大学文化的责任和使命，中国大学文化的发展指日可待。

总的来看，大学的发展是人的发展。大学文化的发展更加离不开人的全面发展。每个人都是不断发展着的，不断改变不断进步着的，积极地向着自由而全面的方向奋斗着的。大学文化的主体正是这些朝着自由而全面发展着的大学人，因此，大学文化的价值导向功能对行为规范有引导作用，行为规范对价值导向有落实意义；大学人受到大学文化的整体规约与保持个性发展之间的冲突相互转化，不以其中任何一方为最终标准，相互吸收借鉴，共同发展；大学文化的现实情况具有动态发展性，从大学出现到大学发展至今，从单一模式到多样模

---

① 马克思，恩格斯．马克思恩格斯全集：第 40 卷［M］．中共中央马克思恩格斯列宁斯大林著作编译局，译．北京：人民出版社，2012：289-290.

式，从简单模仿到发挥特色，一步一步发展，树立起大学文化发展的远大目标，也是我们文化社会坚持以马克思主义为指导，践行社会主义核心价值观的意义所在。大学文化的发展尚未成熟，面对矛盾，我们仍需理性分析，以人为本，为了人的自由全面发展而努力，为了更好地实现人的价值而努力，在曲折中推动大学文化在文化长河中不断向前。

第三节　大学文化发展的基本规律

大学文化既是外在具象物化形式的表现，也是内在精神蕴含的彰显。文化涵养大学，大学孕育文化，在物化与精神化的双重交互中，大学文化在其独有领域呈现出独特风貌。大学文化发展的方法原则是文化发展的理论指导，是需要从文化层面明晰的方法论准则。①

一、创新是大学文化发展的根本要求

事物的发展绝非单一陈旧的模式，也不会总是处于刻板的静止状态，文化的发展需要不断地自我革新和注入外部的创新驱动力。引领创新风尚，注入创新活力，激活文化发展的原生动力，同时注入新鲜血液，才能使大学文化不断焕发新时代的精神风貌，以“青春之姿”面向时代发展，符合青年需求，满足国家需要。创新是大学文化发展的核心诉求，是文化发展内在机理革新的核心驱动力。大学文化具有历史的承继性，也有时代的鲜活感。在过往厚重历史的积淀里，一所大学所凝结的文化内涵需要在时代的变迁中自我重塑和再度建构，使文化的历史相承性和时代指引性融合交织在一起。创新既是外在形式

① 于滨. 独立、引领、批判：论大学文化［J］. 中国成人教育，2017（24）：38-40.

的革新，也是内在精神的革新。文化之形展现文化内涵，“塑形工程”是大学文化发展创新的实践主题，在实践领域里赋予文化一个新的外在样貌，符合当下国人的认知和理解，也符合一所大学的自我定位和精神实质。外在风貌的创新实践也需要内在机理的革新，打造“铸魂工程”。[①] 大学文化的精髓在于大学精神，“铸魂”的核心实质在于将大学精神充分发扬，内在机理的革新也是将精神融汇到大学里，体现其独有的精神气质。从传统意义上说，大学文化主要涉及大学人文文化和科学文化，是人文与科学的密切交织。大学精神则对应体现为大学人文精神和科学精神。大学精神的核心属性在于使大学人文精神与科学精神形成高度统一的联结，从而紧密联系在一起、不可分割。文化和精神指向在于将“以人为本”的理念贯彻落实，在新时代发展路径中体现大学的人文关怀，凸显大学文化的核心指向，彰显对每一个大学人的文化关切。科学文化和科学精神在于将学术风尚融汇到现实生活的方方面面，体现一所大学浓厚的学术氛围。无论是人文关切，还是学术风气，一所大学的精神实质和文化气质都体现在这两条主线中。[②]

大学文化是一所大学的核心精神指向力，是一所大学的灵魂所在，发展之基，生命之根。内在革新的承继和延展，是自我生命机理的“新陈代谢”，它需要符合时代发展的主命题，符合大学发展的主基调，符合青年学生的主需求，符合社会变革的主路径，符合文化创新的主方向，内在大学文化的创新更加体现了大学文化发展的核心诉求。历史沉积的文化内涵并不只是依托传统、固守本来，在薪火相传、历史更迭中，它是“新”与“旧”的时代交汇，是“老”与“新”的时代

---

① 邹广文，田书为．当代中国的文化自信及其建构路径［J］．社会主义核心价值观研究，2017，3（5）：28-35.

② 李长真，牧士钦，白清平．关于推进我国大学文化创新问题的几点思考［J］．理论导刊，2017（1）：100-104.

碰撞，[①] 正如百年清华的文化精神一般，一句“无问西东”便能穿越百年时光，历久弥新。历史所赋予和所根植的只是大学的生命之根，在岁月涤荡中，文化内核所保留与传递的既有过往不变的内涵，也有时代新风的本质。创新的核心驱动力为一所大学提供最新的文化发展“研读范本”，在不断自我学习和外在驱动下，无论是外在“塑形”，还是内在“铸魂”，都成为大学文化发展的主线。

大学文化的发展与创新，需要提升大学文化自信和文化自觉，与社会主义先进文化寻找切合点，告别过往的文化自卑，在新的时空领域里增强文化自信，根植于社会主义的沃土，推进创新的革新力。[②] 大学文化的发展需要不断崭新的创新活力，紧扣大学的发展路径，从历史的延续和现实的发展中找到结合点，赋予文化的全新解读。一所大学的文化不是千人一面的“命题作文”，也不是毫无特色的“表面文章”，鲜活文化的内在感染性和外在影响力，需要将创新的“手术刀”直击大学的核心诉求，直面青年学生的核心需求，直指时代发展的核心要求，给予大学更多的精神内涵和文化实质，对每一个校园人来说，厚重的文化内涵和文化精神是自我心灵的洗礼和自我成长的革新，感知校园的文化心声，把握校园的文化脉搏，在时代主题下，彰显的是文化新风貌。[③]

---

① 刘凌. 大学文化创新的校本探索：以华南师范大学为例［J］. 现代教育论丛，2016（3）：85-90.

② 胡解旺. 提升大学文化自信的若干思考［J］. 嘉应学院学报（哲学社会科学），2017，35（10）：82-86.

③ 覃川. 大学文化建设与大学生价值塑造［J］. 社会主义核心价值观研究，2017，3（3）：63-69.

二、变革是大学文化发展的内在驱动

大学文化发展具有内在的自我革新能力和成长空间，在实践的不断发展中，内在的原生动力和文化的发展性，为大学精神提供内在驱动力，在自我文化发展的主次矛盾交替中也需要文化发展的社会驱动。在社会实践中，大学文化需要从外在环境的视角和外部发展的路径，找寻大学文化发展的社会驱动力。

内生变革是自我革新的重要手段，也是自我精神内核不受岁月侵蚀的要义所在。内部驱动力指引大学文化固本强基，使大学文化更具前后相继性和历史承接感。文化的成长性根植于自我内在驱动，在这个交互循环的过程中，同样需要社会驱动力。人与人之间的交往，本质上是社会关系的连接。文化发展的现实境遇、时代主题、社会潮流都是其影响因素，而物质生产实践活动和变革社会关系的实践活动，经济生活的根本指导性，都成为文化发展社会驱动需要考虑的命题。

驱动既有正向相关性，也有负向排斥性，着眼于社会领域看待大学文化发展，最根本的在于把握物质生产实践活动的经济指向性。生产实践活动是文化源生的沃土，在不断生产实践变革中，在物质基础的不断变化中，文化发展也具有了全新的内涵。融合进具体领域，大学文化紧跟社会生产活动，也需要贴近经济发展实际。人类在社会生产实践中不断创造丰富的物质文明，在不断自我满足和社会满足后，寻求更高的精神满足，作为根本驱动和变革的生产实践，在不断劳动实践和交往实践里，衍生文化样貌和文化内涵。大学文化的生成、演化、革新、重构、发展都融入物质生产实践里，在物质生产活动这样一个根本命题下，大学文化完成了一个历史发展的过程。经济发展的指向性是大学文化发展的物质驱动力。大学文化发展要透析经济发展实践里的核心矛盾，紧跟经济发展的主舞台，在矛盾统一中，经济发展也为大学文化发展提供物质保障。变革和调整社会关系的实践活动，将时代的鲜明主题和人的主体意识注入其中，为大学文化发展和革新提供社会驱动力。

三、文化批判是大学文化超越现实的精神本性

在现代性语境下，文化批判指向对文化的“物化”和“神化”两种现象的批判，只要文化被贬为“文化商品”或具备所谓“交换价值”，那么文化的终极价值就会被葬送。而文化价值的“神化”或完全被少数特权阶层把持之下的“抽象化”，那么文化就会脱离群众，而失去现实关怀。这都是现代性文化批判的问题意识。简言之，文化批判是人们认识世界和改造现实世界的精神活动，是文化主体性、创造性、超越性的具体表现形式。马克思主义的文化批判从来都不是纯粹意义上或形式的文化批判，从批判的实质和根本落脚点来看，文化批判是革命的和实践的，其根本目的是在文化批判中得以提升。

大学文化的发展过程不是简单吸收融合的过程，而是一个自我批判、自我革新的历史过程，这种文化批判源于实践的变化，也源于人类永不满足于现实、超越现实的精神本性。① 亨廷顿《文明的冲突》探究文明所带来的冲突源，世界的冲突根源，其研究视角不再侧重于意识形态或经济领域，而是文化视角。文明的发展不在这样一种传统领域里制造冲突的爆点，而文化成了世界冲突的聚焦点，成为截然分隔人类和引起冲突的主要根源。② 文化的不同导致冲突的出现，而文化的批判则是文化发展过程中自我革新的手段。从广义上说，文化的冲突是站在全球领域和具有世界眼光；而狭义上看，文化的冲突性是自我

① 叶险明．论中国马克思主义哲学的现实批判功能［J］．哲学研究，2016（9）：3-10＋128.

② 亨廷顿．文明的冲突［M］．周琪，译．北京：新华出版社，2013：320.

内部存在需要变革的矛盾，批判的本质在于扬弃，在于自我革新，在于将斗争与统一协调起来，在大学文化发展这一命题中，可以起到正向促进作用。扬弃的核心诉求一直是文化批判探讨的核心点，除此之外，在文化批判领域里，无法忽视也不能忽视“人”的核心作用，人类的自我主体意识和主观能动性，也使得文化批判拥有另一个解读准则，便是人类超越现实的精神本性。

实践领域的变化为大学文化提供全新的研读范式，为大学文化的发展和革新提供根本指向性，也使文化的发展不是直线般笔直地上升，而是在自我吸收与自我批判中形成交互式发展模式。在这样的文化批判中无法规避也无法忽视的就是“人”的作用，无论是“大学人”，还是“社会人”，在现实问题破解和不断求索中，不断实现自我超越。大学文化的发展需要内生动力，也需要外在的社会驱动力，根植于实践生活，需要现实中的人去做好大学文化发展的工作，人类的主观能动性和主体创造性成为大学文化批判式发展的动力。

现实领域里，人类在实践中享受着文化所带来的精神满足和灵魂洗礼，感受着大学文化的丰富内涵和人文底蕴，在具体时空领域里，这一层面的大学文化发展契合于当下需求，为大学师生提供更多校园文化的厚实感。置身人类现代化的历史洪流，大学同样面临现代性所隐藏的深层困境，比如，传统观念弱化、价值观念功利化、信仰缺失等问题。文化批判核心正是在现代性反思中不断彰显其价值。批判是一次自我扬弃和自我革新，经历岁月洗涤依旧熠熠生辉的文化精神需要与时代命题相结合，在自我扬弃的过程中重新审视和建构自我，便是文化批判的首要准则。

文化批判的根本旨趣在于人类超越现实的精神本性。人类实践中的每一次自我超越都是自身主体价值的体现。任何文化的发展都需要依托现实的情况，跳出与偏离会带来更多的文化虚无感。文化批判的核心在于改造大学文化，在这个过程中，人类自身对于现实的自我超越的精神本性得以彰显。大学文化发展的长久动力在于文化批判，实践所赋予的变革主题和驱动力量，落脚点还是人类自身对于文化的革新，不彰显人类的主体性，[①] 只是指望客观实际的变化，文化随之变化，这样机械的思辨模式是阻碍大学文化创新实践的。人类永不满足于现实，不断在现实的反馈中找到自我超越的突破点，找到自我对现实深度解读的机会。文化批判是对现实生活的重新审视和再次解读，是对实际情况的革新和超越。文化的精神指向性需要超越现实，而不是等同于现实，这样的文化便成为丧失活力的工具，成为服务现实的手段，校园的暴力文化与欺诈文化也根源于大学实际，这些在现实领域里滋生的文化内容，固然需要用批判的眼光去剔除和革新，但更为重要的是跳脱现实的束缚，成为真正意义上的精神引领，人类对于现实的超越性固然有向好心理的影响，更为重要的是改变文化的工具属性。人类的精神诉求和文化引领都是自我批判和自我建构，文化来源于现实生活，更应高于现实生活，永葆其精神引导性。人类这种精神本性也为文化发展提供不竭的发展动力，[②] 因此，以一种批判的视角看待文化的现实情况，进行全新解读和找寻新的生命增长点是文化发展的必然要求。

四、文化选择是正确处理中、西、马三种文化资源的关系

大学文化需要创新，在不断内在变革和外部驱动双向结合下，根植于社会实践的发展过程中，赋予大学文化更多的理论内涵和时代特质。文化的批判是以一种哲学的眼光，在不断扬弃的过程中，充分体

---

① 管锦绣，张三元．马克思文化批判思想的两个向度及其当代意义［J］．湖北经济学院学报，2013，11（2）：114-118.

② 孙乐强．马克思文化批判理论的历史生成及其当代价值［J］．河海大学学报（哲学社会科学版），2012，14（4）：6-9＋93.

现人的主体精神性，立足现实又超越现实，发挥文化的精神引领性，弱化其工具属性。对于文化的选择，是对多元文化思潮的审视，是正视文化血脉和渊源，厘清各种文化间的关系，找寻各种文化的交互点，从而更好地丰富大学文化的内涵，也为大学文化的发展明确方向。

中国文化、西方文化、马克思主义是当下大学文化发展中需要处理好的三个文化传统。“马魂、中体、西用”是对中国现当代文化发展道路的一个全新概括和总结，也是对三者关系的总括，[①] 这是对张岱年先生倡导的“综合创新”文化观的继承、发展和深化。除了张岱年先生以外，方克立先生也对于“中、西、马”三个文化传统关系进行了深入研究和探讨，方克立先生的研究成果对本书的理论架构与写作起到理论指引的作用。

中国大学文化发展的首要要求是保持我国传统文化的主体性。无论是马克思主义的指导性，还是西方文化的结合性，其前提和基础都是明确我国的优秀传统文化作为大学发展的核心主体。根植于五千多年文明实践的中国大学，其核心文化发展主体必然是我国的优秀传统文化，这是我国大学文化发展需要明确的首要前提。树立中华文化的主体性，明确我国的优秀传统文化作为大学文化发展的接受主体，无论是五千多年华夏文明的传统文化实践，还是当下中国特色社会主义文明的新风尚，尤其是进入了新时代，这个文化发展历史坐标需要精准定位。马克思主义和西方文化都需要被我国文化所接受，与我国本土文化相互交融，才能更好地解决我国大学文化发展的实际问题，也才能更好地体现大学文化的中国气派、中国精神、中国特色。中国文化的主体地位需要加以明确和有效体现，中国的大学文化之路只有具备了中华文明的气质和涵养，才能在世界文化交互影响中保持大学文

---

① 方克立．“马魂、中体、西用”：中国文化发展的现实道路［J］．北京大学学报（哲学社会科学版），2010（4）：16-19.

化发展的独立风貌。①

马克思主义作为我国的指导思想，在大学文化发展中是灵魂，是必须凸显的精神旗帜，但必须紧密结合中国优秀传统文化，立足当下中国特色社会主义伟大实践，使马克思主义中国化更具时代特色，而在当下新时代的全新历史坐标中，中国大学文化的发展则要全面贯彻习近平新时代中国特色社会主义思想。习近平新时代中国特色社会主义思想作为马克思主义中国化的最新理论成果，需要中国的大学旗帜鲜明地贯彻领会从而实现自身发展。“马魂”与“中体”是相互联系的两个方面，其紧密结合是根植于当下中国实践的文化发展之路。②

我国大学文化的发展绝不是故步自封、闭门造车，而是在全球视域下的自我文化革新。在多元文化相互碰撞和交织中，保持我国文化的主体地位，同时找寻与西方文化的有效结合点，才能不断丰富我国大学文化的内涵。无论是“全盘西化”，还是“全盘否定”，都是错误的极端做法。当下校园文化中，西方流行文化侵袭的现象屡见不鲜，对青年大学生的影响也十分显著，根本原因在于没有突出我国大学自身的文化特色，这样的问题绝不是呼吁“国学归来”就可以改变的。西方文化有其可取之处，我国大学文化的发展实践在于寻找共鸣，寻找结合，寻找融合发展之路。③

“马魂、中体、西用”是当下我国大学文化发展的指导思想，明确我国文化的主体性，扎牢这一根基，明确马克思主义的指导地位，并与西方文化有效结合，这是我国大学文化发展需要正视的主体思想。

---

① 方克立．当代中国文化的“魂”、“体”、“用”关系［J］．中国社会科学院研究生院学报，2012（1）：5-13.

② 方克立．“马魂、中体、西用”是习近平文化思想的宗纲［J］．思想理论教育导刊，2015（5）：52-56.

③ 方克立．铸马学之魂　立中学之体　明西学之用：学习习近平在哲学社会科学工作座谈会上讲话的体会［J］．理论与现代化，2017（3）：5-12.

五、文化个体与文化共同体的双重建构

皮尔森指出，文化是关于人的活动，它从来不停止于自然或者历史所指定的产物，而是在不断变革、增进和发展。[①] 大学文化也是一个不断处于动态变化中的历史存在，是一个动态有为的生动过程，是一个将文化个体不断融入文化共同体的建构过程。马克思主义唯物史观指出，文化不是具象化流淌的河流，也不是仅仅供人参观、瞻仰和赞叹的遗迹。文化是根植于人类社会实践活动当中，是对生产、生活的映射，因而文化建构绝不是孤立个体的孤独表达，不是文化个体的“一家之言”，文化发展讲究的是历史承继的共同体发展，蕴含着共同的文化记忆、具有共同的文化生活及文化精神。[②] 正如同打造人类命运共同体一样，文化建构的终极目标也是发展文化共同体。孤立、静止的个体文化发展是背离时代发展轨道的，最根本的是打造文化共同体，形成大学文化发展的共同体。

文化个体发展需要凸显自我的特殊性，正如矛盾发展过程中特殊与普遍的哲学命题一样，文化个体在发展过程中需要彰显自我特色，体现自我特点，具有自我发展内涵，个体的独有性和唯一性对于文化发展实践而言，形成多元文化共荣发展的现象，文化个体的特色需要在大的文化背景下给予保留。强调文化个体的独有性，并不是以静止、孤立的眼光看待整个大学文化的建构，以单一说单一，以个人论个人，文化发展本身是具有“共同意识”的，是可以融合发展的，形成一个文化共同体，在共同体的背景下，形成相互联系、紧密交织的文化发展路径。大学文化的发展绝不是地域僵化、人文分离、自我生长的路

---

① 皮尔森．文化战略［M］．刘利圭，蒋国田，李维善，译．北京：中国社会科学出版社，1992.

② 庄东红，黄景忠．大学文化建构与人才培养［J］．教育评论，2010（6）：13-15.

径，不是用孤立的眼光紧盯个体校园的文化建构，将自我本位发展得淋漓尽致，而是要将其放置于整个文化的大背景、大主题下，构建文化共同体，并具有共同体意识，在这样一个文化发展链条中，使每一个个体光芒得以彰显，每一个个体文化得以凸显，同时在相互联系的交往中以一种共同发展的视角，构建大学文化的内涵。打造文化共同体更多的是融合文化认同、文化自觉和文化自信，对于大学文化发展而言，双重建构的核心本质在于既要凸显文化个体意识，也要进行文化融合和文化认同，在共同体的语境里体现大学文化的丰富性。①

六、人的发展与生存方式的创新是大学文化的根本使命

文化的使命和根本诉求在于人的发展，任何一种文化最终发展的落脚点都要回归到对于“人”这个主命题上，弱化文化的工具属性，强化其精神属性对于人自我精神世界的改造。美国学者瓦西纳所著的《文化和人类发展》一书从文化与人类发展理论知识、文化与人类发展的关系及文化背景对人类发展的影响这几方面探讨文化对于人类发展的影响。②

文化与人紧密联系、相伴而生，在实践发展过程中相和而成，在人类精神世界改造中相随而行，是人类特有的一种生存方式。文化与人相互依存，相互交织，不可人为割裂。人的自我存在和发展是基于时代背景和现实实践，有基本的生存事实、生存实践、生存价值，作为人自我存在的考量标准，而人在自我存在和发展的过程中，不同于其他事物的独特性就是人具有自我意识。在马克思看来，人的生命活动的独特性就在于对于活动的“自我感知”，文化融入人的生活、生产

① 傅林. 世纪回眸：中国大学文化研究［M］. 北京：教育科学出版社，2009.

② J. 瓦西纳. 文化和人类发展［M］. 孙晓玲，罗萌，等译. 上海：华东师范大学出版社，2007.

发展实践，跟随人的生存和发展始终。它使人更好地融入现实生活，成为一个完整的生命存在，① 在现实生活中，充分彰显作为人的主体性，激活自我意识，丰富精神生活，使得人们可以自由觉知世界的一切，以自我的独立眼光满足自我的精神成长。

文化不是被动接受的“符号”，也不是拿来就用的“闲置工具”，人们需要主动学习和领会，在实践中感知、运用，然后提升自我。在当下时代转型和革新期，科技文化模式不断冲击传统文化模式，在不断快速变更的时代里和日新月异的变化中，人与人之间感情淡漠，心理距离变远，人们在物欲的满足中，也削减着对文化的追求，自我的发展出现异化。文化首先带来的就是自我启迪和自我认知，从而发挥自我主观能动性，在现实实践中彰显自我意识。同时，每一具体、现实的人都需要对文化进行自觉的反思与建构，对文化进行自觉的选择和重构，不断地唤醒自我主体意识，真正把握和解释文化与人的生存方式及其活动的本质联系，最终使文化更有利于人的生存和发展，变革生存方式。

人在萌发自我意识的过程中不断形成自我精神世界，文化丰富了每一个人的精神世界，涵养着每一个人的主观认知，个人在体会物质和精神双重生活满足的生存价值中实现自由自在的自我解放和精神富足。

---

① 景晓梅. 在文化哲学视野下解读人的发展的内涵 [J]. 教书育人（高教论坛），2017（12）：16-17.

第五章　大学文化治理的制度之维

大学是一种特殊的文化存在，大学也是特别需要文化治理的现代组织。由于“文化机制是大学运行的主导机制”①，现代大学的发展转型需要开展文化治理的有益尝试，特别是现代大学制度机制构建，正是“通过协调、规范大学组织的外部关系，以保证大学的文化地位，从而使大学更好地履行其文化传承及文化创造的职责”②。我们认为，现代大学制度是以实现大学自身使命为目的、以适应社会发展为核心、以协调内外部各种关系为主要内容的制度机制的总称。从历史来看，大学制度机制构建，既要在外部关系上确立大学独立自主的办学地位，又要在内部关系上确立以学术为中心的价值系统。大学社会功能的拓展，正深刻体现了这一点。

一方面，随着高等教育日益走向社会的中心，与外界联系更加密切，外部力量对大学的影响与日俱增，这种外部力量来自政府、社会、市场等。要及时准确地对外部需求做出回应，就必须构建大学与社会的外部互动机制。另一方面，作为一个具有多元主体和多重功能的复杂机构，大学内部的复杂关系是客观存在的。随着大学逐步走向社会的中心地位，越来越多的社会机构、生产消费主体参与到大学价值主

---

① 王冀生，王霁. 大学文化是大学核心竞争力之所在［J］. 高教发展与评估，2007，23（1）：1-8＋120.

② 张应强，高桂娟. 论现代大学制度建设的文化取向［J］. 高等教育研究，2002（6）：28-33.

导权构建中，学术群体、行政机构、学生群体，以及党务部门、后勤服务等之间的责权利关系相互交织，大学内部的关系变得更加复杂。如何认识统合各种权力主体的大学制度、运行机制的构建，成为当前大学文化研究的重要课题。

本章系统梳理不同历史时期大学文化机制的变迁，融合大学校长、大师学者、学术派别、教师、学生、校友以及社团、场馆、文化等元素对大学的多元共治，进而对大学文化机制的政策、机构、制度、措施、投入等进行分析，综合呈现大学文化治理的制度维度。

第一节　大学组织及其文化机制

我国大学在西周时期已经有了雏形，西方大学的雏形是在古希腊和古罗马时期形成的，虽然与现代意义上的大学有着巨大的区别，但是也存在着千丝万缕的联系。大学发展至今，已有近二千五百年的历史了，它作为一种文化机构所存在，必然承担着重要的职能。2017 年中共中央、国务院印发了《关于加强和改进新形势下高校思想政治工作的意见》，《意见》指出，高校肩负着人才培养、科学研究、社会服务、文化传承创新、国际交流合作的重要使命。① 大学这五项重要使命的提出并不是一蹴而就的，而是在大学的长期办学中发展过来的，是在人类社会不断发展的实践中形成的。大学能够肩负起这五项重要使命，主要依赖于大学组织的文化机制。曾经有一段时期，大学的发展只局限于“象牙塔”中，游走在社会的边缘，拒绝与社会发生联系，这样不仅会极大地限制大学自身的发展，社会也无法为大学发展推波助澜，为其提供必要的组织、资金、设备、场所等，大学无法接触到

① 新华社. 中共中央、国务院印发《关于加强和改进新形势下高校思想政治工作的意见》[J]. 社会主义论坛，2017 (3)：4-5.

社会，就更不能站在时代的前沿思考问题了。这也不利于社会进步，大学与社会脱轨，这些更高级的哲人们缺少了认识社会中存在问题的机会和可能，也就无法推动人们对社会中存在的问题的理解，更不能解决存在的问题了。因此，大学必须努力地突破层层束缚，勇敢地走出“象牙塔”，与社会接壤并紧紧交织在一起，这是大学文化机制的内在要求，也是大学自身发展的必然选择，更是时代进步的现实需要。

一、大学职能的历史演变

（一）人才培养

人才培养是大学与生俱来的职能，也是大学的根本任务。大学肩负着将人培养成真正意义上的人的重要使命，将人从重重桎梏下解放出来，得以全面而自由地发展。大学的根本属性就是教育属性。大学对人的教育、影响和改变，并非像工厂的流水线一样，生产出完全一模一样的“人才”，恰恰相反，大学正是要培养人的个性化发展。每一位学生进入大学之前的经历、学识、爱好兴趣、性格等都是千差万别的，总会在某一个时期、阶段、范围内呈现出与其他学生的不同。大学并非学生的最终归宿，而是学生的“提炼炉”，他们总是要进入社会的，他们也是被社会所需要的。如果大学将学生“生产”出来之后，成为像一个模具里刻出来的一样，这不仅违背了学生个性化发展，而且不会被社会所需要。

（二）科学研究

德国柏林大学创立于 1809 年，其诞生具有划时代意义，它把科学研究引入到大学职能之中，从而将中世纪大学与现代大学区分开来，开创了“教学与研究相统一”的大学理念，科学研究成为大学职能新的组成部分。

为什么会是在德国出现第一所将科学研究作为使命的大学呢？我

们可以回归到19世纪初的德国来寻找答案。

19世纪初，欧洲动乱，德国经济在战乱中严重受损，战败使德国背上了巨额赔款，德国的大一统在宗教改革之后被瓦解，境内最多时达到三百六十个邦，各自为政，无法形成合力。专制统治者在这种紧要关头开始了德国的全方位改革，其中大学改革就是其中重要内容。当时的德国大学内部，只是机械地将已有的知识传授给学生，丧失了知识创新的活力，缺乏对科学精神的尊重，腐朽和保守的气息笼罩着整个大学环境，甚至在社会上也越演越烈，大学的创造能力与服务能力越来越弱，不少人开始认同关闭大学的说法。恰在此时，启蒙运动和法国大革命推广了理想主义文化，科学研究进入人们的视野并逐渐被接受。

在这里不能磨灭两个人的历史贡献，一位是洪堡，一位是费希特。费希特亲手执笔了大学改革计划书，无情地、深刻地揭露了当时大学办学的弊端，他认为教授不只是重复讲授已有知识，也必须对自己传授的知识有自己的见解，指导学生以科学的理性方式去发现新知识。洪堡认为大学作为国家精神的中心，应该把真理的探索作为其主要任务，他将理论的认识变成了实践，创办了以“教学和研究相结合”为原则的德国柏林大学。

（三）社会服务

社会服务作为大学的一种职能，以美国“莫里哀法案”的颁布为标志，至20世纪中期以后才普遍确立。20世纪中期以后，科技水平普遍提高，生产力长足发展，生产关系更加适应生产力的需要，农业经济社会逐步向工业经济社会转型。在这种大背景下，大学和社会的关系正在发生着微妙的变化。

西方有学者提出，大学是直接为社会服务的“服务站”。大学为社会提供服务，是必然的选择，是大学社会价值的重要体现，也是提升大学文化的重要手段。大学将自己封闭起来，隔绝在社会之外，闭门造车是万万不行的，不仅会造成与社会的脱节，更不能站在社会的前沿思考问题。当大学走出“象牙塔”融入社会之后，如何与社会协调发展成为不得不思考的问题。谨防大学办学功利化。大学的知识、技术、人才的生产与创新，必然会带来生产力的大发展、经济的大繁荣，但是利益的增长是大学发展的伴随品，并非大学办学的唯一目标，更不能让功利主义影响大学的发展方向，坚守大学的独特品质与大学精神才能走得更远走得更好。一味地跟着市场走，只追逐利益，大学就会因为丧失自主而走向死胡同。

（四）文化传承创新

文化传承创新作为大学的历史重任，是 2011 年胡锦涛在庆祝清华大学建校一百周年大会上提出来的，他还在庆祝大会上做出了“高等教育是优秀文化传承的重要载体和思想文化创新的重要源泉”的重要论断。人才培养、科学研究和社会服务都服务于文化传承创新，大学理应也必须成为文化传承创新的中心。那么，应该传承创新什么样的文化，又应该如何进行文化传承创新呢?

1. 对中华优秀传统文化的传承创新

中华文明泱泱五千年，是世界上少有的没有中断过的文明之一，其思想内涵丰富，文化底蕴深厚。中华优秀传统文化是中华民族在历史长河的实践中积淀下来的，包含着物质的、精神的、思想的等一切优秀文明成果。传承创新中华优秀传统文化是高等教育内涵式发展的必然要求，有助于推动社会主义先进文化建设。

2. 对世界优秀文化成果的传承创新

中外文化既有相通之处也有区别，诸如在思想大变革的春秋时期，我国产生了孔子，印度产生了释迦牟尼，古希腊产生了苏格拉底，这些重要哲人们不仅引领了一个时代的思想，也对后世的思想产生了巨大影响。世界上其他国家、其他民族的优秀文化，也是时代的精华，吸收世界优秀文化成果，是我国文化开放性、包容性、借鉴性的重要体现。

文化传承创新要做到三方面：一要坚持取其精华，去其糟粕，传承创新精华部分，摒弃糟粕部分；二要坚持民族的与世界的统一，文化传承创新要扎根中国大地，坚持马克思主义的指导和社会主义先进文化方向，对外来文化要坚持客观的批评精神，谨防历史虚无主义，更不能以全盘西化、以西方文化取代中华优秀传统文化；三要坚持传承与创新的统一，既传承前人留下来的优秀文化成果，又开拓创新，不断推动社会主义文化大发展大繁荣。

（五）国际交流合作

新世纪以来，各个国家的交流合作在内容上越来越多样，在程度上越来越紧密，在次数上越来越频繁，世界更加紧密地联系在一起，形成了你中有我、我中有你的局面，任何国家都不能“独善其身”，独立于世界之外。2017 年，中共中央、国务院印发了《关于加强和改进新形势下高校思想政治工作的意见》，将国际交流合作纳入高校应当肩负的重要使命之中。

1. 中外合作办学

中外合作办学主要有两种形式：一是与国外大学合作兴办新学校，比如温州肯恩大学、宁波诺丁汉大学等大学；二是与中外大学在学科层面合作，培训专门人才，比如清华大学与澳大利亚国立大学合作举办的管理硕士学位教育项目、北京大学与香港理工大学合作举办的中国社会工作文学硕士学位教育项目等。全国中外合作办学机构和项目的数量呈上升趋势，覆盖了多个省、自治区、直辖市。从地域分布看，相对集中在上海、北京、山东、江苏、广东等经济、文化较发达的东部沿海地区的大城市；从合作对象看，外方合作者主要来自美国、澳大利亚、加拿大、日本、法国、英国等经济发达、科技及教育先进的国家和地区，中国合作者如北大、清华、复旦、同济等名牌大学；从办学层次看，跨越从幼儿教育到博士的各个学历层次；从专业分布看，开设工商管理类专业的机构和项目居多，占百分之三十六左右。中外合作办学是进行国际交流合作的重要途径。党和国家积极引导和调整中外合作办学机构和项目，为社会主义事业建设培养人才，在合作过程中优胜劣汰，对不合格的终止其办学资格，充分净化了中外合作办学环境。

2. 孔子学院

中华优秀传统文化走出国门，走向世界，是改革开放的必然要求。孔子学院代表着中国形象、中国精神，为中华优秀传统文化打开世界的大门提供了载体。2004 年，全球首家孔子学院在韩国首尔正式设立，截至 2018 年 12 月，中国已在一百五十四个国家和地区建立五百八十四所孔子学院和一千一百九十三个中小学孔子课堂，现有注册学员二百一十万人，中外专兼职教师四点六万人。[①] 孔子学院积极与其他国家、其他学校开展系列讲座等文化交流、合作项目，增强了国际社会对中国与中国文化的了解。

二、大学组织的文化机制

机制是指各要素之间的结构关系和运行方式，最早出现在清代丘逢甲《汕头海关歌寄伯瑶》的诗句“西人嗜糖嗜其白，贱买赤砂改机制”，在社会学中的内涵可以表述为“在正视事物各个部分的存在的前提下，协调各个部分之间关系以更好地发挥作用的具体运行方式”。打个比方，机制就像自行车的链条、齿轮、传动轴、踏板等组合起来的一套可以使自行车前进的运行模式。文化机制是大学运行的主导机制。文化是大学的精气神，是大学的魂，推动着大学的发展。研究大学绕不开对大学文化的梳理和思考。

① 数据来源于孔子学院总部国家汉办。

大学应该坚持以人为本与科学精神相统一的文化机制。“人的全面而自由的发展”是马克思主义的重要观点，也是人类发展的终极命题，脱离了人文关怀办大学，换来的只能是一片死寂。近年来，我国大学人文精神出现了滑坡现象。从世界范围来看，每一次的工业革命都带来了科学技术的全面进步，社会分工越来越细，对人才需要层次、数量、质量也发生了巨大变化，人文和自然学科逐渐走向分离，对科学的重视程度超越了对人文的重视程度，让人大有科学凌驾于人文之上的感觉。改革开放之后，经济大发展、社会大繁荣对人才的需要产生了变化，经济利益变成社会所追求的主要方面，精神世界的富足在功利主义面前显得势单力薄，人们在崇高理想和现实利益面前往往会优先选择后者。当代大学的发展必须坚持“以人为本”的人文精神和“求真务实”的科学精神的统一。

大学有人才培养、科学研究、社会服务、文化传承创新和国际交流合作五大职能，承担什么样的使命，就需要什么样的相应机制来运转。大学积极构建文化育人机制、科学研究机制、社会服务机制、文化传承创新机制和国际交流合作机制，才能更好地履行职能，实现大学内涵式发展，推动高等教育现代化。

三、大学与社会的互动机制

大学文化是社会文化的重要组成部分，它受社会的影响和制约，在一定的条件下又对社会文化起反作用。

（一）社会影响和制约大学的发展

人类社会的产生和发展是一个极其复杂而又精密的过程，就像手表的齿轮转动一样井然有序。在人类社会发展到一定的历史阶段大学才得以产生。大学文化受到当时条件下社会经济的、政治的、文化的影响，时代的烙印深深地融入大学文化的血液里。

五四运动中，北京大学的学子们站立在了时代浪潮的潮头，他们怒吼着“外争国权、内惩国贼”，一腔爱国血洒满了中国大地。帝国主义、封建主义肆虐的时代，大学和大学人并没有低下高贵的头颅，这样的历史背景更加激发了北京大学培养学生独立自主、开放进步的思想和精神，这种精神慢慢积淀下来，成为北京大学大学文化不可分割的一部分。抗日战争时期，国家危难，人民危亡，中国大地上亮起了一盏盏明灯，照亮党带领人民走向胜利的道路，诸如抗日军政大学、陕北公学、西南联大等，为抗日战争的胜利培养了一大批优秀的军事人才，可以说战争需要直接催生了抗日军政大学、陕北公学、西南联大的成立。

改革开放为中国经济社会发展扬起了风帆。随着经济的快速发展，社会结构也发生了翻天覆地的变化，大学也随之发生了变化。从性质来看，综合类、财经类、政法类、师范类、理工类、医学类、农业类、艺术类等大学蓬勃发展，数量和质量显著提升，在通才教育的基础上，专才教育生机勃勃。从学科设置来看，增加到十三个学科大门类，九十二个专业类，五百零六个专业，经济发展需求和行业需要使得大学学科的设置在范围上更加广泛，在内容上更加精细。

（二）大学对社会具有反作用

大学文化引领社会文化。大学是区别于社会经济组织、政治组织的具有特殊品质的文化组织。其特殊品质体现在：（1）具有价值批判精神，能够在一定程度上规避经济、政治因素的影响而发展，人文关怀与科学精神相统一下的大学，能够与社会经济、政治组织鼎足而立，为社会的发展提供正确的价值导向；（2）具有学术自由精神，自由的学术氛围为大学人进行智慧的交锋、产生灵感的火花提供了环境，新理论、新思想、新文化得以产生，引领社会文化潮流；（3）具有前瞻性。1983 年邓小平同志提出“教育要面向现代化，面向世界，面向未来”，1995 年联合国教科文组织提出建立“前瞻性大学”的新理念，大学面向未来、着眼未来上升到了国家、世界层面的高度。大学前瞻性的优秀品质使大学和大学人站在时代的前沿思考问题，为解决问题提供新的构想和新的思路，贡献新的智慧。

大学文化涵育社会文化。大学是培养人才的重要场所，为社会提供组织基础。在一定意义来说，大学就是文化，文化就是大学。文化具有“人化”和“化人”的重要作用，“人化”简单地说就是让人成为真正意义上的人，是区别于其他动物的本质属性，“化人”是过程，简单地说就是对人的教化。我国的现行学校体系分为学前教育、初等教育、中等教育和高等教育，大学属于高等教育的范畴，经过大学教育的洗礼，高深知识、大学精神、大学理念等与学生交融在一起，人的知识、品德、素养等必然会上升一个台阶。学生毕业后进入社会，为社会的发展提供新的人才，增添新的活力。大学是创新知识的神圣殿堂，为社会提供智力支撑。大学的本质是在积淀和创造的深厚的文化底蕴基础上的传承、研究、融合和创新高深学问的高等学府。① 大学文化在柏林大学创办之后便开始走出“象牙塔”，与社会发生着千丝万缕的联系。人类社会的延续和发展，不仅要靠人的繁衍，也需要文化的传承与创新。缺少文化的滋养，我们与原始人无异。地理大发现依赖于航海技术和指南针，整个世界开始更加紧密地联系在一起；航空技术的发展，使人类的脚步得以留在外太空；网络信息技术的广泛应用，打破了时间和空间的限制，“秀才不出门，便知天下事”得以实现。

大学文化是社会文化中的先进文化、优质文化，在社会文化整体发展乃至整个社会的物质文明、政治文明、精神文明建设中具有重要的地位和作用。② 如果大学文化脱离了社会，其自身不能得到充足的养

---

① 王冀生. 以人为本崇尚学术持续发展走向世界［J］. 大学教育科学，2003（2）：1-5.

② 赵存生，方惠坚，郑惠坚. 大学文化研究与建设［J］. 中国图书评论，2002（11）：14-19.

分来发展，同时会丢失其引领社会、服务社会的社会价值。人类社会进入 21 世纪这个知识大爆炸、社会大变革的时代，我们必须积极探索大学文化与社会文化的良性互动机制。其中主体是大学和社会，具体要求有两个，一是“良性”，二是“互动”，这具有发展大学文化和社会文化的双重意义。

第二节　大学文化的生成和引领

大学文化的生成原因是多种多样的，有的依赖于大学内部的自身发展，有的依赖于外部推动，不同的大学也具有不同的大学文化。大学文化具体体现在物质文化、环境文化、制度文化、精神文化等。那么大学文化是由哪个主体来创建和引领的呢，它们又在文化创建与引领中发挥着什么样的特殊作用呢？研究发现，大学文化创建和引领主要体现在大师、教育家、风云人物和学派上。

我们每个人对历史的发展都会产生作用，只是有的人作用大一点，有的人作用小一点，作用大的可能就会划在“历史人物”的范畴，作用更大的可能就会被誉为“杰出人物”了，作用小的可能就会被称为“普通个人”了。历史人物对大学以及大学文化的发展有深刻影响，有的甚至能够决定大学以及大学文化发展的走向。大师、教育家、风云人物、大学校长、学派等，他们比普通个人站得更高、看得更远，为大学以及大学文化的发展指明方向。但是，我们应该客观地认识这些历史人物对大学的作用，大学的发展仍然是受到客观规律的制约的，不能神化他们，扭曲地夸大历史人物的作用。

一、大师对大学文化的引领作用

清代赵翼在其《论诗五首》中这样说：“江山代有才人出，各领风骚数百年。”中华文明泱泱五千年，是人类历史发展中一颗璀璨的明珠，中国成为西方人眼中神秘而又心生向往的国度。屹立于世界民族之林的中国，怎么可能没有大师？中国文化的延续，大学的发展，大学文化的创新，怎么可以没有大师的引领呢？那么，何为大师？

关于“大师”的理解，可谓仁者见仁，智者见智。王开林认为：“大师必须是仁智双修的学人，而且是学人中百不得一的通人。通人难在渊博，唯通人才能开通一代文化之风气。”① 虽然每个人对大师的理解不一样，我们可以从前人的研究和思考中，发现一些共性。其一，在自己的专业领域上具有开创性；其二，在学术研究上能够独树一帜、独领风骚；其三，在影响上具有深远性，不仅影响了大师自己所处的时代，也影响了后世的发展。

梅贻琦之于清华，绝对可以称得上浓墨重彩的一笔。在担任清华校长近十八个春秋里，他奠定了清华的校格，使得清华一跃成为国内最让人向往的高等学府。梅贻琦的“慢、稳、刚”不仅成就了他本人，也升华为大师精神，融入清华大学的精神文化中。清华的师生这样评价梅贻琦：“提到梅贻琦就意味着清华。”“梅贻琦是清华永远的校长。”清华之所以能够成为清华，与梅贻琦是分不开的。

二、教育家对大学文化的引领作用

教育家本身就是教育工作者，他们长期战斗在教育的一线，为教育事业做出了不可磨灭的贡献。古今中外的教育家在大学的成长方面起到了重要作用，从古代的孔子到现代的陶行知，从苏格拉底到夸美纽斯，他们在大学文化引领方面的作用是不可估量的，大学文化的演变史生动地记录下了教育家引领大学文化发展的丰功伟绩。

---

① 王开林. 大师［M］. 上海：复旦大学出版社. 2013.

文字是文化的有效载体，能够很好地记录下文化，并传承下来。胡德海在其《论中国历史上的教育家》中认为：第一个阶段，以文字的出现为界线，教育家可以分为上古时期的教育家，也就是有文字记载的文明史以前的历史时期。尧舜禹等人在教化民众，改善人们生活方式，提高生活水平方面有着至关重要的作用。第二个阶段，殷商之后的历史和文明文化便被文字所记载下来，这是古代时期，一直延续到 1840 年，中国的大门被西方列强的坚船利炮打开。教育家的教育思想在不断发展，站立在理性的高度，思考中华民族和中国人民的文化发展走向。第三个阶段，出现在 1840 年以后至 1949 年以前的中国近现代时期。中国社会结构大变革，封建制度走向全面崩盘，思想解放达到前所未有的高度，在西方教育思想的猛烈撞击下，现代教育制度逐步建立起来。

教育家对大学文化的引领作用，主要体现在对受教育者的教化上，对教育同行的影响上，对教育理论的贡献上三个方面。教育家本身就是教育工作者，他们工作在教育的一线，以课堂为阵地，以学生为教育对象，完成教书育人的既定目标。教书育人不仅仅是对知识的传授，也包括学生个人品德的塑造、良好习惯的养成等，是德、智、体、美、劳的全面性发展，是与立德树人同步的。教育家属于教育工作者，但又不等同于教育工作者，他们是教育工作者中更为优秀的群体，他们的行为、思想、知识、技术可以影响其他教育同行。这种影响是教育家有意或者无意的影响，也是教育同行主动向教育家学习的结果。教育家的个人能力和品行更加优于普通教育工作者，他们在实践中更能站在时代的高度回答时代提出的问题，更能将实践与理论结合起来，同时，他们也更能抛弃世俗的观念、功利主义的影响，创新教育理念、教育思想、教育理论，以这些更为先进的教育思想引领大学文化前进。

陶行知在我国教育领域的地位举足轻重，江泽民 1986 年为宝山教育题词时写道：“学习陶行知教育思想，促进教育改革。”陶行知教育思想内容广泛且深刻，在普及教育、幼儿教育、成人教育、职业教育、师范教育、高等教育等方面有突出建树，他还善于将这些教育思想应用到实践中。比如，陶行知在1918年任职南京高师期间，将教学相长、教学与科研结合的教育思想植入到南京高师大学文化中，并成立教育研究会，亲自任指导员，指导该项工作开展。

三、大学校长对大学文化的引领作用

2014年10月15日，中共中央办公厅印发了《关于坚持和完善普通高等学校党委领导下的校长负责制的实施意见》，《意见》指出：校长是学校的法定代表人，在学校党委领导下，贯彻党的教育方针，组织实施学校党委有关决议，行使高等教育法等规定的各项职权，全面负责教学、科研、行政管理工作。① 《意见》对大学校长十个方面的工作进行了具体阐述，为大学校长开展工作提供了理论指导。我国实行党委领导下的校长负责制，大学校长作为大学的最高行政长官肩负着重要职责。

一所大学是否成功，是否能够在一流大学行列占有一席之地，这是与大学校长分不开的。毛泽东同志指出：办好大学，一靠校长，二靠教员。大学校长在办学、治校方面起着重要作用，如何办学、治校，集中体现在大学的理念。大学理念是大学文化的重要组成部分，也是不可或缺的一部分，解决了把大学办成什么样子和怎么办大学的问题。对于所有的大学校长，大学的办学理念都是一个非常严肃且值得思考的重大问题。②

---

① 关于坚持和完善普通高等学校党委领导下的校长负责制的实施意见［N］. 中国教育报，2014-10-16（1）.

② 纪宝成. 对大学理念和大学精神的几点认识［J］. 中国高等教育，2004（1）：10-12.

大学校长好比大学的掌舵人，他的思想、理念在一定程度上决定着大学的办学治校方向。德国洪堡在任职柏林大学校长期间，其大学理念在几篇重要文稿中得以展示，诸如《柯尼斯堡学校计划》《立陶宛学校计划》《文化和教育司工作报告》《论柏林高等学术机构的内部和外部组织》等，其中重要的一条就是“教学与科研相结合”，为柏林大学的发展指明了方向、奠定了底色，这不仅成就了柏林大学，也成就了洪堡本人在高等教育史上的重要地位。

四、学派对大学文化的引领作用

世界学术中的学派自古有之，它的形成史源远流长，派别形形色色，多不胜数。根据国别来区分，可以分为这个国家的、那个国家的；根据学科来区分，可以分为这个学科的、那个学科的；根据领域来区分，可以分为这个领域的、那个领域的。在这里，我们不区分具体意义上的“学派”，我们研究的是一般意义上的“学派”。

学派自身建设引领大学文化。学派的产生有着深刻的历史背景，例如，科学学派是由于19世纪中叶工业革命刺激着技术的成熟与科学的进步，各种自然科学学科，如物理、化学、生物学、地质学等皆逐渐成形，并影响到社会科学（包含社会学、人类学、历史学等）的诞生或重塑。科学发展呈现出职业化、机构化、社会化的特点，推动着科学研究中心化和科学家集团化。没有什么事物是一成不变的，也没有什么事物可以停滞不前而存在，学派也具有这样的特性。学派的自身建设包括多个方面，比如学派组织建设，学派在不断发展中会吸收其他新成员，这些新成员为学派带来了新的血液；学派基础设施建设，对任何学科的建设都是有帮助的，世界一流实验室的建设、设备的不断更新、图书馆书籍的不断丰富等，为科学研究提供了必要的保障；学派经费来源是多种多样的，政府支持、企业投入、社会人士捐赠等，为科学研究提供了资金保障；学派知识理论体系的丰富，学派内部对问题的探索或认识有着自己独特的思维体系，思维定向为科学研究提供了理论支撑。学派自身建设能够孵化新学说、孕育新理论。

学派争鸣引领大学文化。因为学派具有的整体性、传统性、排他性等特点，使得不同学派必然在学术上展开激烈争论与批评，从而推动学术创新、促进学术繁荣。[①] 学派之争并非为了学术地位，也不是为了利益，而是为了追求真理，决不能把学派之争简单地看作是两帮人你死我活的斗争。中国最早的学派之争是发生在春秋战国时期的百家争鸣。春秋战国时期是中国思想史上最为璀璨的时刻，据考证，数得上名字的一共有一百八十九家，四千三百二十四篇著作，百家争鸣推动了科学的繁荣、理论的发展和社会的进步，中国的思想得到了极大的开放。学派之争是相互批评、相互进步的过程，如何才能在争鸣中取得不败地位，这是每一个学派都会积极思考的问题，它促使学派内部对已有的理论体系进行证明与完善，还要进行广泛的实践去验证其理论的正确性、实用性；还要进行知识的生产和创新，不断完善思想理论体系，适应社会发展的需要。而且学派之争的前提条件之一，必然是存在着和产生着不同的学派，试想，如果只有一个学派，怎么去争，又有什么可争的呢？不同学派的存在在一定程度上造就了学术自由，学术自由的土壤才更有可能培育出优秀的知识和人才。

学派融合引领大学文化。学派之争是天然存在的，是因为他们本身就存在不同，才会形成不同的学派，如果是相同的，完全可以参加这个学派而丧失了创建另一个学派的理由。当然，学派之间并非完全对立，也存在共同之处，可能是某些理论的竞合，也可能是社会发展的需要等，所以学派之间也会产生合作。不同学派之间的绝对对立问题是不存在的，他们之间是存在着合作的可能的，而且这种合作是很

---

① 张明楷. 学术之盛需要学派之争［J］. 环球法律评论，2005（1）：50-57＋114.

有必要的。这体现在研究内容、研究方法、研究思路、研究成果上的合作。例如，生活教育学学派的主要观点“生活即教育”“社会即学校”就是从实用主义教育学学派“教育即生活”“学校即社会”演化过来的。

大学是时代不断发展的产物，自身也在不断追求发展。中国特色社会主义进入新时代，我国社会的主要矛盾已经转化为人民日益增长的美好生活需要和不平衡不充分的发展之间的矛盾，要更好满足人民在经济、政治、文化、社会、生态等各方面日益增长的需要，更好推动人的全面发展、社会的全面进步，必须坚持发展和完善大学和大学文化。20 世纪 90 年代中期以来，人类社会逐步进入了以经济全球化、政治多极化、文化多元化、信息网络化为主要特征的崭新时代。① 大学所肩负的使命越来越重，责任越来越大，但是我国大学在国际上的地位仍然处于劣势地位，必然要向世界一流大学挺进，刻不容缓。大学文化引领着大学成为真正的大学，同时也引领着大学跻身世界一流大学的行列。

第三节 大学文化的塑造与传承

社会生产力的发展、科学技术的进步是大学产生的物质基础，当文化发展到一定高度、一定阶段，大学就应运而生。大学本身就是文化载体，是文化的“生产者”“消费者”“传播者”，传承与发展文化也是当代大学基本的职能之一。完善的大学文化传承机制对于文化传承来说显得尤为重要。目前，我国将文化传承创新的历史重任交到了我国大学手中，希望能够通过大学文化传承机制将我国优秀文化继续发

---

① 王冀生. 文化是大学之魂：对大学理念的再认识 [J]. 高教发展与评估，2007，23（4）：1-7＋90＋120.

扬光大。

在全国教育大会上，习近平总书记指出：“培养德智体美劳全面发展的社会主义建设者和接班人，加快推进教育现代化、建设教育强国、办好人民满意的教育。”中共中央、国务院《关于加强和改进新形势下高校思想政治工作的意见》中提出坚持全员全过程全方位育人（以下简称“三全育人”）。“三全育人”综合改革既是对当下育人项目、载体、资源的整合，更是对长远育人格局、体系、标准的重新建构。做好试点工作，不仅要巩固优势、扩大影响，更要破立并举，善于创新。通过改革试点，构建一体化育人体系，为办好中国特色社会主义大学、培养德智体美劳全面发展的社会主义建设者和接班人贡献力量。大学的教育教学过程，实质上是一个有目的、有计划的文化育人过程。即所谓教书育人、管理育人、服务育人、环境育人，说到底都是文化育人。“三全育人”以全员育人、全程育人、全方位育人为理念，将人才的培养进行了全面考虑，首先是在数量上要全员育人，这样的方式有利于培养全体人民的文化素质，提高科学文化知识涵养，有利于培养对文化的传承与发展的观念，对于文化传承机制来说具有促进作用；其次是全程育人，在一个人成长的过程中，一直不间断地对其进行思想文化教育，保证在其生活工作中不忘初心，砥砺前行，对于文化的传承和发展一直以高度的热情和激情去完成，同时保持对文化传承和发展的时代性，做到与时俱进，共同发展；最后是全方位育人。不管是社会科学文化还是自然科学文化，不管是传统文化还是现代文化，不管是西方文化还是中国文化，只要是符合社会主义事业发展理念的优秀文化都应该结合我国的实际去传承和发展，全方位育人就是要求将各类人才都培养成全才，让他们能够对各种不同层次的文化有一定的认识，促进其传承和发展。同时，良好的社会文化传承机制能够促进“三全育人”的实施。新时期，“三全育人”的提出推动了我国教育的发展，同时也对我国的文化传承机制提出了更高的要求，只有在不断的实践和发展过程中完善和改进文化传承机制，才能够更好地实施“三全育人”的目标，二者是相辅相成、共同发展的。

一、教师对大学文化的传承与发展

在大学文化传承与发展过程中，教师发挥着主导作用，各级各类的大学都是一样的，虽然高校哲学社会科学的工作者和自然科学技术工作者在高校文化传承过程中承担的专业工作有所不同，但是他们之间的地位、责任以及使命是相同的、对等的。不容置疑，高校要实现文化的传承与发展需要高校全体教师共同参与，是大学教师共同的追求与根本使命。[①] 大学老师应该把文化品位和崇高理想作为大学赖以生存的精神支柱，悠久的历史底蕴和深厚的文化底蕴是学校最宝贵的资源和财富，也是学校的核心和精髓，学校应重视优秀传统文化的传承与弘扬，在师生中广泛开展彰显文化特色的教育活动。

首先，高校教师要加强自身修养。高校教师不仅在自己的课堂上要有良好的形象，在日常生活中也要体现出为人师表的风采，时时刻刻都应该是文明的代言人。我们都知道教师的本质就是教书育人，想要塑造别人的灵魂，那么自己必须拥有崇高的灵魂。在物质生活中，我们不期待教师成为很富有的人，但是在精神上教师必须是“超级大富翁”，高校教师必须是有理想、有抱负、有真才实学且拥有高尚修养和高尚人格的人，要做一位真正的“文化人”，要真正培育“四有”新人，尽到自己“百年树人”的神圣职责。同时，高校教师还要具有良好的人格素养，在自己的工作中展现出独特的魅力，用自己渊博的学识、敏锐的洞察力以及灵活的思维能力去教书育人，让大学文化深入

---

① 刘志宏，高源．高校党建推进大学文化传承创新机制研究［J］．党史博采（理论版），2014（10）：40-41.

大学生的心中，推动大学文化的传承与发展。①

其次，高校教师要优化自身的知识结构。俗话说得好："要给学生一瓢水，教师必须有一桶水。"文化传承与发展的方法是相互融合在一起的，它不是一门学科，也不是单单一个方面发展就可以实现的，需要各种知识相互融合才能实现的，因此教师在文化传承发展的过程中必须将各学科知识相互融合在一起，促进文化的传承与发展。在这方面清华大学就做得很好，从建校开始，就一直倡导"中西融会、古今贯通、文理渗透"的意象，这也促使了清华教师在教书育人过程中积极将各种知识文化相互融合在一起，一定程度上促进了清华大学文化的传承与发展。

最后，高校教师要不断加强文化传承与发展的创新。加强文化传承与发展创新包括很多方面，其中大学校园文化创意品就是文化传承创新的一种方式，这对大学文化的传承有着十分重要的意义，文化创意产品跟其他的产品设计如出一辙，具有一定的实用价值，除此之外，文化创意产品还应该考虑产品设计的审美和其他功能要求作为创新产品的重要因素，审美功能是校园文化创新产品设计中需要考虑的重要问题，如何设计出既美观大方又具有实用功能的校园文化创新产品，是一个需要设计师认真考虑的问题。在武汉大学的文化传承过程中，很多老师带领自己的学生进行了文化创意产品的设计，如笔、书签、明信片等，这些创新产品同时保持效用，设计理念新，造型也很独特，产品更容易让公众接受，并且愿意购买。在设计校园文化创新产品时，应该十分注重创新产品的审美功能，用优美流畅的线条让人赏心悦目，给人留下良好印象。武汉理工大学校园文化创意产品中的书签，不仅印上了武汉理工大学的校徽，还将标志性建筑物用简笔画勾勒出来，

---

① 秦惠民，吕萍. 创新大学教育传播机制推动中华传统文化传承［J］. 中国高等教育，2018（7）：16-19.

最后以清新的蓝色作为主色调，渲染出武汉理工大学的办学目标——建设让人民满意，世人景仰的优秀大学，不仅宣传了校园文化，而且成为馈赠佳品，将校园文化创新产品的功能发挥到了极致，是校园文化创新产品成功的实例之一，丰富了我国校园文化传承机制的创新。在这个过程中，老师和学生都起到了十分重要的作用，他们也用自己的实际行动为创新大学文化传承机制贡献了自己的力量。

总的来说，教师在大学文化的传承和发展中的作用是十分重要的，教师在自己的教书育人过程中完美融入大学文化，既可以加强对大学文化的传承，又可以促进大学文化的发展，因此我们必须重视教师在大学文化传承与发展过程中的作用。

二、学生对大学文化的传承与发展

学生对大学文化的传承与发展也具有十分深远的影响。一是提高对主流文化和民族文化的认知，在心理学中，“认知”指的是个人的心理过程或知识的能力，包括意识、知觉、推理和判断等。提升自身对主流文化和民族文化的认知，是自身对我国优秀传统文化的认知从感性走向理性，从一时的行为举止内化为个人价值观的基础。二是培养自身对主流文化和民族文化的情感，这是重塑自身文化认同，从而自觉传承主流文化的基础。通过参加丰富多彩的活动加强传统文化教育和爱国主义教育，培养自身的民族自尊心和自豪感。如在纪念中国人民抗日战争暨世界反法西斯战争胜利 70 周年阅兵式举行当天，不少学生集体主动观看大阅兵，通过教师的引导和解读及学生之间的群体情绪感染，增强自身对历史的反思和对民族凝聚力的感受。三是对主流文化和民族文化的实践，实践是人的主观见之于客观的活动，是人类有意识地改造客观世界的努力。在实践中，人的主观世界也会受到影响、冲击以及调适。大学生对主流文化和民族文化的情感和认知必然需要和实践结合起来，才能最终有利于高校文化传承教育的开展和大学生对优秀传统文化的自觉传承。四是要透过“匠人”精神强化学习意志，在当代大学生的学习和生活中，必须强化自身的“匠人”精神，摆脱切分可弥补一切的可怕思想，将自己的优势与实际资源相结合，制定符合客观规律的探究规划。① 这一点在北京大学学子的身上体现得十分明显，比如北大毕业卖猪肉的陆步轩，虽然在当时很多人看来，卖猪肉这个行业确实不太符合北大学子的身份，但是他却完美结合了自己的实际和天赋，将一些微不足道的事业用自己的智慧变成了自己的伟大事业，这充分展示了“匠人”精神，也将北大的文化传承到了各行各业，推动了北大文化的传承与发展。

三、杰出校友对大学文化的传承与发展

校友对于大学文化的传承和发展有着很大的作用，很多大学拥有很多杰出的校友，他们将自己的大学文化践行在自己的生活工作中，恪守校训，将校训作为人生成长和发展的指引明灯，这样的方式对我国大学文化的传承有着十分正面的意义，可以有效提高大学文化的传承效率、扩宽大学文化传承的路径，丰富大学文化传承的手段。② 如武汉大学杰出校友雷军，作为我国杰出的互联网代表人物之一，他一直将武汉大学“自强、弘毅、求是、拓新”的校训贯彻于自己的工作当中，不仅在事业上取得了辉煌的成就，还在 1998 年被武汉大学聘为名誉教授，在武汉大学设立了“雷军计算机奖学金”，发达之后不忘母校的养育之恩，切实体现了中华优秀传统文化，懂得感恩这对大学文化的传承机制有着十分重要的意义。再比如中国地质大学杰出校友李树，

① 周晔．构建高校创新文化的培育机制［J］．高校理论战线，2012（5）：50-52．

② 张月群，张文浩，卢黎．大学校园文化建设长效机制探析［J］．高等农业教育，2015（6）：30-33．

作为地大学子，毕业后就在地质队工作，一直追求将自己的事情做到最好，恪守地大的校训，艰苦朴素，求真务实，在他的工作中将地大的校训践行得十全十美。他凭借着自己扎实的专业技术功底，一毕业就在技术上独当一面，从理论联系实际，再到经营管理，一直到后来被提拔为四川省地质矿产勘查开发局总工程师，一路走来他都以地大的校训要求自己，提高自己，发扬传承母校文化，充分体现了杰出校友在文化传承过程中的优质作用。

现代大学的文化传承中仍存在一些重知识轻育人、重形式轻事实、重时尚轻传统、重物质轻价值的现象，传承机制也并不完善，这给我国大学文化的发展与传承带来了诸多不便。在当代文化传承中，我们必须建立合理的校园文化传承机制，充分发挥老师、学生和校友在文化传承中的作用，构建文化机制的创新，加速推进我国校园文化的传播，推动我国校园文化传承机制的发展。

第四节 大学文化的提升与发展

文化发展是大学内涵式发展的动力，大学文化是继承和弘扬中华优秀传统文化的重要平台，是社会主义核心价值观教育普及和社会主义精神文明建设的重要阵地。因此，高校在“坚定文化自信，推动社会主义文化繁荣”的进程中取得了巨大成就。大学是高水平科研、教育和资源的拥有者，也是先进文化建设的主力军。文化传承与创新是大学的第四大功能。如今，大学文化与地方文化共同找寻发展机制，肩负着文化发展的历史使命。这就要求高校“坚定文化信心，推动社会主义文化繁荣兴盛”，继承传统文化精髓，整合优秀地域文化，梳理、整合、创造健康、充满活力的大学文化。

一、社团文化促进大学文化发展

我国大学社团的建立已有很长一段时间了。经过多年的实践和经验总结，社团管理更加科学规范。社团文化是一种意识和物质的形式，通过许多实践活动逐渐积累起来。社团文化也可以被视为一种精神财富。志同道合的学生聚在一起做一些有意义的事情，这也是他们实现人生观和价值观的一种方式。高校社团文化主要包括价值观、管理制度、形象等，其中价值观是社团最重要的核心内容，也是社团的初衷。管理制度是在实践中慢慢总结出来的，是为了保持社团的良好发展而制定的，用管理制度可以约束一些不恰当的行为，使每个人的活动达到统一。社团形象是非常重要的，宣传和招募新会员是树立社团形象最直接的形式，包括海报、制服、标牌等。社团的文化氛围能够感染每一个参加社团的学生，对大学生的身心发展具有重要的教育意义。

优秀传统文化社团既是优秀传统文化的崇拜者、继承者，也是实践者，以某种形式向当今大学生传播优秀传统文化。它可以从其精神思想深度的角度，向当代大学生宣传优秀的传统文化，以隐形和潜在的方式影响每个学生，并塑造在传统文化土壤上发展的个性和灵魂，以促进大学文化与传统文化的共同发展。

南京理工大学从 2000 年开始致力于高校舞龙运动的发展和推广。经过不断实践和理论创新，该校舞龙运动取得了显著成效。为了使舞龙文化成为南理工校园文化的象征，让更多的学生接触到舞龙文化和舞龙运动，在学校体育部专职教师的帮助下，学校各院系成立了课外舞龙社团，各院系都有自己的舞龙队。这种现象在国内大学中是独一无二的。[①]

---

① 杨江伟. 和谐校园文化建设中高校舞龙舞狮运动的作用探讨 [J]. 求知导刊，2016 (9)：33.

舞龙社团的成立活跃了校园舞龙文化，同时帮助同学养成了体育锻炼的好习惯。节日期间，舞龙社团到同学们家乡的社团、公司和机构表演舞龙，许多学生参与设计舞龙动作、套路、设备和音乐。这一富有启发性和开放性的社团模式可以激发学生的创新潜力，并将他们的视角延伸到创新思维上，学校舞龙俱乐部还受到社会各界的邀请，呈现了许多精彩的演出，如在 2005 年第十届全运会开幕式、2009 年全国大学生文艺演出开幕式、2010 年上海世博会、2010 年江苏省庆祝建党 90 周年群众歌曲节，2012 中国龙艺术展（南通完成以中国龙文化为主题的演出）、2014 年第二届江苏文化艺术节上的表演。这些活动不仅提高了学生的兴趣，让学生展示了自己的本领，开阔了眼界，进一步促进了舞龙运动的发展和大学文化的升华。

二、场馆文化促进大学文化发展

“体育场馆文化建设是体育文化硬件建设与软件开发的最佳结合点。”体育场馆是体育活动所依附的载体，也是体育文化传播的载体。从体育场设计到体育标志景观，再到体育场物质文化传承，无不体现着文化发展的强烈影响。大学体育场馆是大学的标志性建筑，特别是近年来为承办大型体育赛事而建设的体育场馆，内部设施齐全，外形新颖。从另一个角度看，不同高校的体育场馆设计可以让人们感受到不同的校园文化积淀和体育文化魅力。例如，北京大学的邱德拔体育馆，在 2008 年北京奥运会期间主要承担乒乓球项目的比赛，它是北大风格与体育精神的完美结合，更象征着北大之脊、国球之脊、建筑之脊和民族之脊。因此，这一独特的造型被命名为“中国脊”；再如，北京航空航天大学体育馆，设计师独具匠心地把北航高科技的航空航天特点和奥运精神有机地融合在一起，以银灰色为主色调的铝幕外墙及巨大的凌空平台形象地阐述了体育馆的由来。高校场馆文化不仅仅是对场馆外观的诠释，更是对体育精神、管理制度、历史积淀、文化记忆等方面更深层次的理解，从古至今体育场馆文化始终促进着大学文化发展。①

高校博物馆立足大学，同时有很强的学科基础、博学的教师和学生，以及广泛的校友网络。因其丰富的理论研究实力和实践经验，高校博物馆自然成为大学文化研究的基础。以博物馆为平台，提供研究课题，整合研究力量，通过定期召开学术会议和编写文化教材，可以最大限度地彰显其研究价值。

大学博物馆在保持学术性和专业性的同时，也保留了学术化及专业化的特点，将课堂教学延伸到博物馆，可以缩短学生与学科的距离，促进大学文化的发展。以南京审计大学为例。2016 年 11 月，南审博物馆举办“新时期大学文化建设与弘扬学术研讨会”，研讨会共收到五篇论文，充分展示了大学文化的最新研究成果，并提出了一系列有关大学文化建设和推广的问题。这是第一次真正意义上的全国大学文化学术会议，对促进大学文化研究和大学发展具有重要意义。大学博物馆不仅是教学、科研的场所，更是教育实践和志愿服务的场所，通过实践和志愿服务，可以培养学生解决实际问题的分析能力和创新能力，在人际交往中激发学生的思维，全面提高学生的专业素质和人文素质。

南京审计大学充分利用博物馆，将其打造成了开展大学文化、校史教育的重要场所，审计干部教育学院、审计署党校的现场教学点，《审视・问道》高端访谈项目的重要教学基地，外国审计人员和国际知名学者的接待中心，促进了大学文化的发展。

---

① 孔宁宁，周德胜，王蕴哲，等．体育精神对高校体育文化建设的再思考［J］．灌篮，2019（11）：32.

三、文创元素促进校园文化发展

校园文化设计的衍生品，即校园文化创意产品，一般指的是具有校园文化特色的可用于售卖的产品或服务等。校园文化设计的衍生品是校园文化的重要载体，将校园理念和文化特色等与创新概念融合，既具有实用价值，也十分有纪念意义。校园文化设计的衍生品一般分为收藏类、纪念类和实用类，收藏类的以观赏性为主，如雕塑、模型；纪念类的以具有纪念意义的活动等的衍生品为主，如明信片、书签等；实用类的则主要考虑产品的使用价值，如笔记本、u 盘、日历等。

以湖北大学知行学院为例，该学院在文字设计促进大学文化发展方面颇有成效，尝试性地提出文字设计在文化创意产品设计应用上的新原则及提升社会关注与认同感的视觉表现方式，促进大学文化氛围的形成，促进大学文化的发展①。

知行学院校园文创利用校园的知名景观，提取知真楼、知远楼、知新楼、行吟廊、行健廊、行谊廊为“三知”“三行”，利用师生对校园红杉林的眷念，表达毕业季的不舍与思念。

四、大学文化现代化建设发展机制

（一）政策层面

政府文化主管部门出台的《促进大学文化服务社会发展的实施意见》应作为大学文化服务社会的政策依据。② 政策规定，政府文化主管

① 赵奕. 浅谈微信公众平台在高校图书馆的应用：以湖北大学知行学院图书馆为例［J］. 科教文汇（中旬刊）. 2019（14）：32-33.

② 周余姣. 保障与方向：对《公共文化服务保障法》社会力量参与公共文化服务条款的解读［J］. 图书馆论坛. 2017（6）：27-31.

部门应加强对为社会服务的大学文化资源的引导和管理，建立政府文化主管部门与高校之间的对话与交流机制，支持大学文化研究和文化服务能力的培养。鼓励大学利用自身资源开展文化活动，加强高校文化资源推广，开放高校文化设施。同时，政府主管部门要积极发挥桥梁作用，引入社会文化企业和大学搭建文化合作交流平台。另外，要从政策上明确大学文化服务能力不仅停留在教育层面，更要激发大学文化服务的自觉性和主动性。在大学的四大服务功能中，文化发展与创新要在政策层面体现和践行。

（二）制度层面

大学文化建设的管理不应局限于文化建设领导班子的组建。大学组织机构的设置和行政部门应当对大学文化管理机构的设置给予肯定。建立大学文化建设和文化服务管理部门应单独负责文化资源的整合和大学的文化服务功能的改进，以确保大学可以扮演一个好的角色在文化服务区域经济和社会发展，以及大学文化发展和创新功能的实现。通过与政府文化主管部门的沟通协调，为高校文化服务的区域经济社会发展提供组织保障。除行政机构外，建立文化研究、组织和服务机构也是高校文化资源整合的主要内容。例如，根据地域文化的遗产脉络，建立非物质文化遗产整理、研究和传播中心；根据历史文化名人、历史遗址和传说，建立研究基地；根据社会主题和地方文化传统，设立文化创意研究开发机构，制作动漫、影视、绘画、音乐、文学等文化产品并通过一定的平台传播到社会，对文化发展起到一定的推动作用，从而带动大学文化产业的繁荣。

大学制度一方面承载着文化、渗透着文化导向的力量，另一方面也影响着文化建设对大学文化具有内化作用。前者是指制度文化，制度文化是制度本身的文化内涵；后者是指文化制度，文化制度规定了文化建设的方向、程度、范畴和效果，一系列大学文化制度的建立体现在一定的制度文化中。这种文化以观念、认知、意识、规范、契约等方式影响着人们的行为，进而影响着大学的办学活动、大学文化发展的进程，所以改善大学制度层面对大学文化的发展很有必要。

（三）措施层面

大学服务社会的措施应集中在社会主义核心价值观的实践与培育、文化研究与创意设计、区域历史文化传承的探索与整理、文化交流、校企合作、文化惠民等领域。一是调动大学学术和理论研究力量，开展社会主义核心价值观培育和践行研究，充分发挥该团队在社会公德文化建设中的理论支撑作用。利用学校的传播团队和活动团队，参与区域社会主义核心价值观的实践和培育。二是充分发挥高校文化研究机构的优势，开展区域历史文化研究、文化建设与繁荣的应用研究，发挥区域文化发展的智库作用。三是依托大学生的师资力量和人力资源，深入社团和乡村，调查和收集民俗文化，探索和整理民俗等非物质文化遗产。四是鼓励大学与文化企业合作开发研究和发展的文化产品和文化创意设计，建立培训与文化（实践教学）基地，生产影视或动画作品或创意，提供产品（商品）或设计作品。最后，可以通过文化论坛和文艺演出的形式，把文化送到农村或社团。

第六章　大学文化与历史文化的互动共生

西方大学的历史不只是机构发展史，更是一部西方文明史的缩影。中国大学的发展，从机构组织形式上借鉴西方大学，但在文化精神、价值诉求上深深根植于中国传统文化中，并在新文明形态塑造中不断发挥着日益明显的作用。这就需要从文明层面去探寻大学的兴起与发展。只有将大学放在不同文明深处去对比，其轮廓才会清晰。

从大学内部来看，大学文化有赖于诸要素的汇聚与集成。但大学文化的发展并非抽象的过程，而是一代代大学校长、学人、学生，以及诸多社会主体不断开掘、共同塑造的历史结果。

以历史文化潮流的演进为线索，欧洲经历了井然有序的发展阶段，并形成了当今的文明景观。欧洲中世纪大学与人文主义潮流，柏林大学与科学主义潮流，法国大学与权利文化潮流等相互影响，成就了西方大学文化的精神内核。作为社会文化特定形式，大学文化、大学精神推动了人类文明进步，并与人类历史上的一系列文化潮流互动共生。这成为我们认识大学文化的重要视角。

第一节　近代西方早期大学及其文化效应的产生

人类早期大学的诞生与人类的生产生活密切相关。随着人类社会分工不断细化，城市化进程的加快，以及人类知识经验的生产、传播的聚集程度和联系密度加大，作为对人类提供博雅教育、道德修养和知识训练的最初大学机构的产生就成为必然。“每一所较大规模的国际社会，无论它的政治、经济或宗教制度是什么类型的，都需要建立一个机构来传递深奥的知识，分析、批判现存的知识，并探索新的学问领域。”[①] 大学发展既是社会发展的产物，也是社会进步的重要组成部分。尽管大学属性、职能、体制机制以及大学文化内涵、形式等都要随着社会进步而不断发生变化，但是大学文化与“大学”这一特殊社会组织共存共生，并作为特定时期“大学”组织本质属性和存在形式随时代发展而不断变迁。

一、大学创制的初始形态

一般来说，现代大学的发端主要指产生于中世纪欧洲的近代西式大学，其诞生与宗教紧紧联系在一起。1088 年，意大利诞生的世界上第一所大学——博洛尼亚大学，[②] 及其后来的巴黎大学、波隆纳大学，办学宗旨主要是培养牧师和僧侣，神学是当时大学教育的主要科目。

大学（university）一词的原意主要指“一群宿儒先生或一群学生所组合的学术性行会（基尔特）”，从大学的最初组织形式来看，是仿照手艺人行会的形式，教师联合成特殊的组织——专业行会，学生则组成同乡行会。中世纪的大学主要有法国的巴黎大学、意大利的波隆纳大学，它们都大约形成于 12 世纪。此后相继出现了更具现代大学特征的英国牛津大学、剑桥大学，德国的科隆大学、海德堡大学，意大利的萨利诺大学等。

中世纪大学的教学科目几乎囊括了当时所有知识领域，比如语法、

---

① 布鲁贝克. 高等教育哲学［M］. 王承绪，郑继伟，张维平，等译. 杭州：浙江教育出版社，2001.

② 拉斯达尔. 中世纪的欧洲大学：大学的起源［M］. 崔延强，邓磊，译. 重庆：重庆大学出版社，2010.

修辞、逻辑、法律、天文、几何、医学、艺术等，致力于提供一种博雅教育（liberal education）。英国教育家纽曼在其著作《大学的理想》中指出，大学是传授普遍知识的场所，[①] 重在提供博雅教育，进行智力训练，培养有修养的绅士。中世纪大学一经产生，便争取到了自治权和学术自由权，这对现代西方大学产生了极为重要的深远影响。

现代大学制度诞生的标志是1810年德国教育家洪堡建立的柏林大学。当时任职普鲁士内政部宗教和教育司的洪堡受命组建柏林大学。洪堡和柏林大学的其他精神教父们所阐释的大学理念和大学精神为柏林大学注入了独特的生命，使之成为真正意义上的现代大学鼻祖。柏林大学首次确立了大学具有科学研究的职能，洪堡在《论柏林高等学术机构的内部和外部组织》中提到，大学的任务是科学教育，在科学教育中，为了达到国民精神，提倡创造性，特别强调教学和科研的结合。[②] 在之后很长一段时期，大学的科研功能甚至压倒了教书育人的功能。一直到20世纪初，美国教育家范·海斯大力倡导“大学应把社会服务作为自己的重要职能”，在美国高等教育史上被称为“威斯康星思想”（Wisconsin Idea）。[③] 他明确提出了在整个社会急剧多元发展的浪潮之中，大学应作为知识产业的承担者、生产者、传播者，服务社会、融入社会，从而促进社会经济的整体发展。“培养人才”“科学研究”“社会服务”成为官方、学界所认可的大学的三大传统功能。而现在，学界明确提出了“文化传承与创新”、国际合作与交流等社会功能，进一步深化了对大学机构文化功能的认识。

---

① 纽曼. 大学的理想：节本［M］. 徐辉，顾建新，何曙荣，译. 杭州：浙江教育出版社，2001：5.

② 刘宝存. 洪堡大学理念述评［J］. 清华大学教育研究，2002（1）：63-69.

③ 康健. “威斯康星思想”与高等教育的社会职能［J］. 高等教育学报，1989（4）：36-37.

二、大学的发展与社会主流文化的互动共生

从大学自身发展的文化传统来看，大学正是在不断吸纳、整合、引领不同时期社会的先进文化中得以不断发展壮大的。

第一，以博洛尼亚大学为代表的欧洲中世纪大学的发展与人文主义文化的勃兴密切相联。

人文主义一般被视为是欧洲中世纪向现代过渡的一种文化现象。特别是在大学中，人文主义建立在中世纪的基础上，并最终推动了中世纪大学向现代大学的过渡。

1088年，几个年轻人为了研究古罗马法典，请来老师传授知识、答疑解惑，形成了一个专门学习讨论的地方，这所由学生创立的博洛尼亚大学，被公认为是欧洲最古老的大学。1158年，神圣罗马帝国皇帝腓特烈一世入侵意大利，北部城邦全部陷落，博洛尼亚也在其中。为表示对追求知识而被迫远离家乡的人的钦佩，他颁布了一项学术特权法令，其核心要义是：大学不受任何权力影响，学术研究自由、学术机构自治，学术自由权力在冥冥之中成就了大学独立治学的渊源。①

可以看出，这所古老的学校在建校之初便开启了大学文化发展的第一阶段——人文主义文化潮流。人文主义文化，其核心是“以人为本”，即强烈地关注人的主体性是否存在、人是否最大限度地受到尊重。在随后的三百多年里，博洛尼亚大学的声誉传遍欧洲，这里成为最著名的罗马法学术圣地，还增设了神学、医学、哲学、天文、算术等学科。诗人但丁、“文艺复兴之父”彼特拉克、哲学家伊拉斯谟和天文学家哥白尼都曾在博洛尼亚大学学习或执教。

人文主义者与理性主义者之间的差异集中显示出中世纪的深刻印

---

① 主创团队. 创新之路［M］. 北京：东方出版社，2016：80.

记。在大学中，人文主义者将人类对自身和世界的理解置于兴趣的中心，将人类的社会活动作为矛盾的潜在来源，就这些创新而言，他们开启了大学史上的新纪元。在这个新纪元中，人类对世界的探索深入到本质、本原的维度，并借助语言、数字形式实现了概念化和系统化。换言之，实质的扩展、经验的深化、方法的革新和概念的系统化，都是科学和学术研究以及它们通过教学进行交流的结果。

第二，以柏林大学为代表的现代大学的兴起与科技文化潮流的兴起内在一致。

19 世纪初，欧洲正处于工业革命时期，英国的崛起强烈地冲击着尚在分裂之中的德意志。如何变得强大起来，摆脱生存危机，促使普鲁士人看到了科学和工业的力量。柏林大学的创建有其特定历史背景，那就是普鲁士战败后当时德国知识分子被激发的学术精神和国家责任。1806 年，普鲁士被拿破仑击败并于 1807 年签订了丧权辱国的《法普和约》，德国皇室出逃，耶拿大学和哈勒大学被关闭，普鲁士陷于全面崩溃的境地。同时，战败耻辱感催生了德意志的政治民族主义，激发了知识分子的爱国责任和文化教育复兴的渴望。随后，作为普鲁士知识分子代表的洪堡、费希特顺应时代发展，大力推进普鲁士的科技和教育复兴并在短时间内取得成效。比如，洪堡出任普鲁士的文化和教育专员，费希特出任新组建的柏林大学校长，经过努力使得德国大学一跃成为欧洲学术文化的中心。作为现代大学典范的柏林大学以及现代大学制度的出现有其特定的历史环境。

洪堡认为，由于工业发展，大学萌生的功利主义必须进行改革，否则就无法培养出承担社会变革的创新型人才。洪堡大学校长亨德里克·奥尔伯兹对功利主义的学生颇有看法：“他们本质上对研究并没有兴趣，只在乎对他们职业生涯有益的研究成果，洪堡认为，只为眼前利益而学习的人，没办法在日后的工作中以开放的心态应对创新，因为他们对世界日新月异的改变漠不关心，也不想参与其中。”①

洪堡极力强调大学是科学研究的中心，应该将科学视为永远无法穷尽的事物。罗兰·贝格进一步解释道：“他（洪堡）不仅仅想要传播专业知识，而且要超越于此，更好地理解世界，理解人们的需求和人类发展的轨迹。”②

基于这样的理念，洪堡大学特别注重科技创新的作用，并发展成了世界上第一所研究型大学。这里的教授们从事各种研究，让学生不仅学习知识，还要掌握知识创新的方法，转化为学生科学研究与探索的能力。从洪堡大学建成，一直到第二次世界大战前，洪堡大学一直是世界学术中心，即使今天，德国依然拥有无可争议的科技创新能力。爱因斯坦是出生在德国的科学家，在其 1933 年前往美国定居之前，就曾执教于洪堡大学。

我国的教育史学界多将 1809 年德国开办的洪堡大学（今德国柏林大学）视为近代大学之开端，因为该大学首先确立了科学研究作为大学基本职能的文化定向。由此也可视为开启了大学文化发展的第二个阶段——科技文化的潮流。科学研究作为基本职能在大学的确立，使得“洪堡精神”成为大学文化史上的里程碑。科技文化随之逐步发展成为世界的主流文化之一。

第三，18 世纪欧洲权利文化兴起与法国大学的文化互动。

当然，权利本位文化取代义务本位文化经历了漫长过程：从文艺复兴运动，人文主义者通过对神的深刻怀疑，颂扬了“人”的主体性；随后是罗马法的复兴，“私权观念”，包括“为权利而战”的精神发扬光大；而随后意义重大、影响深远的资产阶级启蒙运动则进一步明确了“公民观念”的人权思想，一直到法国《人权宣言》《拿破仑法典》

---

① 主创团队. 创新之路［M］. 北京：东方出版社，2016：88.

② 主创团队. 创新之路［M］. 北京：东方出版社，2016：88.

以法的形式确立了人的“权利关系”，权利文化成为两百年以来的人类先进文化，推进了人类的政治文明、制度文明的进步。西方权利文化的兴盛完成了从传统型文化向现代性文化的转变，这一转变席卷着近代欧洲发展的整个过程，成为与大学文化密切联系的第三种主流文化。

1789年法国《人权宣言》宣布：“人们生来并且始终是自由的，并在权利上是平等的。”《人权宣言》的发表解决了人与国家之间的权利关系问题，并成为此后多部法国宪法的序言。1804年《拿破仑法典》解决了人与人之间的权利关系问题，两部法律文献的发表对人类进步产生了巨大影响，而参与《拿破仑法典》起草的就有当时索邦大学的教授。

在拿破仑统治时期，法国制定了《民法典》《商法典》《刑法典》《民事诉讼法典》和《刑事诉讼法典》五部重要法典，社会法律体系逐步形成，较典型地反映了资产阶级的利益，代表了法国大革命的历史文化成果，对其他资本主义国家法律制度的建立和发展产生了重要影响，由此带动形成了人类的一种新的文化潮流，即权利文化潮流。

值得一提的是，这股权利文化潮流的传播，推进了19世纪末20世纪初中国权利观念的发展与更新，逐步融合为近代中国权利文化现代化的整个过程。如果说西方权利文化的变迁历经文艺复兴、思想启蒙运动、资产阶级革命与立国，资产阶级法律体系的颁布确定“权利关系”。那么，近代中国权利文化的变迁则经历了维新变法、民族资产阶级革命、五四新文化运动以及中国共产党领导的中华人民共和国开启的社会主义初级阶段等具有中国特色的发展道路。在这个过程中，以“民族救亡”“民族复兴”为主题，大学文化与社会文化潮流相互激荡、相互生成，依托大学讲堂的学者、教师参与并推动社会文化潮流的传播与发展，成为大学文化发展的主流形态，并直接导致了当今中国大学两类文化传统的形成和发展。

第四，西方大学作为哲学创新的发源地，其在西方文化传承与创新方面的作用贯穿始终，并推进了西方近代历史的发展。

哲学是文化的精神和内核，是文化理论建构的支撑点和最高抽象。哲学作为人类文化的重要组成部分，为人类提供世界观和方法论的支持。西方大学近几百年来可以说是哲学创新的主要发源地。大量新兴哲学流派的创始人在大学受到了良好的教育和浓厚的哲学熏陶，还有很多于大学哲学系任教。例如，德国哲学家、古典哲学创始人康德1755 年毕业于哥尼斯堡大学，主修哲学，1786 年任哥尼斯堡大学校长；德国哲学家黑格尔毕业于德国图宾根神学院，主修神学和哲学，1818 年任柏林大学哲学教授，1829 年曾当选柏林大学校长；法国哲学家孔德 1814 年就读于巴黎综合工科学校，1832 年在该校任分析与机械课辅导教师，1830—1842 年出版《实证哲学教程》，开创了被称为“实证主义”的思想运动。

德国哲学家赖兴巴赫 1910—1915 年先后在斯图加特工学院和柏林、慕尼黑、哥丁根、爱尔兰根大学学习工程技术、数学、物理及哲学，1915 年获哲学博士学位。他在柏林大学任教时曾组织柏林经验哲学学会，并在此基础上形成以他为领袖的逻辑实证主义的柏林学派，其论著编为《赖兴巴赫全集》。

德国哲学家、生命哲学的奠基人狄尔泰被誉为“解释学之父”，1864 年在柏林大学获博士学位，之后曾先后在巴塞尔大学、基尔大学、布雷斯劳大学和柏林大学任哲学教授，其著作有《精神科学导论》《哲学的本质》等。作为时代精神结晶的哲学创新已成为大学文化内生性的生命力之源，它给大学文化这片原野以智慧之光与变革滋养，推动大学组织不断调整更新生存与发展的逻辑与方向。

第二节　大学文化的起步阶段

随着世界范围内高等教育机构的创办，大学文化也开始萌芽。近代早期是大学文化发展的起步阶段，大学校长与学术共同体的发展影响着学校建设的进程。大学校长是一个行政管理的职能，是一所大学的最高行政领导。本节以大学文化起步阶段的美国哈佛大学和德国柏林大学为例，探索世界一流大学中“掌舵人”的重要作用，同时探讨大学学术共同体的出现对稳固学校根基的重要作用。

一、校长——大学掌舵人

世界一流大学的创办从院校层面来追溯，关键在于学校核心领导力，具体来讲是取决于校长的决策。从西方一流大学的历史文化上看，一所声名远扬的大学无不镌刻着一串熟悉的大学校长的名字。

对于西方一流大学来讲，国家的高等教育建立、转型、跨越及成为世界一流大学离不开大学校长的雄才大略与自强不息精神。提到柏林大学第一反应会想到洪堡，在建校初期，虽然洪堡没有实际担任过柏林大学的校长，但是发挥的作用及社会影响力与校长等同。柏林大学是在洪堡等人的先进教育理念指导下迅速崛起并成为世界高等教育史上一颗璀璨的明星；提到剑桥大学会联想到阿什比，他曾说过：“大学的兴旺与否取决于其内部由谁控制。”① 对于中国大学建校初期来说，如提到北京大学会想到蔡元培，提到清华大学会想到梅贻琦，提到东南大学会想到郭秉文，提到南开大学会想到张伯苓等。大学校长是大学文化发展的重要主体之一，其影响力极其之大，是一所大学存在与发展过程中的根本指向，直接影响到大学改革发展的方向和动力。②

有学者通过比较研究，认为大学校长是首席学者和管理领袖，是

---

① 克拉克．高等教育系统：学术组织的跨国研究［M］．王承绪，徐辉，殷正平，等译．杭州：杭州大学出版社，1994：121.

② 王飞，王运来．大学校长：概念·历史·职业［J］．重庆工商大学学报（社会科学版）．2012，29（1）：149-154.

领导者、合作伙伴、改革者和掌舵手，是职业管理者，是行政者、企业家和政治家；而且美国大学校长经历了精神领袖、行政寡头、财政专家向牧师兼职型、学者领导型、专家管理型、职业经理型的角色演变。①

（一）艾略特与美国哈佛大学

哈佛大学驰名世界，得益于校长这个掌舵人。哈佛大学近四百年的办学历史中有二十九任校长，其中美国作家亨利·詹姆斯曾评论一位校长："他缔造了哈佛。""他"就是哈佛任期最长的校长查尔斯·艾略特（Charles Eliot）。大学校长在缔造世界一流大学过程中一定会有开先河的创举，艾略特担任哈佛大学校长期间，在《新教育》中非常肯定为欧洲提供动力的是理科知识并引起热议。② 他任职期间实施的一系列改革都具有划时代的意义，其中包括主张自然科学与人文科学并重；学校事务管理设立了教务长、系主任，保障了学校各机构有序发展；针对学生量体裁衣，因材施教，提出了课程选修制；普及了面向全球范围的大学招生计划，设立入学考试并提高入学标准，提升学生质量；加强教师队伍建设，开展研究生教育，倡导学术自由。这些改革举措影响了整个美国教育界，甚至对整个世界人类的教育进步产生了深远影响。在他的带领下，哈佛大学从偏安一隅的传统学院发展成为世界顶尖大学。

（二）洪堡与德国柏林大学

19 世纪，柏林大学开创了高等教育中众多敢为人先的举措，这与领军人物洪堡息息相关。他改革柏林大学的理念，主要囊括了相对独立的经济政治理念、学术自由的方法以及教学与研究相统一的原则。

---

① 毛建青，邢丽娜. 美国大学校长的角色定位［J］. 高教发展与评估，2018，34（3）：74-83+116.

② 詹姆斯. 他缔造了哈佛：查尔斯·W. 艾略特传［M］. 朱建讯，赵倩，任晓伟，等译. 桂林：广西师范大学出版社. 2017.

在这种理念的指导下，柏林大学的改革序幕拉开。洪堡主持的柏林大学改革，组织原则是学院制、教师制、讲座制等，其中学院制的实行使学校的神学、法学、医学和哲学四个学院处于平等的地位，其创新点是打破之前高等教育中哲学地位较低的状况；为了激发教师队伍的积极性，学校教职工的薪资待遇根据职称等级确定，尤其是正教授不是由学校决定，而是需要政府人员和正教授经过“讨价还价”即利益商谈来确定；学校成立学术权力机构——教授会，包括校长遴选、教授选聘等在内的重大事项都由教授会做出决定，所以教授会是最高权力的代表。根据学院的学科设置与科研要求，柏林大学会举办许多学术讲座，这些讲座由各学院教授主持，以培养学生的独立思考能力，拓宽学术视野。

柏林大学倡导学术自由，这是由洪堡提出的一种教育理念，在维护国家利益和保持德国科学理性主义的基础上实施。洪堡认为：“大学教授的主要任务是激发学生进行‘研究’的兴趣而不是‘教’，学生的主要任务是独立从事‘研究’亦不是‘学’。”① 因此，“以学生为主体”就是要在“教与学”的过程中，引导并支持学生“主动学”而非“被动学”。洪堡认为教学是可以享受完完全全的自由，也是听其自然的科学探索，当然在大学从事研究的大学教职工不需要受到国家的管理与限制，不受社会众多利益的牵制，完全遵从科学的内在要求。

洪堡在柏林大学中提倡的教学与研究相结合是学校的一大办学特色。为了科学研究，学校聘请世界最顶尖的学者，在学术上充分给予科研自由的权利，其研究结果可能会出现预料不到的惊喜。政府的作用是帮助大学筛选出适合的研究精英，给予大量的财力与物力支持，不会过多地干涉大学的研究方向和项目选择，而且利用了政府职权出

---

① 曹雪宏．德国柏林大学洪堡改革及其对我国高等教育的启示［J］．河北企业，2016（9）：158-159.

台相关保护措施，创造了有利于大学自由健康发展的环境。

洪堡大学的培养机制不同于资本主义工厂大机器生产中的机械化部件，不是为某项职业、工作而生的，而是为了培养一个真正自由的“人”。这种育人思想是与洪堡出身于贵族紧密相关的。他指出：“生活或各种职业所需求的东西，必须予以区分并在结束了一般教育之后来获得。如果把两者混淆在一起，则教育将变得不纯正，既不能得到完美的人，也得不到各阶层所需的合格的国民。”① 洪堡培养一个完整的“人”的办学思想与他制定的“学术自由”的办学原则，以及“教学和研究相结合”这三大经典理念对柏林大学的发展产生了根本性影响。

二、学术共同体为大学文化奠基

欧洲大学最初由专门学术机构集聚构成，同一学科院系中教学与科研之间形成合作共生关系。他们在学术领域具有非常强的活力，集中体现于科学研究能力上。科学研究与学术探讨形成规模或学派是众多大学成立之初的办学基础。发展到目前为止，专业性学术研究边界已经在慢慢形成多样性与扩散性，因此，在教学上并不是直接传授给学生单一的专业知识，而是会与各基础学科相联系。

作为一种学术共同体，世界一流大学把立足大学院系、科研平台，依托特定学科平台、教学课程开展教育教学和知识生产。而教育教学和知识生产又往往与社会生产的前沿领域相结合。冷战之后的欧洲大学没有人们期待的那样重新恢复到之前的卓越地位，但是建校初期的某些专业性学派及强势领域还是继续回到了世界领先的地位，并且在全球具有较高的声誉。

社会学学科在不同国家的发展及其规模是不同的，法国在建立大

---

① 贝格拉. 威廉·冯·洪堡传［M］. 袁杰，译. 北京：商务印书馆，1994：7.

学教育学科时加入了社会学，时间相对较早，普及范围并不是很大；英格兰社会学的普及程度与欧洲大学成为鲜明的对比，同一时期，英格兰大学的社会学诞生之时就已经形成了强有力的实证研究方法，是一般社会人员不可轻易染指的事物；人种学在英国和德国仅仅是某一学科的分支，而在法国却以人类学好奇心的副产品的形式出现。

美国对社会学的认可度较高、认可时间较早，并且迅速发展壮大，明显反映了与欧洲国家社会学发展过程的不同。“芝加哥学派”就是依托社会学科的发展闻名于世。1905 年，美国社会学协会成立。同年，《民俗论》出版，作者是弗兰克·威廉·萨默，他将社会学学科普及于社会，让更多人认识、了解了这门学科。

1892 年，芝加哥大学成立社会学系，创始人是艾尔宾·斯摩。在威廉·伊萨克·托马斯和弗洛里安·兹纳涅茨基的推动下，高等院校内“芝加哥学派”声名鹊起。[①] 芝加哥学派研究目的是厘清导致社会秩序混乱的根源，从而改善其功能的发挥。它以实用主义为旗帜，促使社会学研究进入集体行为模式、城市问题、种族关系等学术领域，将现实问题纳入社会学研究视野，开启风气之先。

芝加哥学派研究的实际问题源于城镇化，移民所导致的社会失秩问题。1895 年，由芝加哥大学出版社承办的《美国社会学杂志》创办。美国的高校，尤其是中部与西部区域的学校，陆续效仿芝加哥大学创立社会学系，通过前瞻性学术研究引领社会发展，加强与学校之间的交流合作，实现共赢。依托学术共同体而关注社会现实问题成为芝加哥大学独树一帜的大学文化并因此世界闻名。

大学学术共同体形成独特的大学文化，学术研究通过不断地互相传递已有的知识，不断深入研究新的知识，在传播过程和途径中不断

---

① 吕埃格. 欧洲大学史：第四卷，1945 年以来的大学［M］. 贺国庆，等译. 保定：河北大学出版社，2019：389-394.

创新，从而获取新的知识。某学派或学术团体的形成，与大学校园这个场域发生了碰撞，形成新的学术特色，所产生的知识和创造力远远超过人类所想象的范围，同时会应用于实践活动。因此，世界一流大学文化建设过程中，学术共同体、学派、社会领导等推动力量使大学学科发展由无到有，由弱变强。

第三节 大学文化的形成阶段

在 19 世纪与 20 世纪早期，世界一流大学处于文化发展阶段，历史长期演变过程中综合了各种因素形成自身的办学特色与校训标志，是区别于其他高校的文化特征。大学校训是一所大学整体风格的历史凝练，代表着大学的气质与个性，是大学精神最直接地体现。[①] 本节围绕世界一流大学的发展史对办学特色与校训进行深入探索，为我国的大学文化建设提供借鉴和参考。

一、办学风格独树一帜

每一所大学都有其办学特色，这往往受众多因素影响，如国家政治、战争、文化变革、大学改革运动等。

在高等教育激烈竞争的背景下，办学特色成为一所学校生存发展的根基。世界一流院校在长期演变过程中综合各因素形成了自身的办学特色，其中办学理念是重要基础，集中体现在学科和专业设置上，教师和学生是学校的主体，也是关键支撑，大学校长则是掌舵人，发挥着至关重要的作用。大学的办学特色要有特色的学科与特色的学术研究专业，管理体制上不断与时俱进，其中加强教师队伍专业性建设。

① 史婷婷. 中外著名大学校训之比较研究［D］. 长沙：湖南师范大学，2009.

大学办学特色是区别于其他院校的独特风格，主要体现在人才培养、学术研究、社会就业服务以及校园文化建设等方面，具有独特性、稳定性、时代性、综合性等特点。（1）独特性。学校的历史文化是不可替代的，具有鲜明的个性。（2）稳定性。办学特色是相对稳定的时态。在学校发展的历史沿革中，以办学历史为积淀所形成的大学特色，发挥的作用影响着一所高校甚至一个国家的教育体系。它是时间和历史的产物，经得住考验，不断被社会认可。它是广告宣传和媒体炒作所得不到的效果。当然，在大学发展中也不会因为领导群体的更迭有所变动，不会因为师生的调动而消失，所以大学特色应是稳定性极高的。（3）时代性。办学特色在历史长河中累积形成，不仅仅是对过去经验的总结，也是经过了发展管理的反复精炼，提升为理性的概念。学校的前景规划与战略谋划是管理层面非常重要的决定，影响着学校未来的发展与成长，成为大学办学特点不断跟进时代发展的标志。（4）综合性。办学特色是学校在发展实践过程当中所表现出来的特色，会出现在学校的各个领域，其思想内涵深入学校校园的角落中，从办学理念到办学实践，从教学活动到科学研究，从学校管理到学生主体中，需要可知可感的显性物化载体到抽象隐性的精神风貌，是一个丰富的综合性特点。①

英国剑桥大学是世界一流大学的佼佼者，影响着英国社会经济的发展，为世界科学与文明的发展做出了重大贡献。剑桥大学的办学特色非常值得我国大学借鉴与学习。著名学者阿什比曾说过："任何类型的大学都是遗传与环境的产物。"在剑桥大学二百周年华诞时校长艾莉森·理查德说过："剑桥的悠久历史和优美的环境是吸引全世界学生和学者的魅力所在。"走在剑桥大学的道路上，绿草如茵，悠久的参天大

① 李颖，李名梁. 国外大学办学特色形成的因素分析及启示［J］. 天津大学学报（社会科学版），2006，8（3）：166-169.

树诉说着历史的故事，校园中世纪教堂式建筑随处可见，各学院的建筑在时代的洗礼下呈现出不同的风格。“剑河”流过校园，所到之处留下的痕迹出现在众多学院，剑河的两岸垂柳婀娜着身姿，与白天鹅两情相悦，这是属于剑桥独特的韵味。

2008年，英国剑桥大学著名的国王学院，在剑河之滨的一块草地上为中国诗人徐志摩立了一块白色大理石的诗碑，这块诗碑如今已成剑桥一景。镌刻诗句的石碑，被切出两个平面，徐志摩《再别康桥》的前两句“轻轻的我走了，正如我轻轻的来”和后两句“我挥一挥衣袖，不带走一片云彩”被放在参差错落的两个平面上。徐志摩曾说过：“我在康桥的日子，可真幸福，恐怕这辈子再也得不到那样甜蜜的洗礼，一个人就会变气息，超凡脱俗，就我个人来说，我的眼是康桥教我睁的，我的求知欲是康桥给我拨动的，我的自我意识是康桥给我胚胎的。”①

剑桥大学的优美环境是学者们向往的，在人才培养与优秀才俊输出中，剑桥大学也是以丰富的研究成果对科技、文化进程起到了强有力的推动作用。剑桥培养出很多大名鼎鼎的学术领军人物，如发现力学三定律、万有引力定律和微积分的物理学家牛顿，因提出自然选择的进化理论而闻名于世的生物学家达尔文，被称为与乔叟、莎士比亚齐名的英国三大文人之一的诗人弥尔顿，科学实验方法的最早倡导者、被马克思誉为“英国唯物主义和整个现代实验科学的真正始祖”的培根，提出著名的图灵理论、被视为计算机科学和人工智能之父的图灵等，他们为人类历史文明的进步做出了重要贡献。

剑桥大学的发展进程中每个学院的历史背景都不一致，实施的学院制各具风格，这是剑桥大学办学教育中最大的特色。大学的财政支

---

① 王平，蒋华林. 论剑桥大学的办学特色与启示［C］//王小梅，庄华洁. 遵循科学发展 建设高等教育强国：2009年高等教育国际论坛文集. 杭州：浙江大学出版社，2009：201-206.

撑是国家公办拨款，但是各学院财政私有，大学不可以直接管理，在大学提供的统一资源外，各学院会有自己的风格和设施建设，如图书馆、体育设施等。国外大学提倡自由，学院会组织安排学生的课外活动场所，如酒吧、剧场等。剑桥大学学术氛围浓厚，学生社团活动丰富多彩。此外，每个学院对本院内的教职员工和学生统一管理，鼓励学生和教师自由交流。

大学办学特色除了学院之间的互动外，还有学生之间的自由交流。在剑桥大学，学院不是按具体的学科或专业进行划分的，而是独立学院中有许多的学科或专业，学生管理实行住宿制，使得来自不同国家、不同文化、不同专业的学生可以居住在一个空间中，进行交流互动。学院制为学生提供了娱乐与学习互不耽误的场所，同学们可以一起谈天说地，开拓了学生的课外活动，使学生的学习环境更加自由舒适，这种办学体制是在历史发展中自然而然形成的，这种学术环境给在校师生创立了一种“家”的情景，让学生在枯燥的学术研究中将课外活动与娱乐活动相结合，这也成为剑桥大学办学模式的亮点。

时任国务院总理温家宝曾指出：“高校办得好坏不在规模大小，关键是办出特色，形成自己的办学理念和风格。”① 在发展中如果没有特色或者没有真正的科学支撑，根本无法提高大学的办学水平和办学质量。世界一流大学的发展和建设离不开学校的精准定位，从而形成独特的办学模式，统筹学校全局的发展战略。

二、校训——文化符号

校训是大学理念、精神的集中体现，具有历史性和长期性，成了

① 张应强. 谈强化高校办学特色的几个问题［J］. 中国高等教育，2002（19）：14-15.

代表性的文化符号。这种文化符号体现着学校的文化脉络、教育理念、价值取向及社会需求的一种精神文化代表，通常以精简的语言文字形式呈现出来。

追溯世界一流大学校训的历史可以看到，中世纪所诞生的大学并没有形成规范的校训表达。16 世纪左右，西方大学开始设计校徽及校训，学校有意识地需要一种能够体现大学精神文化的象征性符号，校训出现比较早的学校是剑桥大学和牛津大学。17—19 世纪初期，西方一流大学如哈佛大学、耶鲁大学、普林斯顿大学、德国柏林大学等建立校训，体现的精神是追求真理，带有教会或宗教色彩。

西方大学的校训不但体现了学校历史文脉与大学精神，还会与社会相结合，表现出学校为社会服务、推动社会向更好的方向发展的努力。如普林斯顿大学的校训“普林斯顿——为国家服务，为世界服务”，这种服务社会意识虽表达得直接但情感丰富，身为普林斯顿人必须具备适应社会之变的能力与社会责任感，有对国家深深的热爱之情，这种价值取向也反映了普林斯顿大学的精神归处；加利福尼亚大学伯克利分校的校训“愿知识之光普照大地”，以诗句的形式抒发对学校精神的情感，胸襟广阔，让人肃然起敬；西点军校的校训“职责、荣誉、国家”，宣扬爱国主义精神，激励学生充分发挥自己的各种能力去报效国家和服务社会。此外，还有麻省理工学院校训“既学会动脑，也学会动手”，柏林大学的校训“为科学而生活”。世界一流大学的校训既将学校的历史、教师与学生的需求上升至社会国家层面，也表达了大学为社会服务的决心和职责所在。

从西方大学的校训中可以看出，大学组织在大学理念和大学精神上是共性与个性兼具的，共性与个性都植根于赖以生存的文化之中。人既是文化的创造者、传承者，也是文化的塑造者。大学校训则是体现人类共性和民族特性的文化符号，这种文化符号必然渗透到每一所大学的办学宗旨、办学传统、管理制度、学科建设、师生群体等各个方面，并转化到育人的整个活动之中。[①] 一流大学的文化建设既要有独特性，又要符合时代赋予的神圣使命，引领社会的前进步伐。

第四节 大学文化的成熟阶段

世界一流大学的文化从创办发展到趋于成熟，归功于学校具有雄厚的师资力量与科学研究的团队，培养的优秀人才成为社会所需要的中坚力量。目前，大学与企业联手合作成为一种发展趋势，校友文化的出现对社会阶层产生积极的推动作用，成为一种向心力。

一、校企联手——孵化器

世界一流大学具有雄厚的师资力量与科学研究的团队，培养的优秀人才是社会所需要的中坚力量。大学生学成毕业，步入社会的就业能力也是衡量学校在学生培养方面的重要标准，提升大学生就业水平，首先需要明确就业的战略目的，完善就业服务体系，通过加强企业与高校强强联合，深度合作，促进学校科研成果转化，提高大学毕业生就业质量，从而在社会发展进步中发挥重要作用。

在未来的社会发展历程中，大学与企业的融合力量会越来越凸显，最关键的是将人才面向市场，把适宜的科研成果进行转化，同时使人才培养、人才模式多样化。通过加强与企业的联手，建立合作机制，将创新文化成果进行转化，实现企业发展为学校成果提供孵化器的目标。校企合作既可以使在校学生明确社会中用人单位所需要的专业能力、就业能力，树立职业思想；又能帮助学校梳理学科体系与课程内容，这样对学生就业发展更有针对性，培养的人才能更快适应社会。

---

① 孙邦华. 校训：大学的文化符号［N］. 光明日报，2014-8-12（15）.

（一）硅谷与斯坦福大学

斯坦福大学具有浓厚的创新创业氛围，它的腾飞是20世纪70年代之后的事，这还得归功于斯坦福文化精神。1951年，工程学院院长特曼提出了一个构想，将四百多公顷土地以极低廉的象征性地租，长期租给工商业界或毕业校友设立公司，再由他们与学校合作，提供各种研究项目和学生实习机会。斯坦福成为美国首家在校园内成立工业园区的大学，并借此跻身美国高等教育的前沿："工业园区内企业一家接一家地开张，不久就超出斯坦福能提供的土地范围，向外发展扩张，形成美国加州科技尖端、人才高地的'硅谷'"。

如果没有斯坦福大学，也就没有了"硅谷"这个高科技的产地，也可以说是硅谷成就了斯坦福，二者形成共生关系。斯坦福大学通过对外出租学校用地，创建科技园，吸引了大批企业积极入驻，一方面解决了大学管理方面的财政赤字，并且将斯坦福大学推进世界一流大学的行列；另一方面促进了"硅谷"的形成、辉煌及产学研的深度融合。

这一时期，伴随着美国西海岸的高科技兴起，斯坦福科技园入驻了许多高科技公司，如通用电气、惠普、微软等，使得斯坦福大学在极短的时间内集聚了世界一流的人才和科技力量。硅谷的成立为斯坦福大学的科研成果转化提供了孵化器，使科研成果迅速转为成熟的产品。据统计，硅谷产值的百分之五六十都来自与斯坦福大学相关的企业。①

硅谷的形成使斯坦福大学创新创业的校内外协同合作基地诞生。斯坦福大学以"实用"为建校理念，其办学制度中的产学研合作教育尤为重要，在创新创业教育方面强调"学以致用，学以创业"。硅谷在校企合作中建立，为斯坦福大学科研成果转化提供了重要平台，教师

---

① 刘力. 产学研合作的历史考察及比较研究［D］. 杭州：浙江大学，2002：105.

在硅谷可以创办自己的公司或者在企业兼职，学生同样也可以创业或者实习就业，这种互利共赢的双生模式成就了硅谷，也激发了斯坦福大学师生的创业精神。

（二）剑桥现象

剑桥大学的学术与科研水平是全球的佼佼者，与企业融合共生推动了高科技产业的发展，世界高等院校纷纷效仿，这种“剑桥现象”为社会发展开拓了新的途径，成为大学发展强有力的基石。所谓的“剑桥现象”，是剑桥大学与企业两者之间合作共赢的模式，两者相互促进，建立起高效的制度体系，出现了创新创业中心、科技园、校企合作中心等实现社会进步与就业的孵化器。①

大学是学术与科研高产的区域，剑桥大学与企业合作的时间长达一个多世纪，其成功是长时间探索与沉淀的结果。剑桥大学为世界一流大学提供了独特的办学模式：（1）以“学术自由”为核心的独特学术氛围在高等教育界闻名遐迩，它赋予了每一位剑桥学子学术自由的权利，注重学生的学术体验，自我理念和思想能够放飞，最重要的是学校会保留他们的知识产权。大学教师和学生自由讨论，分享各自的观点和想法，碰撞出的火花是意料不到的，这一原则为“剑桥现象”提供了思想交流与科研成果转化的坚实基础。“他们必须保证企业界的资助是真正为了进行科研，而不是开发市场上的新产品。科研也必须与教学和考试任务这样的职责性工作分离开。他们必须坚持说服合作者愿意及时地发表和与公众共享研究成果。他们必须坚持自由讨论，例如在参与研究的学生中进行讨论，不论谁是出资者，谁是合作者。”②

---

① 王平，蒋华林. 论剑桥大学的办学特色与启示［C］//王小梅，庄华洁. 遵循科学发展 建设高等教育强国：2009 年高等教育国际论坛文集. 杭州：浙江大学出版社，2009：201-206.

② 布罗厄斯，曹奇伟. 新千年的大学：前沿与合作：在北京大学的演讲［J］. 中国大学教学，2002（5）：7-9.

（2）剑桥大学在校企合作中加强了与企业的联系，成了高等教育这座“象牙塔”与企业、社会联系的纽带。剑桥教师和学生创业时，学校会对创新创业产业进行帮扶，如提供相关的法律支持、财务问题的解答，专门成立大学创新创业中心对创业群体进行专业指导与培训，鼓舞了剑桥人的创新创业精神。（3）大学对基础设施与基础科学建设的投入力度大，主要表现在信息技术领域、生物技术领域、纳米技术领域、材料技术学等学科，为技术的应用奠定了坚实的基础。（4）学校重视多种学科技术的交叉与合作共生，发掘了新兴产业和新技术。剑桥大学里有众多共生融合的学科专业，如信息技术和纳米技术的结合、电子通信和数据传输技术的结合等，这些技术在全球领域极具竞争力与技术优势。（5）大学与企业的合作模式采用的是企业在大学里创建实验室，通过基础实验室的研究，催生一些小型企业，从而创造就业机会。

二、校友文化——向心力

世界一流大学拥有着充满活力的校友文化，在学校社会声誉、师资力量、学术研究、科研资金支持、服务学生等方面源源不断地为大学文化建设提供物质保障和精神力量。

校友文化是长期的、校友与校友之间、校友与母校之间缔结的社会文化关系。校友处于社会背景下，以母校校园文化为宗旨，两者之间的关系极具特色，是一种延续性的财富宝藏，他们的精神互动、情感共鸣、相互合作、交流回馈等活动是大学文化的凝聚力和向心力。①

世界一流大学具有一流的师资力量、一流的科研团队、一流的学科建设、一流的硬件设施和雄厚的资金支撑及优秀的社会人才等重要

① 肖谦．多视野下的大学文化［M］．成都：西南交通大学出版社，2009：12.

特征。大学文化中的校友文化将校友、高校、社会三者进行联系，既提升了学校的社会地位与声誉，也提高了师资水平，促进了毕业生就业，加大了财力支持等。

国务院印发的《统筹推进世界一流大学和一流学科建设总体方案》中指出，到 21 世纪中叶，我国一流大学和一流学科的数量和质量要进入世界前列。建设世界一流大学和一流学科是一项长期任务，需要各方共同努力，完善政府、社会、学校相结合的共建机制，形成多元化投入、合力支持的格局。其中高校要不断拓宽筹资渠道，积极吸引社会捐赠，扩大社会合作，健全社会支持长效机制，多渠道汇聚资源，把增强自我发展能力作为关键环节。大学校友成为这一环节中不可或缺的中坚力量，因为这个群体分布在社会的各个角落，而且数量众多。

校友捐赠对于西方国家来说是一件平常的事情，如美国大学在创办初期，缺少政府资金支持，通过学费收入不能维持学校的正常运转，这时美国的社会资本家将大量资本投入大学市场，通过私人捐赠创立了芝加哥大学、斯坦福大学、克拉克大学等。美国哈佛大学 1925 年即成立哈佛大学基金会，采用企业化的管理运营模式。1974 年，哈佛大学成立了哈佛管理公司，为哈佛大学提供一流的投资管理。耶鲁大学校友捐赠的基金高达二百亿美元，为耶鲁大学提供了每年近百分之四十的运营经费。一般来说，校友捐赠基金的用途主要是在校园建设、雇用师资、设立奖学金等。校友捐赠文化是美国高校易收到社会捐赠的外在因素，而其中的校友情结文化则是校友为母校捐赠的内在动因。

除了向其母校捐赠财产这种大家比较熟悉的经济支持形式之外，校友还可为母校的发展提供诸如智力、信息、舆论、道义等方面的支持；为母校无偿提供教学、科研、学生就业、人才引进等条件，利用自身的社会阅历或创业历程为母校在校生免费做讲座，利用其社会影响力和人际关系在校企合作、寻求支持等方面为母校牵线搭桥，为母校吸引优质生源，在公开场合为母校做形象宣传等。①

美国高校校友文化建设有着丰富的经验和实际组织形式，值得我们借鉴，如普林斯顿大学最具特色的校友聚会活动是“返校节”，它是吸引众多校友返校的“强劲磁石”，这与学校建校以来的多年文化积淀与传承息息相关。

（一）以“班级”为单位组织聚会

普林斯顿返校节以班级为单位开展校友活动，为培养独具特色的校友文化进行铺垫。整个活动从组织安排到活动开展、管理与测评均以班级为单位。各个年级会在离校前组织建立一个年级的校友会，该校友会的成员会提前数月一起建起自己的网站。不同年级的网站各有特色，有的具有通讯录、年鉴、在线缴费、活动注册、信息反馈等功能，有的加入了年度捐赠和校友周刊链接，还有的提供学校所在地的实时天气预报、已登记参加活动的人数、捐赠校友姓名等信息，即使有个别年级没有建立网站，也都有明确的联系人信息供校友与其邮件沟通；班级校友会经全班同学的讨论和推荐，设有主席、副主席、秘书长等职务。为了方便班级校友会活动的开展、聚会的筹措和经费的管理，每一个毕业班级校友会通常还设有班司库一名，那些人数较多的毕业班级还设有班级聚会组织主委，大学校友会还经常鼓励各个毕业班级努力设计出具有班级特色和个性的聚会项目，从而实现“聚会要因所在班的不同而不同”。②

（二）互动方式丰富多彩

普林斯顿大学的返校节一般为期四天，时间通常是 5 月底至 6 月初，聚会活动内容丰富多彩。以 2012 年校友聚会为例，持续四天的聚

① 罗志敏．世界一流大学建设需要培育“支持型校友”［N］．光明日报，2015-12-1（14）．

② 胡维佳．普林斯顿大学年度校友聚会及启示［J］．世界教育信息，2013（8）：31-36．

会安排了体育比赛、户外活动、文艺表演、座谈会、讲座、展览、论坛、校区游览、校内游行、招待会、烟花表演、聚餐、纪念品和年鉴售卖会、颁奖晚会、开放日活动、宗教仪式等近二百六十项活动。普林斯顿大学网站上的2012校友聚会日程安排整整有六十四页，丰富多彩的活动内容让人目不暇接。另外，校长与校友的年度对话、纪念品和年鉴售卖会、普林斯顿大学校队俱乐部年度颁奖晚会、宗教礼拜仪式等都是带有普林斯顿大学烙印的特色活动。

（三）班级纪念活动

班级常青藤项目是普林斯顿大学的特色活动内容，在长满常青藤的拿莎堂举行毕业班的纪念礼，墙壁上会镶嵌一个篆刻着毕业时间的名牌，学校还成立了校友会网站——老虎网，各校友可以通过该网站关注自己所在毕业班级的名牌，校友团聚时刻也会回到母校去看看，寻找属于自己班级的名牌。这种纪念形式，激发了众多校友对在校期间求学经历的回忆，易增强班级荣誉感，唤起校友们珍藏于心的青春记忆。

老虎是普林斯顿大学校友文化的重要标志符号，也是学校的吉祥物，这个标志出现在学校的各个形象传播载体上，如校徽、校歌以及视觉形象载体中导向系统、建筑空间上。普林斯顿大学组织各种类型的班级校友活动时自然而然会出现老虎的踪迹，这已经成为学校的标志符号及校友文化活动的重要视觉形象，如校友活动中会举行“班虎活动”，该活动的口号是“展示你的老虎精神!”，由普林斯顿大学校友会发起并举办。校友首先登录“老虎网”自行下载一张印有老虎形象的图片作为班虎照，在工作或旅行时带着班虎照去，然后在规定期限内通过所在地的邮局把附有班级号码的班虎照以及个人资料（如姓名、所在班级、个人邮箱以及照片拍摄地点等）寄给母校，或者将相关材料直接发送到母校相关部门的邮箱，校友会根据收回的班虎照的数目及班虎照“旅行”距离等多种因素进行评奖。这种独具特色的方式不仅进一步加强了校友与母校之间的联系，而且还有助于增强校友的班级集体荣誉感，从而提高广大校友对于包括班级聚会在内各项校友文化活动的参与度。①

大学校友活动与创建世界一流大学有很大的关系，校园文化建设要保持充满活力的校友文化，离不开校友的支持，建立属于自己风格的校友文化，体现了大学办学上的软实力。培育校友文化是创建世界一流大学的重要部分，凝聚起校友文化，辐射范围会更广更强，分布在社会各个角落的校友聚集在同一个目标下为同一所大学提供重要的物质支持和精神力量，这也是一项长期性的战略性工作需要。

① 胡维佳．普林斯顿大学年度校友聚会及启示［J］．世界教育信息，2013（8）：31-36．

第七章　现代化视域下的中国大学文化建构

大学作为一种社会现象，是人类社会发展到一定阶段的产物，稷下学宫、太学、国子监、书院，都是高深知识研究和传播的机构，是中国古代的“大学”。尽管如此，中国现代大学的产生与西方并不相同。如果说西方大学的产生具有“内生性”的特征，那么中国现代大学则显现为外源性，在特定历史条件下，是外力推动的结果。

在现代化的历史潮流中，现代性所隐藏的历史叙事和权力话语，导致了大学文化一系列危机，比如传统观念弱化、价值观念功利化，以及独立的批判性精神和超越现实的理想主义缺失，导致大学文化式微。中国大学精神的弘扬，亟需继承中华优秀传统文化精髓，不断发掘自身的文化根性，借鉴现代文化，高扬社会主义核心价值观，不断促进大学文化的创新，以推动中国高等教育的现代化。这需要经历一个长期的历史过程。

第一节　中国大学文化发展的源与流

“大学”这个词从汉语传统来说源于四书之一的《大学》。“大学之道，在明明德，在亲民，在止于至善”，而“明明德，亲民，止于至善”为“三纲领”，为达此精神境界，须“格物、致知、诚意、正心、修身、齐家、治国、平天下”，此为“大学八条目”，即“三纲八目”，这可谓中国大学精神之开端。由此可见，中国大学理念的开端追求即作为一种思想和精神境界的大道之学。

一、中国古代大学的历史演进

（一）从“私学”到“官学”：汉代太学的设立

中国古代大学经历了由私学到官学的发展历程。有学者将汉代太学定义为汉朝政府兴办的大学，并认为从严格意义上说，它不仅是我国历史上有文献记载的正式大学，同时也是世界教育史上有确切文字记载的由“中央政府设立的第一所官立大学”①。

上推至商周时代即有相应教育机构，但政教未分，明堂、辟雍、太学皆合而为一。汉武帝时独立设置了太学，虽然初来的规模很小，只有几个五经博士，五十个博士弟子员。汉武帝之所以独立设置太学，是由于董仲舒、公孙弘等建议。元光元年（公元前 134 年），董仲舒在《对策二》中提出汉武帝设立独立太学的建议说：

“故养士之大者，莫大乎太学。太学者贤士之所关也，教化之本原也。……臣愿陛下兴太学，置明师，以养天下之士。”

汉承秦旧，本已有博士官数十人，这些博士本来就可以授徒的。董仲舒不满足于这种状态，所以才有设置独立太学的建议。到了元朔五年（公元前 124 年），汉武帝根据董仲舒的建议，才下令要求丞相公孙弘和太常孔臧、博士平等讨论，提出设置太学的具体计划来。他们在奏章中曾说：“古者政教未洽，不备其礼，请因旧官而兴焉。”意思就是，汉代以前的礼制不完备，也就是说没有独立的太学，要求在旧制度的基础上设置太学。史书当中多有汉代设置太学的印证，如班固《汉书·武帝赞》有兴太学之说，《汉书·王褒传》有“武（何武）等

---

① 熊明安．中国高等教育史［M］．重庆：重庆出版社，1983：2.

歌太学下，……”之言，《汉书·鲍宣传》有“博士弟子济南王咸举幡太学下曰：‘欲救鲍司隶者会此下。’诸生会者千余人”之记载，可见，太学是大学制度的开端。

博士是秦官，掌通古今，是一种备朝廷资政的文化官吏。汉代的博士官设置，除参加政府的政治学术讨论、资政建言或临时性工作之外，主要承担太学教学工作。也就是说，博士官是汉代太学的教官。汉初承秦旧制，仍设有各家博士，文帝时的博士官曾达七十多人。经过汉初六七十年儒家的奋斗，儒家学说在博士中的话语权和影响力越来越大，儒家博士逐渐取得优势。从这一角度来看，董仲舒建言设立太学，也是基于宣扬儒家学说的意图。

西汉自武帝设立太学之后，规模逐渐扩大，数量由五十增加到几千个，博士也由几个增加到十几个。东汉迁都洛阳，光武帝在建武五年（公元29年）初起太学，据陆机的《洛阳记》记载，太学设在“洛阳城故开阳门外，去宫八里，讲堂长十丈，广三丈，堂前石经四部”。又据《翟辅传》，光武初兴，“起大学博士舍，内外讲堂，诸生横巷，为海内所集”。可见，东汉初年所建立的太学，其规模进一步扩大。

（二）中国古代书院制度的发展

书院制度诞生于唐代，兴盛于宋代，延续到明清。书院名称起用于唐代，其性质有官办和私学两种，但真正具有聚徒讲学性质的书院到五代末期才基本形成。袁枚有云：“书院之名起于唐玄宗时，丽正书院、集贤书院皆建于朝省，为修书之地。”① 书院是我国封建社会集教育、教学和研究于一身的教育机构，兼具修书、编书、藏书、传书等多种功能，继承、发扬了中国古代优良的私学教育传统，又在此基础上有所突破，很大程度上弥补了官学之不足。

书院产生于唐末五代十国战乱频繁的年代。唐朝“安史之乱”以

---

① 袁枚．随园诗话：卷十四［M］．顾学颉，校点．武汉：崇文书局，2017：156.

后，国家由强盛走向衰落，政治腐败，民不聊生，文教事业也受到严重冲击，官学废弛，急需诸如书院之类的私学来满足文人墨客治学求学之需。书院的产生还与佛教禅林讲学制度有密切关系，唐代援佛入儒，推行儒释道三教并举，儒教徒每就山林名胜之地，建立禅林，作为修道讲习之所。于是，一些硕学鸿儒纷纷效仿，向往到一些清静、优美的名胜之地读书治学，建立碑林，聚徒讲学之风逐渐兴起，成为书院的早期雏形。

书院真正兴起是在宋朝，当时统治者仍忙于军事征讨，无论从精力上还是财力上，国家都无暇顾及办学。因此，文化传承的重任便无可选择地落在书院这种私立教育组织身上，也因此使书院制度得以进一步发展以至于兴盛于全国。书院制度兴盛于宋的另一个重要原因还在于当时统治者开明的文教政策和宽松的政治环境。北宋是中国古代历史上唯一一个没有因为政见分歧而屠杀知识分子的朝廷，大约也由于这一点，它才达到中国封建文化史上的“巅峰地位”。

中国古代书院在制度上体现为教研相长、开放交流、启发教学、通识教育，呈现出自由独立、兼容并包的管理特色。书院是中国古代传统文化遗产中的瑰宝，是近千年来中国传统文化传承的一个平台，对中国古代人才的培养与学术发展起到了重要作用。从唐直至明清，几经波折的书院教育在每个朝代都受到了不同程度的扼杀，书院制度随着时代演变而不断变化，但实质上书院的含义仍未发生根本变化，始终保持着一种鲜明的个性和姿态，蕴含着倡导独立、勇于开拓创新的可贵精神。

（三）近代以来中国现代大学的制度创制

洋务运动以后，中国建立了三所大学，第一所是 1895 年成立的中西学堂（后称北洋大学堂），即现在的天津大学，中国近代以来第一所真正意义上的大学；第二所大学是 1898 年成立的京师大学堂，它是第一所国办大学，其特殊性在于除了大学的文化使命之外，它还负有行使国子监职能的政治使命；第三所是1901年成立的山东大学堂，它是京外第一所大学堂，也是我国第一所按照章程办学的大学堂。传统不同、理念不同、目的不同，使得近代中国大学的文化发展特色纷呈。

二、中国现代大学的创制与文化样态

与欧洲内生性发展动力相区别，中国社会迈向现代化的动力是外源性的，革命与工业化的初衷和主题是“救亡图存”。清朝末年“天朝上国”的迷梦被西方的坚船利炮所打破，中国封建统治阶层和知识分子掀起一股“尊新崇西”的学习潮流：洋务运动的兴起出于“器物技术不如人”的省思；戊戌变法、辛亥革命的发生则出于“制度不如人”的检讨；而“新文化运动”则是一场对中国“文化不如人”的自我反省。从“器物决定论”到“制度决定论”，再到“文化决定论”，近代中国知识分子在救亡图存实践中不断觉醒，开始了从文化自觉到文化自强的探寻之路。这正是中国大学制度创制、形成、发展的时代背景。

站在新时代发展的今天回顾历史，以1904年癸卯学制颁布和1905年废除科举制为起点，中国现代高等教育的发展已有百余年历史。从中国现代大学创制方式来考察大学的文化样态，大致可以分为三类。

第一类是依据统治要求创办的大学，即国办大学，如京师大学堂（北京师范大学前身）、北洋大学堂（天津大学前身）、山西大学堂（山西大学前身）、三江师范学堂（南京大学前身）等。近代社会的变革使统治者认识到只有积极进行教育改革，兴新学、建立新学堂才能救亡图存、强国安民。在政府及统治者的大力支持下，国办大学开始兴旺，并逐渐成为中国大学的主流。

第二类是近代西方教会在中国创办的大学，即教会大学。比如法国天主教会在中国创办的震旦大学（复旦大学前身）、天津工商大学（河北大学前身）、英国伦敦会与英美其他五个教会合作开办的协和医学堂（北京协和医科大学前身）。西方的坚船利炮轰开了中国的大门，也将西方现代高等教育的形态和样式带到了中国，这就是教会办大学。虽然西方教会创办大学的直接目的是传教、文化殖民，但不能否认，在其影响和带动下，欧美先进的高等教育理念传入了国内，促进了中国现代大学的产生。

第三类是民间创办的私立大学，如南洋公学（上海交通大学和西安交通大学的前身）、上海大同大学、南开大学、厦门大学等。相对于国办大学的政府财政拨款，私立大学则是通过募捐等民间集资方式维持经营，它集社会人力、物力、财力，离不开社会的全面参与与鼎力支持。虽然生存基础薄弱，办学过程中有很大的局限性，但其存在和发展对推动中国高等教育的变革具有不可低估的积极意义。事实上，当时民间创办的私立大学成为后来诸多名校发轫传薪之源头，也成为现代大学不可或缺的重要组成部分。

从欧洲发祥的现代大学在文化发展方面呈现出许多共同特征，这些大学发展理念在传入中国后实现了与中国本土文化的交融，主要表现在以下三个方面。

第一，具有强烈的科学精神。科学精神作为一种价值观念和思维方式是决定欧洲国家最先进入现代化行列的关键因素。文艺复兴时期人文主义者提出“科学理性”的概念，其基本诉求是把人们从封建神学的精神束缚下解放出来，把探寻自然、追求真理、反对蒙昧作为现实生活的基本意义。17 世纪的科学革命极大地吸收了科学理性精神的精髓，把科学主义推广到政治、经济各个领域。1915 年 1 月，《科学》月刊发刊词就曾提出：“世界强国，其民权国力之发展，必与其学术思想之进步为平行线。”科学精神伴随着近代自然科学的诞生而逐渐形成，它以“是什么”“为什么”“怎样做”的基本逻辑来探究世界最本源的东西，这种追求真理的思维定位直接造就了欧洲大学文化突破边界与禁区，探寻客观真理的发展之道。哈佛、耶鲁这样的世界一流大学无一不是把科学精神融入大学文化的建构之中，实现科学主义和人文主义的结合，赋予大学追求真理、科学研究的精神的。

第二，崇尚学术自由。坚持学术自由的理念是欧洲大学文化传承与发展的一个显著特征。洪堡认为，教育要体现包括研究自由、教学自由和学习自由内在的学术自由精神，很多学校，如哈佛大学、牛津大学、剑桥大学都把学术自由奉为经典。① 大学在原则上来说不被权利所主导和支配，是具有“独立之精神、自由之思想”的学术殿堂，而中国的大学之道却带有强烈的家国情怀和人文关怀，与中华民族追求伟大复兴的奋斗史息息相关，同生同构。因而，中国大学的文化发展集合西方学术自由思想和中国传统大学之道的文化内核，开创了中国特色的大学文化发展方向。

第三，重视人才培养。通识教育是大学文化育人根本所在，传授科学知识、培养学生独立思考能力，掌握基本的知识技能，培养全面发展的人才是欧洲大学文化的基本价值，其本质在于注重个人价值的培养。“教育的本质是在认知活动的基础上促进人的发展的一种生命活动，未来的新社会是以每个人的全面而自由地发展为基本原则的社会形式。”② 中国高等教育坚持“立德树人”的根本目标，注重培养学生的个性化发展，鼓励学生独立自主地表达自己的观点，营造有利于学生思考、创新的学习环境，使学生真正成为大学文化传承创新的主体因素。

三、把握中国大学文化与中华文化、西方制度的源与流的关系

中国大学制度根植于中华文化的土壤中并逐步形成自身文化特色，

---

① 张立学. 以文化人：大学文化育人研究［M］. 北京：人民出版社，2019.

② 王冀生. 当代中国大学之道［J］. 大学教育科学，2020（2）：39-45.

大学文化与历史传统之间体现为继承与被继承的关系。梅贻琦在《大学一解》中将中国大学一分为二，指出中国大学“制度上”主要源于西方，“精神上”则中西相通。

首先，中国大学制度创制借鉴了西方大学制度。1912 年颁布的《大学法》将大学界定为“依本法设立并授予学士以上学位之高等教育机构”，并按西式学科进行分类，设文、理、法、商、医、农、工七科。此外还参照西方大学的制度安排，对我国大学的修业年限、教授制度、评议会制度、教授会制度等做了具体规定。[①] 中国大学的最初制度创制源于西方，这是一个事实。比如，中华人民共和国成立前的老清华基本上是一个留美预备学校，即使到建立大学以后，仍然是按照美国的标准来培养学生的。这当然不可避免地带有了很强的殖民地色彩。但是，美国教育也有它的长处，如强调基础知识的教育，强调能力的培养，强调学生的自主学习。苏联的工程教育相比较也有它的长处，专业性强，比较实用，但是学科面比较窄，比较僵化，学生的课业负担也比较重。对此不能采取简单肯定或简单否定的态度，要实事求是地去分析和研究。正是在系统研究和总结了美国模式和苏联模式的长处和短处的基础上，我们形成了自己独具特色的办学模式，为新中国的高等教育发展提供了新经验。

其次，中国大学精神根脉在中国传统文化。在中国文化的大环境中，中国大学制度不可能全然是西方大学制度的移植而不受传统中国教育、文化传统的影响。天津工商大学在建校之初便将极具中国文化特色的“实事求是”确立为校训。“实事求是”一词出自《汉书·河间献王传》“河间献王德，以孝景前二年立。修学好古，实事求是”，原指“搜集资料，根据事实探求考证真伪，以求古书之真义”，内涵几经

---

① 鲍嵘.《高等教育法》学生事务条款的修订与完善：以台湾地区《大学法》为借鉴［J］. 教育发展研究，2011，31（7）：23-27.

演化，在此特指大学应具有的“严谨、求真、求实”的治学态度和治学精神。以欧洲高等教育制度为基础建立的天津工商大学，运用本土文化模式来办学，在实践中继承了中国传统文化探索求真的精神内核。

研究中国大学的发展，河北大学是一个样板。河北大学前身是肇创于1921年的天津工商大学。作为法国耶稣会士在中国北方创建的唯一一所高等教育机构，学校在早期办学中吸收了欧洲高等教育的思想和理念，以工商为重，注重实践教学，采用了严格的法国高等教育管理体制和国际化的办学模式，逐步形成了“中西融汇，学行并茂”的办学风格和“实事求是，中正温良”的人文品性与传统，为社会培养出众多的学术大师和科技、文化英才。

四、中国大学的革命文化传统

中国大学的“文化自觉”凝聚在近代中国时代演进的大变局中，大学与时代形成“塑造与被塑造”的文化发展关系。

在民族危亡的时刻，大学师生喊出了“挽狂澜于既倒，扶大厦之将倾”的呼声，大学院墙里的知识分子、青年学生一刻也不曾与社会变革疏离，反而以巨大的责任感、社会担当投身变革，探索救亡图存之道。在时代演进中塑造了中国大学的独有文化传统，形成以科学、求真为主题的学术文化传统，以责任、担当为主题的革命文化传统，两种传统贯穿在中华文化道统、学统、文统的承继，也随着时代进步不断拓展和深化了人本、科学、权利、开放、包容、创新等品质。

卢沟桥事变后，日寇全面侵华，平津沦陷，为保存血脉相承、薪火相传的教育，保存中华民族神圣的文化力量，北大、清华、南开被迫南迁，几经辗转，终至昆明，建成西南联大。其间，二百多名同学组成步行团，在闻一多、黄子坚等十一位教师带领下，栉风沐雨，徒步跋涉，行程一千八百多公里，历时六十八天，横越湘、黔、滇三省，以坚忍不屈的毅力，完成了世界教育史上的罕见“长征”。曾有人这样评价西南联大：“国难关头，百业俱废，然而联大师生热情不减，弦诵不辍，虽破衣蔽体，糙米果腹，以茅屋为舍，破庙为室，却在短短的八年多时间里，培养了多位世界一流人才。”这里诞生了世界一流科学家和学界泰斗级人物杨振宁、李政道、邓稼先、朱光亚，著名化学家唐敖庆、严志达，文学家闻一多、朱自清、沈从文。这是联大“刚毅坚卓”的学校精神谱写的辉煌办学业绩。①

五、中华人民共和国成立后的中国高等教育变革与文化发展

1949 年中华人民共和国的成立标志着中国历史掀开了崭新的一页，中国大学也获得了新生。优良的学术传统和光荣的革命传统在社会主义条件下得到了很好的继承并不断发扬，清华大学将之概括为“又红又专”的文化模式。当时清华大学校长蒋南翔说：“我们要求‘红’，不是不上课，不学业务，只搞政治。是说我们要有正确的政治态度，就是与社会主义事业共命运，建立起血肉联系，拥护它，保护它，为了它全力以赴。……红与专是不矛盾的，相反，红正是专的无限动力和最主要的条件。”正是在这种思想的指导下，新中国高校在坚持业务要求的同时又大力加强对师生的思想政治教育。

由于新中国所处的国际国内局势以及社会发展的阶段性，当时在文化教育方针上采取了“一边倒”策略，全面学习和照搬了苏联的文化教育政策做法。1952 年下半年起，国家对高等教育进行院系调整，将原有包括文、法、理、工、农、医各科的综合大学一律调整为“新综合大学”，即只有基础学科的大学或专门学院。高校院系调整实现了“两种人会师”的要求，即党员教师要努力钻研业务，提高学术水平，

① 江兴代. 学校文化的传承与创新 [J]. 人民教育，2007（7）：14-17.

成为业务骨干；同时要帮助非党教授、副教授提高政治思想觉悟，吸收其中符合条件的人入党，实现两部分教师在又红又专的方向上共同前进。从客观效果来看，这一要求使得一大批老一代知识分子走进党的队伍，又推进了一批年轻的共产党员成为业务骨干。比如，“学生政治辅导员”在各个高校的普遍设立成为一种文化现象，这也作为培养社会主义又红又专人才的一条重要制度一直坚持到今天。

改革开放四十多年来，中国高等教育经历了拨乱反正、恢复整顿期，经历了20世纪80年代后期的全面体制机制改革时期，经历了20世纪90年代中期高等教育产业化时期，以及进入新世纪以来逐步转入内涵发展、提高质量的新时期，中国高等教育事业获得了巨大发展，成为中国特色社会主义现代化建设的重要动力和宝贵战略资源。

改革开放以来中国大学的发展与变革主要体现为以下三个方面的文化特色。

第一，突出强调中国大学的文化使命和社会担当。我们更加重视和强调高等教育对推进国家和民族发展的重大意义，强调大学是文化传承发展的重要载体，推进文化传承创新是大学的重要职能。大学不仅要积极对接和服务地方发展，而且要发挥自身理性和批判精神，关注中国问题和时代要求，不断总结和传播凝聚了世界历史意义的民族精神、中国道路和社会主义核心价值观等，推动文明之间的对话，为推进构建人类命运共同体做出积极贡献。

第二，突出强调大学发展的国际视野和文化道路。教育的发展必定与社会和文化的转型相呼应，大学文化发展要秉持科学的态度，处理好中华民族传统文化、西方社会主流文化和马克思主义主流文化的关系；要放眼世界、面向未来，吸收人类创造的所有优秀文化成果，树立和彰显中国特色社会主义文化自信，发展具有中国气派的学术文化。

第三，中国大学发展要立足本土，提升自身创新能力，构建中国特色高等教育制度，逐步建设一批世界一流大学、一流学科。创新是文化的本质属性，是文化发展的根本动力，创新能力发挥程度决定着文化发展进步的程度。对于中国大学来说，最重要的是增强“化西”能力，融合中西精髓，探索和发展中国高水平大学建设的现实模式。

总之，没有高等教育实践的新创造就谈不上文化创新，而没有顺应时代要求的新创造就不可能催生中国大学文化不断发展和繁荣。

第二节　中国高等教育的现代化与大学文化发展

现代意义上的中国大学制度发端于19世纪末20世纪初，伴随着国家的起落、民族的兴衰，中国大学已经走过了一百多年的风雨历程。从天津中西学堂、上海南洋公学、浙江求是学院、京师大学堂等第一批真正意义上大学的创建，到新中国成立后我国政府以强大的政治力量重构和调整高等教育内部系统以适应国家建设需要，再到探索出“教育面向现代化、面向世界、面向未来”的战略定位，我国高等教育发展找到了一条“康庄大道”。毋庸置疑，中国高等教育演进的历史进程中饱含着太多的曲折、变革与重生，本节试图按照以下几个时间节点来把握这一发展历程，力争客观呈现出我国高等教育变迁与演进的基本形态。

一、中国大学百年发展历程的探索与演进

19世纪末20世纪初到中华人民共和国成立，是中国大学百年发展的开端。不同于西方大学制度的自然生成逻辑，中国大学并非我国特定文化土壤和文化精神催生的产物，其最初形态源于欧洲教会文化的兴起，这种原点的定位也就决定了中国大学必然是后发外生型组织。“作为西学东渐的产物，中国大学是一种‘建构的制度’，其人为雕琢

的痕迹非常明显，制度建构的功利性色彩浓重。”① 这突出体现在这一时期创办的新式学堂类型上，如山东的广文书院、武汉的文华书院、南京江南水师学堂、武汉湖北武备学堂、天津水师学堂、马尾福建船政学堂等，大都以外语学堂、技术学堂和军事学堂为主，以服务于洋务派“中学为体，西学为用”的建构逻辑，“所学者不过语句拼字文法之类，去西学尚远甚”②。因此，这一时期“教育救国”的思想初衷难免带有功利性，忽视文化建构也就不足为奇。但不可否认的是，晚清政府试图向西方学习来救亡图存的努力在一定程度上开启了中国高等教育的新征程，使近代中国大学开始步入历史舞台。

伴随着中国国内革命形势的变化，中国的大学发展也迎来了新的嬗变，从五四运动开始到中华人民共和国成立前期，我国大学发展中的文化和精神因素日益凸显，大学理念开始从最初的工具性建构向倡导人文主义精神转变。但这一时期大学的发展处于相对混乱时期，在民国后期还出现国统区、沦陷区与苏区解放区三种高校设置制度并存的复杂情况。20 世纪二三十年代，国民政府开始筹建中央大学，建成了一所学科门类最为齐全的综合类大学。与此同时，清华大学也开始向文、理、工全面发展的综合类院校发展，私立南开大学、中山大学、武汉大学、厦门大学、山东大学、浙江大学等高校也相继发展壮大。最为显著的特点是，中国大学在与传统文化、西方文化交融过程中开始从最初的“中体西用”文化观向“学术自由、包容并蓄”的大学文化观转变。这种文化观的变革离不开民国时期的大学校长和大师们的努力，他们在一定程度上影响了大学文化甚至是中国文化和中国精神的走向。

---

① 朴雪涛．现代性与大学：社会转型期中国大学制度的变迁［M］．北京：人民出版社，2012：17.

② 梁启超．饮冰室文集：第 1 集［M］．吴松，卢云昆，王文光，等点校．昆明：云南教育出版社，2001：82.

被誉为“北大之父”的蔡元培先生是我国著名的教育家，他的大学文化理念深受德国政治家、教育家洪堡影响，在借鉴柏林大学“思想自由，大学自治，科学研究，社会服务”治理理念基础上，蔡元培提出把“思想自由，兼容并包”作为北京大学的教育理念。可以看出，前者“思想自由”是西方大学文化的本质体现，而“兼容并包”却是中国传统文化的精髓。因而，蔡元培先生并非简单地传承洪堡自由治校的教育理念，而是使其在中国文化土壤中汲取营养，形成具有中国特色的大学精神。清华大学“终身校长”梅贻琦先生同样是一位具有深厚国学功底的著名教育家，他认为大学首先是“研究高深学问、造就人才”的地方，同时大学还要肩负起“教化社会”的职能。抗战时期不得不“内迁”的西南联合大学，其师生所展现出的“刚毅坚卓、独立自主、民主进步、关注社会”的联大精神成为中华民族抗战史上、中国教育史上的传奇。总而言之，以蔡元培、梅贻琦为主要代表的教育家有意识地将西方的大学理念引入国内，在中国提倡人文主义和理性主义精神，使外生型大学组织在中西方文化交流中不断实现“内化”的现实变革，使中国大学文化发展出现了最早的黄金时代。

中华人民共和国成立后，高等教育的发展表现出服务国家建设的基本特征。

1949 年以前的大学已经具备现代意义上的大学形态和制度构成，中华人民共和国成立后，中国高等教育发展轨迹主要呈现出为社会主义现代化建设服务的目标体系。出于意识形态和国家工业建设的需要，教育部出台《关于全国高等学校 1952 年的调整设置方案》，全面引进苏联“专业教育”的模式，这一模式的主要目的是迅速培养国家需要的各类技术专业人才。当时的北京大学提出学校的发展目标是办成“东方的莫斯科大学”，其录取通知书上也印上了“祝贺你考上东方莫斯科大学北京大学”的字样①，“全面学苏”成为中华人民共和国成立初期中国高等教育的再定位。经过院系调整，我国高校数量从1952年的二百一十一所锐减到1953年后的一百八十三所，很多实力雄厚的综合类大学被拆分为文理学院、农学院、医学院、财经学院等专业类学校，使我国高等教育体系的基本格局发生巨大变动，同时也对这些大学原本的办校理念、大学文化造成严重冲击，其中以号称中国高校“五大母校”的浙江大学、南京大学、厦门大学、武汉大学和中山大学受到的冲击为最大。② 同样，专业教育模式偏重工科，轻文理学科，忽视人文教育和大学文化培植，在一定程度上导致大学人缺乏人文精神的熏陶，导致道德滑坡。

十年浩劫，我国高等教育处于无序发展状态，直至改革开放以后，高等教育面向现代化，面向世界，面向未来的发展理念被提出。

1976年，“四人帮”下台，“文化大革命”画上句号，邓小平官复原职开始主持工作，他做出“今年就要下决心恢复从高中毕业生中直接招考学生”的恢复高考的决定，并提出教育现代化的重要命题，开启了中国高等教育的新征程。1978年3月，邓小平在全国科技大会开幕式上的讲话中指出：“四个现代化，关键是科学技术现代化。没有现代科学技术，就不可能建设现代农业、现代工业、现代国防。”③ 同年4月，他又提出：“我们要掌握和发展现代科学文化知识和各行各业的新技术新工艺，要创造比资本主义更高的劳动生产率，把我国建设成为现代化的社会主义强国，并且在上层建筑领域最终战胜资产阶级的影响，就必须培养具有高度科学文化水平的劳动者，必须造就宏大的又

① 钱理群. 中国大学的问题与改革：我的追问与思考以及我的演说立场［M］. 北京：中国友谊出版公司，2004：255.

② 贺祖斌. 思考大学［M］. 北京：北京大学出版社，2015.

③ 邓小平文选：第2卷［M］. 北京：人民出版社，1994：86.

红又专的工人阶级知识分子队伍。”① 1983 年，邓小平为北京景山学校题词，“教育要面向现代化、面向世界、面向未来”，这种重新定位彻底否定了“文革”时期“大学无用论”“知识分子反动论”“开门办学论”，开始把中国高等教育的发展引入现代化的正轨中来。1990 年，我国高等教育管理体制大改革拉开序幕，教育主管部门提出“共建、调整、合作、合并”的八字方针，新一轮的高校合并轰轰烈烈地展开，这是自 1952 年院校调整以来，中国高校的又一次结构调整，只不过这一次的调整目标是建设实力强大的综合类大学。这一次高校合并在一定程度上影响了高校大学文化的传承与发展，甚至很长时间内合并高校的文化冲击造成的负面影响难以消除。

1995 年 11 月，我国政府正式启动“211 工程”（是指面向 21 世纪，重点建设一百所左右的高等学校和一批重点学科的建设工程），这是中华人民共和国成立以来由国家立项在高等教育领域进行的重点建设工程。1998 年 5 月，时任国家主席江泽民在庆祝北京大学建校一百周年大会上宣布：“为实现现代化，我国要有若干所具有世界先进水平的一流大学”，1999 年“985 工程”正式启动，这一具有战略价值的教育工程是党和国家回望我国高等教育发展史、展望教育强国目标，对实现教育现代化不断反思的结果，对构筑国家创新体系，培养和造就高层次创造性人才，用教育现代化引领社会主义现代化建设具有重要作用。

现代化的过程必然指向现代性，那么何为现代性？一般意义上来说，从传统性到现代性的转型是衡量一个社会存在形态的核心概念。中国人对现代化的憧憬可以追溯到 1840 年鸦片战争时期，当时的先进知识分子在西方强势入侵的背景下遭遇了现代化的沉痛打击，自此开始了追求现代化的漫漫长路。中华人民共和国成立初期，以毛泽东同志为主要代表的中国共产党人便提出实现社会主义现代化的战略目标，

---

① 邓小平文选：第 2 卷［M］. 北京：人民出版社，1994：104.

而高等教育现代化的发展程度是衡量一个国家现代化发展水平的重要尺度。实际上，高等教育的现代化过程就是从传统教育模式向现代教育治理的转化过程，是对历史的回望与调试过程，是对西方教育理念的批判吸收过程，也是对中国传统教育理念除旧布新的过程。①

首先，高等教育现代化具有历史性，是历史调试的结果。英国社会学家吉登斯在《现代性与自我认同》一书中说道："现代性包含了与传统社会不同的行为制度与模式。"这一说法点明了传统性与现代性的显著特征，但容易造成人们在思维方式上对二者的割裂与对立。现代性是现代化建构过程中所要达到的最高目标，是从传统性走向现代性的发展、批判、建构过程，因此二者是继承、发展与创新的逻辑关系，不能盲目将二者绝对对立起来。从中国古代高等教育"大学之道，在明明德，在亲民，在止于至善"的道德教育观，到今天提出高等教育现代化的战略任务，经过了中国传统大学观向西方大学制度靠拢即西方化的发展过程，又实现了审视、批判西方化的现代化转型，是对高等教育自身发展历史反思的结果，是一脉相承的。

其次，中国高等教育的发展是对西方大学制度的批判性借鉴，而非全盘照搬。就近代意义上的大学而言，世界上最早的大学起源于欧洲，而作为外源性组织，中国的大学建构在一定程度上可以说是对西方大学模式、建构制度、理念生成的"按图索骥"，甚至在一些表述中我们会单纯地把赶超西方的过程看为实现现代化的过程。但是正如著名政治学家亨廷顿所言，如果非西方社会想要实现现代化，它们必须走自己的道路，而不是西方的道路，它们必须充分利用自己的传统、体制和价值观，在此基础上实现现代化。② 而实际上，中国高等教育的

---

① 王兴宇. 中国高等教育现代化：推力、困境与突破［J］. 国家教育行政学院学报，2020（6）：58-66.

② 亨廷顿. 文明的冲突与世界秩序的重建［M］. 周琪，刘绯，张立平，等译. 北京：新华出版社，1998：133.

发展完美吸收了西方学术自由的大学精神，并在中国本土化过程中为其注入了包容并蓄、服务国家发展、承担社会责任的中国元素。

最后，高等教育现代化是立足本土，而又面向世界、面向未来的现代化。作为后发外生型组织，中国大学必须适应且融入中华民族传统文化中，在本土化过程中寻找中国特色大学建构的基本方向。通常意义上说，提到现代化会将其等同于“西方化”，但实际上西方教育的现代化也只是高等教育现代化的一个“驿站”，并非高等教育发展进程的终点，中国高等教育要实现的现代化要在时代发展中找准定位，既不脱离世界，又站在世界之外建构真正适合人类社会发展的内在价值体系和精神体系。①

二、高等教育现代化的核心要义

党的十九届四中全会通过了《中共中央关于坚持和完善中国特色社会主义制度、推进国家治理体系和治理能力现代化若干重大问题的决定》，聚焦坚持和完善中国特色社会主义制度、推进国家治理体系和治理能力现代化的若干重大问题。实现高等教育现代化是推进国家治理体系和治理能力现代化的重要环节，也是我国高等教育历史演进的必然结果。

（一）高等教育现代化是人文与科学的统一

人文主义是西方大学文化的核心理念和理论基础，从培养“绅士”到“有效公民”再到“完人”的理念，充分体现了西方大学始终将注重培养学生的人文精神和科学精神作为育人之要。② 然而，人本性和科学性背后的哲学基础是诞生在不同历史时期的人本主义和科学主义，

---

① 王兴宇. 中国高等教育现代化：推力、困境与突破［J］. 国家教育行政学院学报，2020（6）：58-66.

② 张立学. 以文化人：大学文化育人研究［M］. 北京：人民出版社，2019：7.

科学主义的发展和膨胀在一定程度上使高等教育现代化偏离了人的主体性构建，呈现出工具理性对高等教育价值旨归的消解状态。科学理性精神是大学组织的内在规定性，但不是唯一规定性。王义遒先生在《大学之道的比较发展》一文中深刻批判了将“科学”上升到“科学主义”的片面高度，他说：“不少作者都试图将教育学视为一个像自然科学那样可以在实验基础上严密论证的‘科学’，因而他们将重点都放在从脑与神经科学及认知科学中获取结果与方法，这样就会迷失教育的方向，放弃对人生意义的拷问，缺乏对人的全面而自由发展的教育终极目标的追求。”

正如王义遒先生所言，“科学”不能简单发展到“科学主义”的地步，科学主义对大学之道的解构是当前大学文化发展面临的重大困境。中国高等教育的发展大都是在论证欧美高等教育理论的方式下进行的，因而也出现了“加强教育实证研究，促进研究范式转型”① 的改革宣言。再者，随着科学主义演变为工具理性，被这种实用主义和科学主义裹挟的高等教育逐渐脱离人的价值主体的内在规定性，让大学文化的内涵陷入一种精神虚无。因此，我们说实现高等教育现代化首先是人文主义和科学主义统一的现代化，基于人本性的基础上，构建人文精神和科学精神并重的精神文化因素才是教育现代化的本质属性。

（二）高等教育现代化的核心是人的全面发展

大学是进行智识教育和道德培养的社会组织，大学之道的现代化演变应该能体现时代特征。如今，我国高等教育进入普及化时代，当代青年大都接受过高等教育，这是社会文明程度提高的显著标志。进入 21 世纪，习近平总书记提出“把立德树人作为教育的根本任务，培养德智体美全面发展的社会主义建设者和接班人”，所谓“立德树人”

① 华东师范大学行动宣言：加强教育实证研究 促进研究范式转型［J］. 电化教育研究，2017，38（7）：1.

就是坚持中国特色社会主义办学方向，以凝聚人心、完善人格、开发人力、培养人才为工作目标，确立人在高等教育中的主体地位，不断实现人的全面发展。

在科学主义和人文主义思潮对立的时代，科技主义给人带来精神状态上的解析，进而引发深刻的社会问题，现代人在生活中更加看重物质的享受，逐渐成为被物化的“单向度的人”，这种社会风气表现在大学文化建设中凸显为大学精神的衰微和人道目标的消解。因此，在面对以人文主导和科技主导的文化发展方向的斗争中，高等教育现代化的基本方向应该是以人为本，回归人的内在规定性，以人的全面发展作为衡量标准。

（三）高等教育现代化要与社会主义现代化建设同生同构

现代化理论是以欧美为主的西方国家对其发展方式、民主制度以及由此带来的社会变革过程所做的一种抽象解释。现代化的过程一定是欧美国家走过的过程吗？现代化的最终实现形式一定是欧美国家的表现形式吗？现在看来并非如此。我国高等教育现代化是从模仿西方一流大学开始的，但在其本土化过程中我们愈发注意到大学文化的发展应有其自身的理论建构基础和文化底蕴，这是我国高等教育现代化发展应保持的基本态度。

在社会主义国家办大学，坚持党的领导是大学文化建设的基本传统。大学文化建设本身就是社会主义文化建设的一部分，高等教育现代化本身也是实现国家治理体系和治理能力现代化的重要部分，二者是同步发展，同生同构的。因此，在大学文化构建中坚持开展社会主义意识形态教育，全面贯彻社会主义的教育方针，为建设社会主义现代化强国培养人才，凝心聚力是社会主义高等教育的政治责任。

第三节　中国大学文化发展的历史特性

中国大学制度引自西方，却“生”于中国、“长”于中国，在实践中又不断“中国化”，制度创制与文化环境之间体现了“同化与被同化”文化关系。“即便在中国大学制度的创制时期，即学习欧美之风盛行的20世纪20—40年代，大学制度西化很厉害，但也不全是移植和照搬西方，是有取舍和调整的。无论是以清华国学院和北大国学门为代表的大学研究机构对书院的借鉴与弘扬，还是北大的宗旨、南开的‘土货化’政策和具体的管理制度、东大的学风和德育建设，都不可避免地受一些传统制度的影响。”①

因此，中国大学制度从来就不是一个简单的西方概念，而是一个中国化的概念。回顾大学的发展历程，中国的大学教育虽经历了仿日、学美、效法、学苏几个阶段的变迁，但在以儒家学说为核心和根基的中国传统文化背景中，中国大学已形成一些不同于西方大学的独特特点。

从办学导向上看，学科设置和人才培养直接面向社会主义建设的需要。这一时期，清华大学在办学水平上有了巨大的提高。为适应尖端科技和国防发展的需要，学校从1955年起，陆续创办了实验核物理、同位素物理、放射性稀有元素工艺学、电子学、无线电物理、电介质及半导体、热物理、空气动力学、自动控制、固体力学等十个新技术专业，1956年成立工程物理系，1960年以后又相继成立了工程化学、工程力学和自动控制等系，并有意识地发展应用理科。1958年，清华大学成功试制我国第一台全部用国产材料、自行设计和制造的电子计

① 王建华，贾佳. 中国大学的文化性格：缘起、变迁与省思［J］. 苏州大学学报（教育科学版），2016（1）：20-27.

算机程序控制立式铣床。1959 年，清华师生承担了华北地区最大的水库——密云水库的设计任务，在圆满完成任务的同时，也开创了“真刀真枪搞毕业设计”的教学模式，为中国特色社会主义高等教育的发展贡献了新鲜经验。1964 年，由学校平均年龄二十三点五岁的师生组成的研究队伍建成了我国第一座自行设计、建造、调试的原子反应堆，并培养出一批后来的原子能应用领域的骨干。1965 年，清华大学研制成功我国第一台晶体管计算机。这些科研成果是老清华取得的独特的无法比拟的成果。

在科研水平大幅提高的同时，人才培养也有了大幅度的提高。中华人民共和国成立前的老清华三十八年总共培养了不到一万名毕业生，其中相当一部分还是留美预备生。有很多后来知名的学术大师其实并非由清华培养的，他们的主要学术训练是在美国的大学完成的。而中华人民共和国成立以后的新清华，在校生规模迅速扩大到一万人以上，由于当时历史条件的限制，基本上是在清华大学完成的学业，可以说是完全由我们自己培养起来的人才。毕业后，他们响应国家号召，到祖国最需要的地方去建功立业，涌现出一大批学术大师、兴业英才和国家栋梁。仅 1965 届二千多名毕业生中就走出了八位院士、两位中央政治局常委、三位部长，以及一大批学术带头人、大型国有企业的厂长和总工程师。到 20 世纪 80 年代，全国大中型国有企业的厂长、总经理、总工程师中有三分之一以上出自新清华。

从办学实践来看，在批判与继承中把握大学文化的发展关系。总结清华大学的发展历史，最深的感触就是经过一百多年的发展，我们的文化不仅没有中断，而且在新的历史条件下得到了很好的继承和发扬。1962 年，蒋南翔校长明确提出，要用“三阶段、两点论”的观点来看待清华大学的历史，即将清华大学的历史分成三个阶段：老清华、1952 年学习苏联和 1958 年以后。他指出：“每个阶段好的都应保留，有缺点都应想方法克服，肯定成绩，克服缺点，推陈出新，加以分析，再加以综合，在这个意义上说是新阶段。”蒋南翔校长的这个思想后来一直成为我们分析和总结清华大学历史传统的基本指导思想。这一思想的核心就是要按照学校的办学规律的要求办事，坚持实事求是的思想方法，不唯书，不唯上，只求实，而这也是清华大学的大学文化的一个重要组成部分。我们办一切事情都要从客观实际出发，从高等学校教学与科学研究的实际出发，从国家对高等教育的需求出发来考虑问题，而不能拘泥于几条抽象的所谓“原则”。创新总是在总结和分析已有的东西的基础上进行的。那种否定过去，喜欢从零开始的做法，实践证明是不可取的。

要搞好大学文化的传承创新，就要对实践中行之有效的做法进行总结和提炼。大学文化的传承创新不是顶层设计可以搞出来的东西，而是在学校的办学实践中不断总结积累和提炼升华的结果。清华大学历来强调基层出经验，基层出政策。很多后来成为学校传统的做法和口号都是在学校的办学实践中提炼出来的，比如“真刀真枪搞毕业设计”就是水利系师生在承接国家密云水库的设计任务的实践中创造出来的。1958 年国家把密云水库的设计任务交给清华大学，为完成这一任务，水利系中止了原来毕业班学生毕业设计的安排，直接将水库的设计任务分解成学生毕业设计的题目交给学生，在教师的指导下完成。这一做法收到了良好的效果，学生们既完成了毕业设计的训练，又在完成实际任务过程中增加了工程实践的知识，较之原来毕业设计做模拟课题的做法更有利于学生的培养。学校及时总结了这一成功经验，并将其在全校推广，成为全校学生培养的重要环节。多年来，学校总结基层院系工作的成功经验，先后提出诸如“双肩挑”“既要给干粮，也要给猎枪”“争取为祖国健康工作五十年”“八减一大于八”等口号，这些口号通俗易懂，朗朗上口，号召力强，在全校推广后在师生中成为共识，久而久之，就形成了学校的文化。

2011 年，在清华大学建校一百周年之际，学校认真回顾和总结清华大学的历史，将大学文化凝练为“自强不息，厚德载物”的校训，“行胜于言”的校风，“严谨、勤奋、求实、创新”的学风、“爱国、奉献、追求卓越”的传统和“中西融会、古今贯通、文理渗透”的办学风格，进一步将清华的大学文化的独特内涵固化下来，在师生中形成共识。实践证明，大学文化只有从学校的办学历史中去挖掘，从师生的学习、工作和生活中去提炼，才能得到师生的认可，才具有生命力。脱离了学校办学的实际，通过顶层设计搞出来的大学文化，虽然一时轰轰烈烈，但是长远来看很难内化成师生自觉的精神，总归是没有生命力的。

要搞好大学文化的传承创新，就要注意对学校历史的挖掘。一个学校的文化是这个学校历史积淀的产物，所以，要正确地认识一个学校的文化，就必须正确地了解这个学校的历史，而这往往是我们现在所缺乏的。

第八章　新时代语境下中国大学的文化追求

中国特色社会主义进入新时代，如何全面贯彻习近平文化思想，发挥大学强大的文化之力，参与社会主义文化建设和人类文明新形态的发展，担负起新的文化使命，成为摆在高等教育工作者面前的重要任务。近年来，习近平在高校考察及教育座谈会上多次论述“大学之道”，扎根中国大地办大学，坚持办学正确政治方向，培养担当民族复兴大任的时代新人，充满文化自信，将高等教育发展与国家发展紧密联系……道出了中国大学的使命追求，也指明了中国大学在世界格局中迈向一流的“文化坐标”。

习近平总书记多次强调文化认同是最深层次的认同，提出文化自信是更基础、更广泛、更深厚的自信，是更基本、更深沉、更持久的力量。大学是传承文化和培育时代新人的主阵地，遵循文化发展规律，挖掘中华优秀传统文化和社会主义先进文化的深刻内涵，以文化人、以文育人，既是传承中华优秀传统文化的基本手段，也是扎根中国大地办大学的重要举措。面对世界百年未有之大变局，胸怀“国之大者”，以人类文明新形态为追求，积极投身强国建设、民族复兴的伟大历史进程，培养出能适应新时代发展、致力于促进中华民族现代文明的高素质人才，构成了新时代中国大学的重要文化使命。

第一节　以意识形态为内核的发展定向

习近平总书记在党的十九大报告中指出："意识形态决定文化前进方向和发展道路。必须推进马克思主义中国化时代化大众化，建设具有强大凝聚力和引领力的社会主义意识形态，使全体人民在理想信念、价值理念、道德观念上紧紧团结在一起。"① 在这里，总书记强调了意识形态工作与文化发展方向的关系，那就是"意识形态决定文化前进方向和发展道路"。同时，强调了意识形态工作的指导思想，马克思主义中国化、时代化、大众化的最新成果也是文化发展的根本理论遵循。人们经常将意识形态、文化这两个概念连用混用，甚至在使用时不做区分，混为一谈。

一、加强高等院校意识形态建设的重要意义

与文化概念相比较，意识形态则是立足社会结构论基础上的概念范畴。根据马克思主义经典作家的观点，意识形态是与一定经济基础相适应的思想观念、价值理念和伦理规范体系，属于社会精神范畴。当我们谈意识形态工作的时候，必然在理论上指向与之相对应的意识形态问题域，在实践上指向对应意识形态工作领域，比如意识形态领导权问题，以及指导思想、价值主张、伦理规范、发展道路等问题。因此，高等学校作为实施高等教育的机构，在建设与发展大学文化的过程中必然将意识形态工作置于最重要的位置加以研究。

不断加强意识形态工作既是思想文化重要地位决定的，又是由中

① 习近平．决胜全面建成小康社会夺取新时代中国特色社会主义伟大胜利：在中国共产党第十九次全国代表大会上的报告［M］．北京：人民出版社，2017：41.

国特色社会主义大学的职能定位和历史使命决定的。党的十九大报告指出，“要全面贯彻党的教育方针，落实立德树人根本任务，发展素质教育，推进教育公平，培养德智体美全面发展的社会主义建设者和接班人”①。

立德树人是党中央推进教育事业发展的基本方针。这里关键是对“德”的要求和理解，显然，“德”不是传统文化意义上的“纲常伦理”，也不是资本主义意识形态所标榜的那种冠冕堂皇的虚假道德，而是中国特色社会主义意识形态所包含的科学理论、理想目标、价值主张和伦理规范等系统内容，具有规范的系统性和鲜明的政治性。在新的时代，高校要完成立德树人的根本任务，必须加强马克思主义理论教育，巩固马克思主义在高校意识形态工作中的指导地位，通过教育工作的开展，使当代大学生成长为“有理想、有道德、有文化、有纪律”的社会主义新人，使我们的社会主义事业充满生机，后继有人。

社会主义意识形态必然强调马克思主义科学理论，马克思主义科学理论规定了社会主义意识形态质的规定性。马克思主义是一个伟大的认识工具，并为我们建构社会主义意识形态提供了原初逻辑和先声表达，蕴含着中国特色社会主义高等教育事业的使命与初心。大学生从年龄特点上看，是一个动态的发展状态，正处于世界观、人生观、价值观逐渐形成阶段，容易受到外界复杂要素的影响。而高校教师群体不仅体量大，而且层次差异较强，不仅在年龄、专业、学识、兴趣等方面存在较大区别，而且基于各自的成长发展环境，在价值体验和精神追求上也不尽相同。而马克思主义是科学理论，是武装头脑的科学工具，在破除消极思想、辨别错误思想上具有天然和实践检验的优势。只有不断对高校教师和学生加强马克思主义理论教育，才能让他

---

① 习近平. 决胜全面建成小康社会夺取新时代中国特色社会主义伟大胜利：在中国共产党第十九次全国代表大会上的报告［M］. 北京：人民出版社，2017：45.

们真正搞清楚何为马克思主义，以何种态度去对待马克思主义，以何种状态实践马克思主义，这样不仅能自觉抵制西方错误价值观念的消极影响，也能逐渐建立起成熟科学的精神目标，形成超越世俗的价值目标。唯有不断加强马克思主义理论教育，引导师生体验马克思主义的思想魅力，才能让师生真正掌握马克思主义理论的精髓，能够结合岗位实践，自觉用马克思主义的立场、观点和方法，去认识、解释，进而改造世界，实现理论对实践的指导。

高等院校思想文化激荡，是意识形态领域的前沿阵地。在党的意识形态工作中，高校无疑具有区别于其他社会组织的特殊地位和典型特点。首先，能否坚持马克思主义指导地位，落实马克思主义的指导作用，事关高校的正确办学方向、事关立德树人的根本任务、事关办学治校的实践成效。从这个意义上讲，高校的思想文化工作已经超出了单纯的学校的限囿，而是具有很强的政治性、战略性、全局性意义的工作领域。其次，中国特色社会主义大学具有明显的政治特征，我们要培养的是中国特色社会主义的建设者和接班人，其前提便是要接受和坚持马克思主义。因此，高校担负的人才培养、科学研究、社会服务、文化传承创新和国际交流合作的职责使命，是始终与坚持和学习马克思主义及马克思主义中国化的最新理论成果联系在一起的。

中国特色社会主义进入新时代，马克思主义的指导地位只能加强，不能削弱，因此必须进一步加强党对高校意识形态工作的领导，在思想、文化上必须坚持和巩固马克思主义在意识形态领域的指导地位不动摇。必须把握新时代思想文化工作的规律，强化创新理论武装，在实际工作中积极应对新问题，迎接新挑战，更新内容体系，创新方式方法，提升高校意识形态工作的科学性、针对性和时代性。

二、当前高校意识形态工作面临的形势要求、问题挑战

一般情况下，我们所强调的意识形态指的是社会主义意识形态。从大的时代背景和历史坐标来看，当前我们仍处于社会主义、资本主义两种意识形态和社会制度矛盾并存的时代，且当前的世界体系仍然是由资本主义所主导的全球化时代。控制与反控制、渗透与反渗透的意识形态斗争异常尖锐。高等学校不是社会的孤岛，相反，高等教育国际化步伐的加快，人员流动、文化交流和合作日益紧密，各种思想和意识形态相互激荡、相互竞争、相互交融，大学校园已然变成意识形态斗争的前沿领域。

党的十八大以来，中国发生了翻天覆地的变化，人民生活的幸福感、获得感明显增强。同时，国际国内形势正在发生深刻变化，出现了很多错综复杂的新矛盾、新特点，给高校思想文化建设带来许多新冲击、新挑战，也带来了新契机。随着国际力量对比深刻变化、深化改革和深度参与全球治理步伐的加快，多种复杂思想倾向暗流涌动，文化思潮相互激荡。面对如此情境，着眼发展目标，中国大学必须把坚持马克思主义指导地位摆在重要位置，在文化吸收、利用、转化上增强政治敏锐性和政治鉴别力，以实际行动切实担负起政治责任，决不给错误言论提供传播平台和滋长空间。

经济全球化进程的不断加快，以及全世界经济文化交流频度密度的增加，不仅给我国带来了新的发展机遇、新的科技成果，也使国内意识形态领域面临新的挑战，主要体现在两方面：

一是西方政治势力加快了意识形态领域渗透的强度。正如马克思所指出的那样，“统治阶级的思想在每一时代都是占统治地位的思想。这就是说，一个阶级是社会上占统治地位的物质力量，同时也是社会

上占统治地位的精神力量”[①]。在社会主义与资本主义长期并存的阶段，两种制度和意识形态的斗争是严峻而复杂的，这是我们必须清醒认识的形势。伴随着经济全球化步伐的加快，西方资产阶级的意识形态随着经济全球化的脚步不断向外扩散。在此情况下，西方发达国家通过文化意识形态的渗透来维护其霸权，鼓吹“普世价值”，对中国进行西化、分化的颜色革命。同时，西方非主流意识形态的传播渗透出现了新的特点，传播变得更具隐蔽性、渗透性，传播方式更加多样化，对在校大学生进行着潜移默化的影响，比如大学生群体出现的拜金主义、享乐主义、实用主义、自由主义、个人主义等倾向，以及过分追求物质生活，出现了高消费、互相攀比、铺张浪费的行为等。

二是当前高校意识形态领域出现的新问题、新挑战。在高校意识形态领域中，各种思想文化相互交流、交锋、交融，国际思想文化领域斗争在高等学校有着丰富而具体的体现，大学师生思想活动的独立性、选择性、多变性、差异性明显增强。内外因素交互作用催生了高校意识形态工作的诸多问题，如意识形态的渗透很多时候打上了学术研究和学术交流的伪装，传播形式更加隐蔽和多样化；马克思主义在诸多学术思想论坛上失语、失声、失踪现象；有些教师对马克思主义态度淡漠，总是以“纯学术”排斥马克思主义的指导地位，个别思想政治理论课教师将讲授马克思主义视为例行公事，甚至以诋毁和嘲弄马克思主义为时髦；个别学生排斥思想政治课，未读过马克思主义经典就轻言过时……虽然这些现象是极其个别的，但由于高校承担了培养人才的任务，其影响作用是不可小视的。

---

① 中共中央马克思恩格斯列宁斯大林著作编译局. 马克思恩格斯选集：第 1 卷［M］. 北京：人民出版社，1995：98.

三、加强高校意识形态建设的基本要求

持续推进中国特色社会主义意识形态工作不断加强，首要的是坚持和巩固作为指导思想的马克思主义科学理论的重要地位，用习近平新时代中国特色社会主义思想强化理论武装。做好高校意识形态工作更是要直面这个问题，绝不是空喊口号、立场和简单生硬的话语表态，而是必须把意识形态工作真正作为党的一项极其重要的工作去考量、去实践，决定其重要地位的关键是这项工作本身的重要性决定的，关乎这个民族举旗定向，关乎我们的道路方向，关乎国家政治安全，是一个根本性、决定性的问题。

（一）加强高校意识形态工作，必须明确“四个坚持不懈”的基本要求

党的十八大以来，习近平多次就意识形态工作和高校思想政治工作发表重要讲话，特别是在全国高校思想政治工作会议上的讲话，充分表明中央对高校思想政治工作的高度重视，也体现出加强和改进高校意识形态工作的紧迫性。研究者指出，加强中国高校的意识形态工作，首要是“要坚持社会主义办学方向，做到习近平总书记所说的‘四个坚持不懈’”①，即坚持不懈传播马克思主义科学理论，坚持不懈培育和弘扬社会主义核心价值观，坚持不懈促进高校和谐稳定，坚持不懈培养优良校风和学风。这四个方面，将理论指导、价值统摄、保障条件与伦理规范等要素统一起来，并特别强调了马克思主义科学理论的重要地位，纲举目张，现实针对性很强，强调坚持不懈，久久为功。

---

① 韩震. 巩固马克思主义在高校意识形态领域的指导地位［J］. 党建，2017（5）：28-30.

一是马克思主义科学理论作为指导思想和认识工具必须长期坚持不懈。马克思主义理论自身的科学性、发展性和实践性，是中国特色社会主义取得成功的理论基础和保证。要帮助师生树立马克思主义世界观，提升他们对马克思主义的理论认同和现实认同。

二是培育和弘扬社会主义核心价值观，关乎价值主张，必须坚持不懈。高校的教学育人、科学研究、社会服务和文化传承创新等实践都不是“价值无涉”的活动，相反都需要价值导航与指引，社会主义核心价值观教育是一个明确的着力点。通过培育和弘扬社会主义核心价值观，引导广大师生做社会主义核心价值观的坚定信仰者、积极传播者、模范践行者。

三是坚持不懈促进高校和谐稳定，为高校发展和立德树人提供必要的环境和条件。没有安定和有秩序的环境，不仅社会不能发展、文明难以进步，甚至学校日常办学秩序都会受到严重影响。

四是坚持不懈培养优良校风和学风，为高校发展和立德树人提供可持续的氛围和机制。解决思想问题，一个重要方法就是靠良好校风和学风的熏陶，而优良校风和学风也是完善高校治理、优化管理、氛围营造的重要体现和重要成果。

（二）加强高校意识形态工作，必须遵循高校思想政治工作的基本规律

习近平指出：“做好高校思想政治工作，要因事而化、因时而进、因势而新。要遵循思想政治工作规律，遵循教书育人规律，遵循学生成长规律，不断提高工作能力和水平。”三个规律的提出立足“立德树人”的总要求，充分认识思想政治工作、教书育人工作与学生成长相贯通相结合，充分认识其复杂性和规律性，体现了教育主体、客体、中介三者的协同联动统一。

首先，高校思想政治工作是做“知识水平最高和发展潜力最大的一部分人的工作”，高校师生掌握现代科学知识，充分接触各类社会思

潮，学习能力强、情感诉求丰富，自信有主见，高校思想政治工作必须立足其接受特点、成长规律、思想情感和价值追求，体现出针对性、贴近性，转化出工作成效。

其次，高校思想政治工作是触动心灵的工作，也是凝聚共识、汇聚力量、举旗定向的工作。从个体需求来看，要从师生最内在、最深层、最根本的需求入手开展工作，在人才培养的各个环节帮助青年学子树立正确的世界观、人生观和价值观，只有深刻的内在触动才能实现一个人的价值认同和追求。由此来看，如何“循着社会主义核心价值观确定自己的人生方向，按照社会发展大势确立正确的世界观、人生观、价值观”，对高校思想政治工作者来说是一个重大考验。

最后，高校思想政治工作要瞄准高校学生的需求做文章。习近平指出，思想政治工作从根本上说是做人的工作，必须围绕学生、关照学生、服务学生，不断提高学生思想水平、政治觉悟、道德品质、文化素养，让学生成为德才兼备、全面发展的人才。抓住学生思想成长的重要节点，从需求出发开展个性化指导，才能实现学习成果的转化，才能让学生真懂真信。

（三）加强高校意识形态工作，必须重视内容体系建设和方式方法创新

中国的大学是中国特色社会主义大学，在学科建设、知识传授、课题选题、教材选用等领域，务必保持高度的清醒，如何在办校治校、立德树人过程中牢牢掌握马克思主义的主导权是一个需要不断研究、坚决执行、持续巩固的问题。一是提高站位，要在重大政治原则上坚定立场，按照“研究探讨无禁区、宣传讲课有纪律”原则站稳三尺讲台，把好人才培养的科学方向；二是要在理论思潮上坚持批判地接受，注重鉴别吸收，博采众长，为我所用；三是坚持扎根中国大地办大学，扎根中国大地立德树人，吸收外来、不忘本来、着眼未来，努力构建具有中国特色、中国风格、中国气派的学术话语体系。通过研究中国实践、支撑中国发展，着力打造融通中外、具有普遍适用性和广泛接受度的新概念、新范畴、新表述，立足时代需求增强当代中国马克思主义的吸引力、感召力、影响力、贯穿力。但这一过程也是一个不断发展的过程，任何时候都不能故步自封，在创新的姿态中加快构建中国特色哲学社会科学学科体系和教材体系，推出更多更好的教材，创新学术话语体系、改革成果评价体系，在哲学社会科学领域架构起全过程、全方位、全领域的育人框架，实现思想文化的不断发展提升。

要更加注重以文化人、以文育人，广泛开展文明校园创建，开展形式多样、健康向上、格调高雅的校园文化活动，广泛开展各类社会实践。要运用新媒体新技术使工作活起来，推动思想政治工作传统优势同信息技术高度融合，增强时代感和吸引力。

四、巩固马克思主义在高校意识形态领域指导地位的现实路径

党的十九大报告指出，“经过长期努力，中国特色社会主义进入了新时代，这是我国发展新的历史方位”①。新时代坚持和发展中国特色社会主义，就要“牢固树立共产主义远大理想和中国特色社会主义共同理想，培育和践行社会主义核心价值观，不断增强意识形态领域主导权和话语权”②。这为新时代做好意识形态工作指明了方向，提供了基本遵循。现实生活中仍然存在着对马克思主义在高校意识形态领域指导地位的挑战，高校必须采取有效的措施，坚持和巩固马克思主义在意识形态领域的指导地位。

---

① 习近平．决胜全面建成小康社会夺取新时代中国特色社会主义伟大胜利：在中国共产党第十九次全国代表大会上的报告［M］．北京：人民出版社，2017：10.

② 习近平．决胜全面建成小康社会夺取新时代中国特色社会主义伟大胜利：在中国共产党第十九次全国代表大会上的报告［M］．北京：人民出版社，2017：23.

（一）必须坚持党的领导，牢牢掌握党对高校意识形态工作的领导权

习近平曾在多个场合强调，“要加强党对宣传思想工作的全面领导，旗帜鲜明坚持党管宣传、党管意识形态”，“办好我国高等教育，必须坚持党的领导，牢牢掌握党对高校工作的领导权，使高校成为坚持党的领导的坚强阵地”。首先，坚持正确办学方向，把中国特色社会主义大学的办学目标牢牢树立。加强党对高校的全面领导，切实掌握高校思想政治工作主导权，保证高校始终成为中国特色社会主义进入新时代后所需人才的坚强阵地。高校党委要在管党治党、办学治校上站稳政治立场，通过把方向、管大局、作决策、保落实发挥领导核心作用，保证中国大学的政治属性、文化品性。其次，完善高校思想文化工作的领导机制和工作机制，横向到边，纵向到底，形成党委统一领导、各部门各方面齐抓共管的工作格局，把网络织密，把责任落实到位。再次，发挥党组织和党员作用，使每位师生党员都做到在党爱党、在党言党、在党为党，让全体师生听党话、跟党走。最后，要加强高校思想政治工作队伍建设。做好人的工作，首先是要选好人、配好队伍。通过拓宽选拔视野、加强教育培训、强化实践锻炼、增强情感认同，整体推进高校党政干部和共青团干部、思想政治理论课教师和哲学社会科学课教师、辅导员、班主任和心理咨询教师等队伍建设。在思想引领上始终加力，确保方向明、责任清，在实践工作上强化保障支持，确保有底气，有信心，保证高校育人工作后继有人，源源不断。

（二）加强高校思想政治理论课建设，讲透马克思主义理论价值与实践价值

高校是具有较高思维能力和知识水平的学术思想空间，崇尚理性、长于思辨。既然高校是创新思维的场地，那么，师生是最具独立思考精神和批判意识的群体。加强高校思想政治理论课建设，一方面要解决真懂真信马克思主义的问题。如果高校教师不能真懂真信，就不可能真正用马克思主义占领高校阵地。只有我们真正认识到，正是坚持和发展中国特色社会主义理论体系，我国的各项事业才能取得举世瞩目的成就，我们才能坚定不移地相信这个理论体系，坚持这个理论体系，发展这个理论体系。我们只有从学理角度讲清、讲透马克思主义的理论价值、实践价值，只有通过与其他思想流派和学说的比较说明马克思主义的正确性与高明之处，才能真正在思想上产生共鸣。另一方面，要推动学习成果的转化与运用。马克思主义的学术研究不是纸堆的成果，而是认识世界、改造世界的强大思想武器。只有理论真正说服人，才会变成认识和改造世界的武器，才能够产生改造世界的力量。

（三）加强高校舆论宣传与理论传播，不断增强马克思主义辐射力和影响力

当前，学习、研究、宣传马克思主义应该成为高校师生的共同职责。学习、研究马克思主义不是一部分人的事情，而是所有学科、所有师生共同的事情。我们在学习任何学科时都不能放弃马克思主义的学习与研究，马克思主义是所有学科的指导思想；此外，要把学习、研究和宣传马克思主义统一起来，特别是利用好各类校园舆论平台开展思想理论的传播，筑牢校园网络思想舆论阵地。最后，要积极倡导理论与实践相结合，加大马克思主义的理论宣讲，在调研基层、总结实践中不断增强理论的说服力。也就是说，理论宣传方法要把握针对性、贴近性和通俗性要求，从群众的需要和呼声中寻找研究的问题，回答时代性的命题。

巩固校园文化阵地，建设文明校园，要发挥校训和校风的熏陶作用；要加强对课堂、论坛的管理，健全制度，依法治校，从严管理；要牢牢掌握高校意识形态工作的领导权。各级领导和各个部门既要敢于担当，也要讲究策略，善于工作；既要责任到岗，责任到人，更要相互配合，形成合力。

（四）加强高校马克思主义学院建设，推进马克思主义理论研究工作

高校马克思主义学院汇聚了一大批马克思主义的研究者、传播者。高校马克思主义学院肩负着学习、研究、宣传马克思主义的重要使命和责任，是否重视马克思主义学院建设是考量高校是否重视意识形态工作的重要观测点。

我们必须立足于理论创新，着力赋予当代中国马克思主义鲜明的实践特色、民族特色、时代特色，不断丰富发展马克思主义；必须立足于中华优秀传统文化，着力激发中华民族的思想和文化创造力，使中华优秀传统文化不断成为发展中国化的马克思主义的丰富营养。身处一个经济全球化和信息网络化的时代，理论研究必须立足于掌握价值观的话语权和解释权，着力抢占价值观竞争的道德制高点。

第二节　以人的发展为根本的价值诉求

进入 21 世纪，文化俨然已经成为一个国家、民族和政党软实力的重要标志，而大学作为知识的堡垒和科学技术的孵化器，是人类的精神家园，是社会主义建设进程中一支不可或缺的主力军和先行者。大学之所以为“大”，在于其有大德、有大道、有大爱、有大精神，大学文化则是其核心和灵魂。在我国高等教育发展进程中大学携带着象牙塔精神走到象牙塔之外的社会生活领域，在建设社会主义先进文化历程中肩负着重要的历史使命。

一、从知识本位到更加关注人的全面发展

“文化”是一个被广泛使用且具有极大包容性的概念，它几乎囊括

了人类社会中一切社会现象和内在精神的创造、传承与发展。在中国古代教育史中，文化由“观乎天文，以察时变，观乎人文，以化成天下”转化而来，“人文化成”主要是指教育者对受教育者进行教化培养，使其从不明事理之人成长为具有健全人格、人文涵养、法治意识、民主观念、强健体魄之现代化国民的过程。在“文化”的动态发展中，人始终处于主体地位，是创造文化、享受文化、在文化约束中改造文化的核心力量。大学，无论是纽曼所认为的“传授普遍知识的场所”，还是洪堡所提倡的“具有培养人才与发展科学、开展科学研究”双重职能的场所，抑或“大学为社会服务”的“威斯康星理念”，人们对大学的认识经历了一个历史过程。① 要想弄清楚到底什么是大学，大学的宗旨和使命是什么，大学文化在社会发展中的历史使命是什么，这必然离不开“大学人”这个核心要素。“大学生活的一切都要仰仗参与者的天性”②，可以说，大学文化就是大学成员之共同理想信念、文化传统和精神气质所构成的价值系统，即大学人在特定地域、特定时代、特定环境的长期实践过程中所形成的自己特有的思维方式和行为规范，并在一代代大学人的传承、整理、改造与创新中不断积累与深化的精神文明以及蕴含这种精神成果的物质总和。③ 因此，大学人是大学文化最根本的规定性，把握大学文化在社会主义文化建设中的历史使命，必然要树立以人为本的理念，立足大学文化发展的现实情况，坚持全面协调可持续的发展观，将马克思主义人的自由而全面发展的终极价值融入大学文化之中，使我国高等教育事业不仅限于传播专业知识，更加注重“以传授为人之道为根本”，充分实现人的个性发展。

---

① 傅林．世纪回眸：中国大学文化研究［M］．北京：教育科学出版社，2009：23-24.

② 雅斯贝尔斯．大学之理念［M］．邱立波，译．上海：上海人民出版社，2007：147.

③ 李元元．对加强我国大学文化建设的几点思考［J］．高等工程教育研究，2007（4）：12-17+21.

（一）人的自由全面发展是马克思主义最核心的价值诉求

人的自由全面发展是马克思主义最核心的内容和最本质的价值体系，也是共产主义事业最高的价值追求。在人类历史上，马克思主义经典论述中第一次将人当作现实的人来开展研究，人的个性、能力和知识全面发展，人的政治权利、社会地位和人的自然素质协调发展，人的自我需求得到最大程度的满足与尊重是每一个个体生命存在的价值诉求，让“每个人自由而全面的发展”是共产主义事业最基本的原则。中国大学文化作为社会主义社会的一种亚文化，必须牢牢把握我国先进文化的前进方向，坚持以马克思列宁主义、毛泽东思想、邓小平理论、“三个代表”重要思想、科学发展观、习近平新时代中国特色社会主义思想为指导思想，从人的本质出发思考大学文化的基本属性、功能定位和其在中国特色社会主义文化建设中的历史使命，使大学文化真正体现大学人的精神实质和价值追求。

20 世纪 50 年代初，国家为了适应计划经济对专业化人才的需求，在全国范围内的大学进行大规模的院系调整，“培养工业建设人才和师资队伍，发展专门学院”成为当时大学发展的主旋律，使人文教育在高校受到极大的冲击，客观上造成了大学文化中的功利主义思想，我国大学教育一度进入梁思成先生所说的“半个人的时代”。此次院系调整基本上奠定了我国高等教育系统的基本格局和发展理念，过弱的文化熏陶，重物轻人的教育理念，重理工、轻人文的专业设置在一定程度上影响了大学人向着自由而全面发展的价值诉求。① 改革开放以来，党中央致力于把提高全民族的文化素质作为社会主义现代化建设的根本任务，素质教育逐渐取代单一的专业教育，“培养什么人”“怎样培养人”这两大问题在全国高校引起热议，这场关于人的培养模式的转变成为中国大学文化历史上的一次深刻变革，其实质就是马克思主义

---

① 胡显章．先进文化建设中的大学文化研究［M］．北京：高等教育出版社，2009：10.

人的自由而全面发展学说作用的结果。

王国维先生曾说："教育之宗旨何在？在使人为完全之人物而已。"所谓"完全之人物"，是指人的身体和精神两个方面达到一种调和的状态，实现均衡发展，"发达其身体而萎缩其精神"抑或"发达其精神而罢敝其身体"，都距离"完全之人物"相去甚远，甚至背离。[①] 高等教育培养的社会主义现代化建设人才必须如王国维先生所言的"完全之人物"，德育、智育、体育、美育、劳育全面教育理念是大学文化素质教育的正确定位。当前，我国大学教育的发展趋势突出表现为知识本位，过度强调专业教育，很多高校的办学目标和科研教学活动受到功利主义的干扰，培养社会和市场经济所需要的专业型人才或者说是"科学的机器"成为当前大学文化发展的主要倾向。人才培养活动是一个系统工程，文化陶冶过弱、专业教育面过窄、功利导向过重、个性发展受到抑制等问题，其实质是大学文化精神出现偏颇的表现。[②] 大学文化的中心是人，大学文化建设必须从"人"的角度出发，以人为本、方得始终。因此，当前大学文化建设的历史使命就是要让大学回归"人"的大学，回归中国人的大学，将学生作为一个有独特使命的主体性的人去看待。中国特色社会主义大学的文化建设目标就是要把文化育人、以文化人的工作定位到培养社会主义建设者和接班人上。这样的人无疑是人格健全，心理和生理，情感与理性，智力与体力全面协调发展的、具有综合素质的人，无疑是有坚定的家国情怀，勇于为中华民族伟大复兴竭尽全力的一代。拓展一点说，这不仅是马克思主义关于人的学说的体现，也是社会主义现代化建设的时代呼声，更是中

① 王国维. 论教育之宗旨［J］. 教育，2014（19）：75.

② 文辅相. 文化素质教育应确立全人教育理念［J］. 高等教育研究，2002，23（1）：27-30.

国特色社会主义大学的新的时代使命。①

（二）实施“全人教育”是解决当前大学文化现实困境的需要

我国古代著名教育理论专著《大学》开宗明义地阐明了教育的本质和办学传统的精髓，“大学之道，在明明德，在亲民，在止于至善”，使人达到至善至美的最高境界是大学教育的核心价值，“自天子以至于庶人，壹是皆以修身为本”，通过“修身”使自己成为道德完善之人是“齐家、治国、平天下”之根本。由此可见，追求人格修养和道德底蕴是中国古代教育传统的精髓所在。当今，探索办什么样的大学，大学精神文化的正确定位是什么，大学应该培养什么样的人成为高等学府在这个文化开放的时代难以避免的命题。王冀生先生在《论大学文化》一文中阐述了大学文化的本质，他认为，大学作为培养人才、进行科学研究、提供社会服务、传播文化的特殊机构，必须具备自身超凡脱俗的文化品位和价值追求，“以人为本”的人文精神和“求真务实”的科学精神是大学文化的核心和基础，“放眼未来”的超越精神与气魄和“自强不息”的奋斗精神是大学文化的灵魂。② 究其根本，大学文化的主体是人，而教育也是“人”的教育，“全面培植人性”，实施“全人教育”③ 养成学生之健全人格，塑造学生必要的文化心理积淀是大学精神文化与大学教育的共同价值追求。

在党和政府的领导下，我国大学文化建设总体上处于积极健康的发展趋势。但在大学文化发展过程中所遇到的结构性冲突、价值观冲突也给大学生甚至教师的思想观念和行为方式造成一定的负面影响。2002 年一则“清华大学学生硫酸泼熊”的新闻震惊了整个社会，科学

---

① 刘铁芳．大学文化建设：何种文化　如何建设［J］．高等教育研究，2014，35（1）：11-16．

② 王冀生．论大学文化［J］．浙江万里学院学报，2005，18（6）：1-3．

③ 文辅相．文化素质教育应确立全人教育理念［J］．高等教育研究，2002，23（1）：27-30．

知识与道德文化的断裂让人不得不深刻反思大学文化的方向是否出现偏差。类似的极端校园事件并不仅限于这一件，网络暴力事件，以“恶搞”“调侃”为主题的校园文化污染现象，大学生心理承受力差自杀事件，“世俗文化的‘殖民地’和‘跑马场’”的文化失衡倾向使大学失去了原有的神圣、清高与纯净。保持科学理性的头脑，为社会主义现代化建设培养人才是高校的社会责任，但是，需要说明的是，科学教育并不意味着排斥人文精神的培育与建设，技术教育也不意味着大学文化中要沾染浓厚的功利主义色彩。剽窃抄袭、弄虚作假、买空卖空等学术不端行为和机械化培养“科学机器”的学术风气严重影响大学文化的平衡发展。大学文化建设是纯粹的、干净的，培养大学人之健全的人格，培植全面的人性才是大学文化的真谛，这些出现在大学文化建设中的偏差与错位为大学文化的发展方向指出了明确的答案。

问题是时代的呼声，坚持问题导向是科学研究的立足点。大学文化的形成是一代代大学人潜移默化地自觉传递、创新、发展本组织理想信念、价值体系、道德认同的过程，大学文化的实质即大学人的问题，大学文化出现式微的发展倾向，是大学人行为的结果。[①] 文化有着“化人”的作用，同样“人”也是创造文化的主体。因此，针对现实中大学精神文化困境，坚持以人为主的指导理念，兼顾科学研究、人才培养与人文教育、道德教化的平衡发展，实施“全人教育”，使大学生成为一个相对完善的人是大学文化建设的时代使命。

（三）人的发展问题是社会主义大学文化建设最根本问题

社会主义文化建设一直是我党几代领导人不断探索的重大课题，在中国革命和建设的不同时期，我国文化建设不断发展并形成了一个科学的体系。以人民为本位的文化价值观是毛泽东思想的重要组成部分，在毛泽东同志看来，只有人民才是创造历史的动力，文化发展只

---

① 胡显章. 推进大学文化建设的几点思考 [J]. 中国高等教育，2010 (18)：22-24.

有满足人民的需要，让人民成为社会主义文化建设的主体，才能真正体现其价值。在坚持“为人民服务”基本原则的基础上，邓小平同志提出要将人的发展放在文化建设的核心地位，尊重人，重视人，培育“有理想、有道德、有文化、有纪律”的时代新人，促进人的全面自由发展。在此基础上，江泽民同志首次提出“中国特色社会主义文化”这一崭新概念，中国特色社会主义文化建设要以科学的理论武装人，以正确的舆论引导人，以高尚的精神塑造人，以优秀的作品鼓舞人，始终将人作为文化发展的中坚力量。胡锦涛同志坚持以科学发展观统领文化发展大局，充分发挥人民的主体作用，继承与发展了以人为本的文化观。新时代，习近平同志提出“文化自信，是更基础、更广泛、更深厚的自信”的时代命题，对个人发展而言，文化自觉与自信是正视自我的基础，发展自我的基石，实现自我突破的动力。为人民服务的思想始终贯穿在中国特色社会主义文化之中，实现人的自由而全面的发展是我国文化发展的根本目标。

大学文化作为整个社会文化系统的重要组成部分，必须始终坚持中国特色社会主义文化建设的指导方针和核心理念，用马克思主义中国化最新理论成果指导大学文化建设，以大学人的需求与发展作为一切工作的行动指南和出发点，使大学文化为大学人的全面发展提供正确方向。因此，大学文化建设中首先要从精神层面确立以师生为主体的大学人为根本出发点的社会主义核心价值观，在组织建构中坚持“教师全面自由发展”的原则，既要尊重教师的主体性和积极性，又要支持教师的科研行为，为教师的全面发展鼓劲加油，更要着眼未来，留出发展空间，把压担子、指路子、提点子、给位子、发票子结合起来，使其在没有后顾之忧的前提下进行科学研究和培育良才。在管理与教学工作中，要坚持学生“全面而自由发展”的理念，破除知识本位的传统观念，在掌握基本理论知识的基础上培养学生创新性的思维能力，激励学生不断发现问题，提出问题，构建多样化的人才培养模式。更重要的是，大学文化建设要关注学生的思想品德教育，社会发展需要的不是“科学机器”，而是有血有肉的、有坚定政治理想、有社会抱负的全面发展的人才。

大学是传授知识、钻研学术、探讨科学的重要场所，是为社会主义现代化建设培养人才的基地，与其他社会单元相比更加具有科学性。[①] 大学文化通过精神熏陶对大学人产生现实的、潜在的和长远的影响，通过大学人与社会的良好互动，将追求科学、探索真理、崇尚真知的精神文化广泛地在社会成员之中传播，用大学精神引领社会文化的发展，不断提升全民族的精神文明风貌，这是大学文化推动中国特色社会主义文化发展的重要表现，也是大学文化的社会使命。

二、从传统到现代，大学发展向文化层面提升的内在要求

大学教育与文化有着内在的、天然的联系。王冀生先生曾对大学的本质提出具有建设性的意见，他认为“大学是一种功能独特的文化机构，是研究、传承、融合和创造高深学术和真理的学府，这是大学的本质所在”[②]，在其长期办学实践中以大学人为主体所形成的独有的文化与精神产品是整个大学的核心竞争力。而王义遒先生则更加明确地指出，“育人、延续和发展文化是大学的核心使命和职能”[③]，人类发展的实质就是文化的发展，大学教育肩负着扩增人类文明、教化人类，维持人类生存和发展的重任，因而，大学的发展必然要实现向文化层面提升的飞跃，把教育落实在“文化育人”上，切实提升大学人的文

---

① 赵沁平. 发挥大学第四功能作用　引领社会创新文化发展［J］. 中国高等教育，2006（15/16）：9-11.

② 王冀生. 大学文化的科学内涵［J］. 高等教育研究，2005，26（10）：5-10.

③ 王义遒. 论大学精神形成演变的逻辑之道：大学精神之我见［J］. 中国高教研究，2012（9）：9-16.

化素养。20 世纪以后，大学经历了数次调整与转型，大学理念、大学精神、大学的办学宗旨等实质性的问题在不断地探索与争论中逐渐成熟。进入 21 世纪，市场化、全球化、信息化成为时代的主题，新时代的大学之路该怎么走，如何实现大学的“内涵式发展”，建设世界一流大学靠什么是当前高等教育亟待探讨的问题。一流大学首先是大学，要始终坚守“育人”的真谛，通过“教化”的手段使学生学习知识，学会做人，传承和发展优秀文化，从而实现“人文化成”的办学理念，而这个过程就是文化。① 因此，在大学发展演变的过程中，大学文化是大学发展的灵魂，面对市场经济的负面影响与冲击，在保持大学独立精神和自由思想的路上，大学文化起着重要的统摄作用。

（一）大学实现“内涵式发展”必须坚守文化本位

新时代全面深化改革成为时代背景，在社会经济全面转型的关键节点，推动我国高等教育“外延式发展”与“内涵式发展”有机结合，更加注重“内涵式发展”模式，不断适应改革创新的时代潮流是当前大学发展的正确方向。所谓“内涵式发展”，马克思最早在政治经济学领域对这一概念做出描述，“如果生产场所扩大了，就是在外延上扩大；如果生产资料效率提高了，就是在内涵上扩大”②，将这一理论逻辑运用在大学演变之中，就是说大学发展要从事物内部结构出发，以事物内部因素作为发展动力，对现有的高等教育资源进行深度挖掘，把大学理念、大学文化和教育科研、人才培养全面贯通，使大学的文化建设融入其中、贯穿始终，实现以文化人、文化育人，推动大学实现良性发展、质性飞跃。内涵式的发展道路是我国高等教育的必然选择，科学、高效、协调和均衡发展是大学演变的内在历史规律。自

---

① 王义遒. 建设世界一流大学究竟靠什么［J］. 高等教育研究，2011，32（1）：1-6.

② 马克思. 资本论：第二卷［M］. 中共中央马克思恩格斯列宁斯大林著作编译局，译. 北京：人民出版社，1975：192.

1999年扩招以来，增设大学，增加专业招生，扩大校舍面积，引进科研设备的外延式发展模式在一定程度上提高了我国高等教育的总体规模，但是，外延式发展带来的结构性矛盾，就业人口与社会需求矛盾，资源浪费等社会问题成为大学发展的桎梏，严重制约了大学的高质量发展和可持续性发展。因此，走“内涵式发展”道路，将尊重大学客观发展规律、着重大学内在“质”的发展作为大学发展的生命线，以改革创新为导向，杜绝“摊大饼”式的发展模式是当前大学自身发展的必然要求。

无论从大学自身发展的历史规律和内在需求来看，还是从当今社会开放、多元化的大背景来看，今天中国大学的发展比历史上任何时期都需要一种精神、一种理念抑或一种价值体系——大学文化这个发展灵魂，在这种大学文化的驱动与统摄下协调发展高校的物质文化、精神文化、制度文化和环境文化，保证大学学术自由、追求真理、求真务实的价值本质，使大学真正成为“人类精神文明家园”。曾任北京大学校长的周其凤先生在论及北大精神特质和北大文化建设工作时曾指出，“古往今来，大到文明兴衰，小到此增彼减，无一不是文化因素的根本推动作用”，创建一流世界大学最根本的是“重质量、重内涵、重文化”，在追求“质量一流、精神文化一流、教风学风一流”的高等教育发展阶段文化建设至关重要。[①] 大学文化具有认知性、创新性、多元性和批判性等鲜明特点，在提高大学人的文化认同，推动科技创新与进步，进行思想碰撞和文化融合，以“对知识真诚”的理性思维引导探索真理、解决人类面临的重大问题上都扮演着重要角色，对促进和实现大学“内涵式发展”过程中起着根本性作用。

实现大学“内涵式发展”必须坚持文化本位。这里所指的文化渊

---

① 周其凤. 试谈北大精神特质及北大文化建设工作［J］. 学校党建与思想教育，2013（1）：4-6.

源，其一在于中华优秀传统文化中的教育理念和我国大学演变过程中所形成的大学精神。中国古代经典中具有丰富的高等教育思想资源，“古昔圣贤所以教人为学之意，莫非使之讲明义理以修身，然后推己及人……”“六艺经传皆通习之”，教育的宗旨在于弘扬中华传统文化中注重道德的人文精神，在于使人达到至善的境界，又要坚持培育人才，注重教化，以文化引领社会前进方向。自近代大学产生以来，大学在不同的发展时期亦形成了带有时代烙印和地域标识的大学精神与文化传统，高等教育在摸索中实现自身追求的精神价值都是我国大学文化发展的深厚基础。其二，马克思列宁主义、毛泽东思想和中国特色社会主义理论体系是新时代大学文化建设的指导思想和理论渊源。社会主义大学文化建设必须坚持社会主义先进文化的前进方向，确保社会主义理论在意识形态领域的指导地位，以社会主义核心价值体系为根本，用社会主义核心价值观引领大学文化的建设方向，不断凝练大学精神，实现大学发展由追求规模、数量向教育均衡发展、内涵式发展的转化与过渡。

（二）社会经济全面转型迫切需要发挥大学文化的引领作用

经过改革开放四十多年的不懈努力，中国的市场经济改革不断深化，经济持续快速健康发展，人民生活质量不断提高，教育科技实力渐趋增强，国家地位明显提升，中国特色社会主义事业一片欣欣向荣，参与全球治理不断深化、拓展。改革整体呈现出纷繁复杂的局面，引起了社会生活领域的巨大变革，中国社会处于急速转型期。当前的社会环境给大学发展产生了一定的影响，最直接的是社会转型期一些领域的道德失范现象严重干扰了大学人的道德认知。学术造假、论文抄袭、篡改他人学术成果等学术不端行为接连发生；多元文化和各种社会思潮冲击着大学生的理想信念，消极道德观和价值观蔓延，对社会正能量的传播造成一定影响；市场经济的功利主义思想使高等教育的办学宗旨出现偏颇，高校在整体功能中重物轻人、重科研轻教学、重理工轻人文，人文关怀缺位等发展趋势严重背离了高等教育的办学宗旨和理念，产生了一些不容忽视的影响。大学校园日益开放，大学与社会的联系越来越紧密。当代社会思想的重大变迁对高等教育的发展理念和自身现有的体制机制产生一定的冲击。大学文化建设的积极性和自觉性相对滞后，大学文化发展呈现“非规范性、非道德性、非健康性”的庸俗化，“无个性、无特色、无创新”趋同化，“文化肤浅、无深度、缺乏人文性”简单化趋势，使大学的精神价值和大学文化的引领作用失灵。①

社会服务是大学的基本职能，为社会主义建设事业培养有思想、有抱负的时代新人，用优秀文化引领社会发展是大学社会服务的文化使命。在实际中，我国社会经济不断发展，人民的生活质量极大提高，丰富的精神文明生活成为人民群众的热切期盼，但精神文明建设的效果却不尽如人意，道德失范的行为和现象时有发生。大学文化在精神文明建设的过程中没有发挥相应的文化引领作用，在文化传承与文化传播中没有起到思想启蒙、唤醒社会成员文化自觉自信、引领社会新思潮和正能量的效果，反而很多大学沉浸在知识与科技的象牙塔，甚至是虚假观念和理论的陷阱之中，不仅没有承担起社会服务的文化使命，反而使大学失了灵魂与精神。“大学不是风向标，不能流行什么就迎合什么。大学必须时常给社会一些它所需要的东西，而不是满足它的欲望，否则大学就会犯荒唐的甚至灾难性的错误”②，这就需要大学在社会转型的发展期，用理性的思维、清晰的头脑和批判的态度对待多元的价值观和文化思潮，汲取优秀的文化养料，用科学严谨务实的态度加工、融合，不断创造并培育新文化，通过大学人的社会实践行

---

① 眭依凡. 关于大学文化建设的理性思考［J］. 清华大学教育研究，2004，25（1）：11-17.

② 弗莱克斯纳. 现代大学论：英美德大学研究［M］. 徐辉，陈晓菲，译. 杭州：浙江教育出版社，2001：3.

为走出校园，走进社会，积极承担引领社会先进文化的使命。

大学之所以被人向往，“是因为大学有大师、有大德、有大爱、有大精神，文化的高度是思想，而大学是思想的加工厂和推进器，没有思想厚度的大学，没有道德文化堡垒的大学就失去了社会文化的高地”①。一所大学有独特精神与文化底蕴才会有崇高的精神追求，才能在发展中坚持自我，推动自身文化走向社会，形成辐射效应，用文化的灵魂丰富人类的精神殿堂。因此，适应全球化的发展浪潮和社会主义市场经济的步伐，大学要加强自身文化建设，营造独具魅力的精神氛围和文化气质，凝聚全校师生的价值认同，在守住大学精神的基础上更加明确大学的办学理念、目标定位和教育模式。特别是要立足我国社会经济全面转型的关键节点，坚守社会主义先进文化的高地，在中西方文化交流碰撞中为社会主义精神文明建设提供文化支撑，大学始终承担着先进文化的推动者和塑造者的社会角色。

（三）文化传承创新是大学的本质使然

胡锦涛同志在庆祝清华大学百年校庆的大会上明确提出“高等教育是优秀文化传承的重要载体和思想文化创新的重要源泉”，首次将“文化传承创新”与“人才培养、科学研究和社会服务”作为大学的主要功能并举。从更深层次说，“文化传承创新”不仅是赋予了大学“第四功能”，更重要的意义在于明确了大学在新世纪国家创新体系和教育强国战略中重要地位与历史使命，为全面提高高校教育质量和发展文化教育事业指明了方向。② 文化传承创新成为大学从传统到现代的新的历史使命，也是新时代我们认识大学本质的重要层面。大学是学术思想自由、探索和传播科学文化的场所，是一个有关普遍事物知识的团

---

① 徐显明. 文化传承创新：大学第四大功能的确立［J］. 中国高等教育，2011（10）：10-11.

② 施小光. 文化传承与创新：现代大学新使命［J］. 清华大学教育研究，2011，32（3）：50-52.

体，这里几乎集中了全部的人才与知识资源，成为生产和创造当今社会发展所需要的思想、文化、科学、知识等精神文明成果的智力内核。在一定意义上，当代中国大学培养人才，进行科学研究，为社会发展服务其最终目的都是为了实现文化传承和创新，实现中华民族的文化复兴，这是大学发展内在规律的本质要求。在当今这个时代，文化是一个国家在世界舞台上的名片，是一个民族的精神家园和集体记忆的符号，是综合国力的重要标志，中国的大学必须承担起文化创造性转化和创新性发展的社会使命，甚至比历史上任何时候都要承担得更多。

现代大学文化传承创新的本质在于使大学成为思想和文化的中心。在大学人主动融入社会、引领社会的过程中产生文化辐射效果，在与其他社会成员或组织的互动关系中感染更多的人，这时大学传承创新文化的使命就会超越大学文化本身，超越大学知识传授的基本面，进而以社会良心的姿态、以文明灯塔的状态引领社会先进文化的前进方向，引领时代的进步和文明的发展。任何大学文化的发展与创造都是植根于一定的历史土壤。中华优秀传统文化就是中国大学文化的优良基因，传承与创新中国古典文明，整合传统文化与社会主义精神文明，不断丰富和发展符合人类社会发展方向的先进文化是大学发挥文化传承创新职能的主要任务。在政治经济文化相互交融的时代，大学是一个多元化的复杂巨型组织，来自世界各地的学生群体，不同领域的专家学者，各司其职的行政管理人员，千千万万的组织部门和社会产业，在这个和谐的文化村庄里自由地探索真理。① 大学之所以称为“大”学，正是由于它实现不同文化价值之间的相互理解与包容、沟通与借鉴，超越古今中西一切人类的优秀文明成果，超越了不同文化形态的对抗和冲突，以整合的状态呈现出来，达到了“各美其美、美人之美、

① 大学实现文化传承创新功能的机制研究课题组．大学文化职能新论［M］．北京：中国社会科学出版社，2015：6-9.

美美与共，天下大同”的最高文化境界。因此，以国际眼光看待世界上的异质文化，充分吸收各国优秀文明成果，注重多元文化与中国古典文化的有机结合。在包容、吸收、借鉴的良性互动中发展社会主义先进文化，这是大学在文化传承与创造中必须坚守的根本原则。

在知识经济和全球化时代，文化的知识传承与创新固然重要，但是，文明守卫、文化育人、价值批判和引领社会是文化传承与创新更深层次的要求，也是我国大学进行文化传承与创新的核心和重点。① 大学，由知识启蒙扫除蒙昧，开启智慧，点亮人类自由而全面发展的灯塔，它是文明启蒙最好的载体，也是文明守卫最好的武器，成为发展社会主义先进文化的中坚力量。教育的根本目的是“使人为完全之人物”，通过开展科学和人文教育，充分挖掘、激发学生的优势和潜能，做到“人尽其才”，培养大学生成为一个完全的相对完善的人，而非只是工具化了的“单向度的人”。大学是认识未知世界、探索客观真理、进行知识创新的场所，在文化传承创新，推动科学技术成果向生产力转化的过程中并不是简单地原本照搬，而是对原有的文化、技术、价值、理念进行思考、批判、探究、论证进而达到推陈出新的最终效果。同时，“大学还应该保持一种态度——容忍与包容，使那些与自己目标截然相反的人能够被接纳与承认”②，在价值批判和文化批判中追求真理，探索真知。任何一个社会都需要建立一个机构来专注知识与科技的探索，进行社会文化的传播与创新，对其社会成员进行意识形态的教化与引导，规避社会发展过程中可能遇到的风险与挑战，而这个机构就是大学。大学是国家进步力量的先驱、时代的风向标，引领社会发展的方向。

---

① 王冀生．我国大学应当自觉地承担起文化传承创新的重大使命［J］．清华大学教育研究，2011，32（3）：41-44.

② 雅斯贝尔斯．大学之理念［M］．邱立波，译．上海：上海人民出版社，2007：5.

第三节 以“两个结合”为关键的方法路径

作为哈佛大学的第二十六任校长，陆登庭说过：“一所大学如果不能在各个重要的学科领域竭尽全力，包括对于探究人文价值、社会结构及其历史发展等多种社会形态，以及人类传统、文化和世界观起核心作用的人文学科领域，它就不可能真正成为一所杰出的大学。”这也给我们提供了诸多启示，在建设高水平大学、一流大学的进程中，既要加强人文社会学科的建设，又要积极营造浓郁的文化氛围。

以 1919 年的五四运动为标志，中国文化逐步走出了闭关锁国的自我禁锢，开启了现代变革与发展的历史进程。这个历史进程在多样文化的激烈冲突中孕育，在东西文明的强烈碰撞中迸发，在对自身文化传统的改造和世界多样文明的广泛吸收中不断生新，这个历史进程正在当下不断延续。

我们要重新审视这个历史进程，它发端于 19 世纪与 20 世纪之交的西学东渐，形成于 20 世纪三四十年代，其实质是新民主主义文化的形成，在这个历史洪流中，中国现代大学得以创立并不断发展。从这个意义上说，中国现代大学是现代文化发展的历史结果。反过来看，恰恰是以现代大学为载体，中国文化现代变革与发展的潮流不断形成，近代中国新文化运动即发端于北京大学，并以大学为基地不断向社会延伸、拓展，推动了社会文化的创新、社会价值的塑造和现代人才的培养等，大学通过人才培养、科学研究、社会服务、国际交流合作等，推动文化传承创新和知识赓续，其终极目标都是推动人类文明的进步。大学是这种推动作用体现得最集中、最强烈的地方。

当历史迈入 21 世纪的第三个十年，人类历史正经历百年未有之大变局，中国文化正处于一个大变革时期，大学文化也正经历一场历史性选择和质性飞跃之中。结合世界高等教育发展的大趋势，以及大学发展中所遇到的文化议题进行讨论，提出新时代中国大学文化的新主张正当其时。

加强大学文化建设，既是历史发展的必然，也是实践发展的需要，更是大学未来提升的着力点。深刻的文化进步，体现时代进步的文明成果，是近代以来世界科技和经济发展最重要的辐射方向，中国的发展与崛起也必然依靠文化的崛起，文化的崛起必然要求大学予以支撑。当代中国的文化崛起，是传统文化和现代经济、科技与文化的结合，是中国文化与世界各种文化的交融，是革命文化和人民对美好生活期待的综合体现，是一个博采众长、兼收并蓄的发展过程。

作为文明的历史产物及文化发展的重要载体，大学的发展必然要通过担当文化使命凸显自身价值。大学文化与本土文化之间存在天然的联系，大学文化与世界文化存在共生关系。近代以来，大学通过文化影响逐步走向社会的中心，被人们认识、认可，并成为文化标识系统重要成员。比如，斯坦福大学作为其中最典型的代表，将科技文明向硅谷地区辐射的同时，孕育了硅谷浓郁的创新文化和独特的企业家精神，而硅谷又把这些文化辐射到全世界。正如教育部原副部长赵沁平所说："引领文化，是大学的第四功能，而且是大学与生俱来、更为独有、影响更为深远的社会功能。"文化影响力已成为当代大学的核心特征。

建设一流大学要有一流的文化与之匹配，要有一流的文化育人体系予以支撑。一流大学之所以被人们赞誉，不仅在于学校规模、资金投入等硬实力上，同时也表现在悠久的历史、一以贯之的办学理念、广为流传的校训、严谨朴实的校风和师生中约定俗成的行为习惯等软实力上。大学文化熔铸于大学的风气、凝聚力、人文氛围及社会声誉之中，他们共同形成了相对稳定的文化系统，自然也都成为一流大学的重要组成部分。一流大学应有深厚的文化底蕴，创建具有自身特色的大学文化，并把这种文化贯穿渗透于大学建设的方方面面。

深化大学的内涵建设，核心是大学文化的建设，源于大学职能的充分发挥。如大学营造创新型人才的环境、可持续大学校园建设等，都表明了大学的文化建设有关系。在新的时代背景下，文化建设已成为高等教育发展的必然要求，成为大学提升的策略空间。加强大学文化建设，不仅有助于进一步推进高校内部改革创新，实现内涵发展，而且对于开展高水平的社会服务，实现大学整体的社会功能，也具有重要意义。

文化建设就是人的建设，大学文化建设的起点在于大学初衷，落点在于以文化人的实现。大学文化建设，既包括社会主义核心价值体系、求是创新的大学精神等价值观的建设，也包括高水平、强辐射的共同理念，宽专交、精深通的个性要求等能力建设，还包括培育竞争与合作的团队氛围、促进师生互动的人际环境等。大学要在提高国家文化软实力上发挥作用，就必须把文化建设作为重要工作，进行顶层设计，坚持分步实施，融入方方面面。

综合型大学在推动文化发展上具有独特作用，承担重要使命。综合型大学具有多学科交叉的背景，衡量一所大学的地位与影响，并不能完全以科研贡献为前提，在很大程度上要看它对于中华文明乃至世界文明的繁荣发展的贡献。要推进文化与科技、教育交融发展，例如将教育、人文学科与信息学科相联合，就能发展出新的教育信息、人文信息学科。在生命科学方面，对于基因、干细胞、转基因等领域的研究，必然涉及伦理学、社会学、哲学的领域，这也是人文和科学相结合的发展方向。在大学文化建设中，特别要重视如何更加有效推动多学科交叉整合的问题，长期坚持下去，一定能够收获意想不到的创新成果。

把营造积极健康的人文生态作为大学文化建设的长远定位，作为实现以文化人的重要保障。当前，国内大学文化建设的一个普遍问题，在于人文环境的弱化，这个环境既有硬件和空间的要求，又有人文心态和精神状态的要求。校园建筑不能体现厚重的人文内涵，也无法反映出特色。钱学森曾经就读并工作的加州理工学院，有一个著名的实验室，在去年进行内部装修的时候，非常注重修旧如旧，尽量保存原来的实验设备，同时沿着楼梯和走廊的墙面，绘画出该实验室的发展史，并且这一描述一直延续到今天。这是实验室文化的一种生命线，对于在那里工作的教师和研究生具有极大的激励作用。所以，我们的大学，在文化建设过程中要研究如何体现自己的独特文化，并以此来提升影响力和吸引力，从而对自身的发展产生内在的激励作用。

把人文素养和科学精神的培育与加强推动大学文化建设贯通起来，既是文化建设的必然选择，又是大学职能发挥的关键要求，更是大学文化建设的归宿。历史上许多伟大科学家的发展轨迹告诉我们，科学上的成就越大，往往在人文方面的成就也很大。大学对人才的培养，不仅要培育学生的科学精神，而且要注意提升他们在人文艺术方面的修养，促进学生全面发展。

结　语

本书通过以上章节内容的论述，大体完成了所提出的研究任务，即立足新时代高度，重新发现大学的文化属性，分析大学文化的理论视域与结构体系、现实形态与类型划分、文化主体与生成逻辑，并在人类现代化历史洪流中分析大学文化的源与流、历史与现代等关系，在外部突出大学文化与不同时期历史文化潮流的互动性，在内部强调大学文化治理的制度问题分析，进而探讨新时代语境下中国大学的文化使命与文化追求。

本书通过论证形成了以下五个基本观点，在此进行总结：

第一，文化是大学的本质属性。大学在整个社会体系中承担着独特的社会功能，是文化发展的主阵地，引领着人类文明不断向前发展。重新发现大学的本质属性，就要正确理解大学与文化的关系。从历史来看，现代大学顺应现代化发展潮流而生，逐步成为“社会人的生产器官”，不断彰显鲜明的文化属性。

第二，大学文化具有整体性和结构性特征。大学文化是一个历史范畴，大学的发展与时代演进内在相连，其功能和作用不断拓展。随着人类历史的演进，大学文化日益呈现为精神文化、制度文化、行为文化和环境文化等内容，分别对应大学文化的意义体系、规范体系、互动模式和环境场域。这种层次结构本源于人类实践，是社会实践结构的显性表征。本书基于政治文化、学术文化、道德文化、社团文化、校史文化、环境文化等进行类型学分析，生动描绘了新时代中国大学文化的现实图景。

第三，大学的文化自信源于文化主体性。从历史来看，大学文化建构绝非纯客观过程，而是一个主观能动、主体选择、动态有为的历史进程。文化自觉、文化自信不是一种“个体的、孤立的、偶然的”事件，而是贯穿于文化共同体之中的群体性意识、自觉选择和精神状态。从内在逻辑看，先有文化自觉、后形成文化自信，先有文化认同、后形成文化共同体。我们强调“两个结合”，就要直面现代性所隐藏的一系列“文化危机”，从文明层面去探寻大学的兴起与发展，不断增强文化意识、厚植文化根性，探索面向未来的文化创新，使我们在文明交流互鉴中更加坚定自我，进一步高扬中国大学的主体精神。

第四，中国大学的发展需要文化治理的有益尝试。大学制度机制构建，既要在外部关系上确立大学独立自主的办学地位，又要在内部关系上确立以学术为中心的价值系统。一方面，大学要及时准确地对外部需求做出回应，构建大学与外部社会互动机制；另一方面，要立足多元主体、多重功能的现实，处理好大学内部的复杂关系，统合各种权力主体和办学要素，构建现代大学制度。

第五，新时代中国大学要不断担当新的文化使命。近年来，习近平同志从扎根中国大地办大学，坚持办学正确政治方向，培养担当民族复兴大任的时代新人，坚定文化自信，将高等教育发展与国家发展紧密联系等层面论述“大学之道”，指明了中国大学在世界格局中迈向一流的“文化坐标”。中国特色社会主义进入新时代，如何全面贯彻习近平文化思想，发挥大学强大的文化之力，参与社会主义文化建设和人类文明新形态的发展，担负起新的文化使命，成为摆在高等教育工作者面前的重要任务。

新时代大学文化是一个非常复杂的学术议题，涉及范围广泛，承载价值多元，需要从多维度、多层次开展此项研究工作。本书对大学文化研究相关议题进行初步探讨，以求抛砖引玉，引发学界、高等教育界对大学文化的关注。衷心期望学界进一步关心大学文化理论研究与实践探索，以全面深化教育领域综合改革为契机，加快建设高质量教育体系，推动新时代大学文化研究走深走实，以全面深化改革助推中国式现代化，为推进强国建设、民族复兴贡献大学文化之力。

参 考 文 献

一、专著

[1] 杨东平. 大学精神 [M]. 沈阳：辽海出版社，2000.

[2] 克利福德·格尔兹. 文化的解释 [M]. 纳日碧力戈，等译. 上海：上海人民出版社，1999.

[3] 罗森塔尔，尤金. 简明哲学辞典 [M]. 中共中央马克思恩格斯列宁斯大林著作编译局，译. 北京：生活·读书·新知三联书店，1973.

[4] 阿尔诺利多夫. 文化概论：文化的实质及其运动发展的一般规律 [M]. 邱守娟，译. 北京：中国人民大学出版社，1989.

[5] 李德顺，孙伟平，孙美堂. 家园：文化建设论纲 [M]. 哈尔滨：黑龙江教育出版社，2000.

[6] 梁漱溟. 中国文化要义 [M]. 上海：学林出版社，1987.

[7] 庄锡昌，顾晓鸣，顾云深，等. 多维视野中的文化理论 [M]. 杭州：浙江人民出版社，1987.

[8] 基辛. 当代文化人类学概要 [M]. 北晨，译. 杭州：浙江人民出版社，1986.

[9] 葛兰西. 葛兰西文选 [M]. 李鹏程，编. 北京：人民出版社，2008.

［10］布鲁贝克．高等教育哲学［M］．王承绪，郑继伟，张维平，等译．杭州：浙江教育出版社，2001．

［11］杜作润，廖文武．高等教育学［M］．上海：复旦大学出版社，2003．

［12］拉斯达尔．中世纪的欧洲大学：大学的起源［M］．崔延强，邓磊，译．重庆：重庆大学出版社，2010．

［13］纽曼．大学的理想：节本［M］．徐辉，顾建新，何曙荣，译．杭州：浙江教育出版社，2001．

［14］主创团队．创新之路［M］．北京：东方出版社，2016．

［15］克拉克．高等教育系统：学术组织的跨国研究［M］．王承绪，徐辉，殷正平，等译．杭州：杭州大学出版社，1994．

［16］熊明安．中国高等教育史［M］．重庆：重庆出版社，1983．

［17］李志远．遗迹文化［M］．北京：中国经济出版社，2011．

［18］何晓明，曹流．中国文化概论［M］．北京：首都经济贸易大学出版社，2007．

［19］雅斯贝尔斯．大学之理念［M］．邱立波，译．上海：上海人民出版社，2007．

［20］大学文化研究与发展中心．大学文化研究与发展高层论坛：先进文化中的大学文化［M］．北京：清华大学出版社，2003．

［21］胡显章．发展科学的大学理念，孕育科学的大学精神［C］//大学文化研究与发展中心．大学文化研究与发展高层论坛：先进文化中的大学文化．北京：清华大学出版社，2003．

［22］张宇燕．经济发展与制度选择：对制度的经济分析［M］．北京：中国人民大学出版社，1992．

［23］诺思．经济史中的结构与变迁［M］．陈郁，罗华平，等译．上海：上海三联书店，上海人民出版社，1994．

［24］陈超，张晓玲，张振飞，等．大学文化建设理论与实践

[M]．重庆：重庆出版社，2013.

［25］孙雷．现代大学制度下的文化透视［M］．北京：光明日报出版社，2010.

［26］刘新生．大学文化建设：下［M］．济南：泰山出版社，2008.

［27］申明．大学文化特色论［M］．西宁：青海人民出版社，2009.

［28］钱穆．中国学术通义：新校本［M］．北京：九州出版社，2012.

［29］黄向阳．德育原理［M］．上海：华东师范大学出版社，2000.

［30］潘懋元．新编高等教育学［M］．北京：北京师范大学出版社，2009.

［31］张德祥．高等学校的学术权力与行政权力［M］．南京：南京师范大学出版社，2002.

［32］大师系列丛书编辑部．图解当代日本建筑大师［M］．长沙：湖南大学出版社，2008.

［33］韩明涛．大学文化建设［M］．济南：山东人民出版社，2006.

［34］曹建军，潘先银．新世纪高校道德建设研究［M］．昆明：云南人民出版社，2002.

［35］常俊丽，汪辉．大学校园景观［M］．上海：上海交通大学出版社，2016.

［36］肖华．应用型本科高校立德树人探索［M］．苏州：苏州大学出版社，2014.

［37］本书编委会．高校“形势与政策”课程建设与教学管理创新实用手册：下［M］．北京：中国教育出版社，2012.

［38］郑宏．厦门大学文化的历史与解读［M］．厦门：厦门大学出版社，2010.

［39］肖谦．多视野下的大学文化［M］．成都：西南交通大学出版社，2009.

［40］孙雷，周凌波．信息技术人才：两种文化间的成长［M］．北

京：清华大学出版社，2006.

［41］眭依凡，俞婷婕，李鹏虎，等. 大学文化思想及文化育人研究［M］. 杭州：浙江大学出版社，2016.

［42］张忠华. 高等教育专题新论［M］. 北京：光明日报出版社，2013.

［43］蔡劲松，等. 大学文化理论构建与系统设计［M］. 北京：文化艺术出版社，2009.

［44］陈平原. 大学有精神［M］. 北京：北京大学出版社，2009.

［45］亨廷顿. 文明的冲突［M］. 周琪，译. 北京：新华出版社，2013.

［46］皮尔森. 文化战略［M］. 刘利圭，蒋国田，李维善，译. 北京：中国社会科学出版社，1992.

［47］傅林. 世纪回眸：中国大学文化研究［M］. 北京：教育科学出版社，2009.

［48］J. 瓦西纳. 文化和人类发展［M］. 孙晓玲，罗萌，等译. 上海：华东师范大学出版社，2007.

［49］林爽. 大学文化论［M］. 济南：齐鲁书社，2006.

［50］马克思，恩格斯. 马克思恩格斯全集：第 40 卷［M］. 中共中央马克思恩格斯列宁斯大林著作编译局，译. 北京：人民出版社，2012.

［51］习近平. 决胜全面建成小康社会夺取新时代中国特色社会主义伟大胜利：在中国共产党第十九次全国代表大会上的报告［M］. 北京：人民出版社，2017.

［52］王开林. 大师［M］. 上海：复旦大学出版社. 2013.

［53］詹姆斯. 他缔造了哈佛：查尔斯・W. 艾略特传［M］. 朱建讯，赵倩，任晓伟，等译. 桂林：广西师范大学出版社. 2017.

［54］胡显章. 先进文化建设中的大学文化研究［M］. 北京：高等教育出版社，2009.

［55］马克思．资本论：第二卷［M］．中共中央马克思恩格斯列宁斯大林著作编译局，译．北京：人民出版社，1975.

［56］中共中央马克思恩格斯列宁斯大林著作编译局．马克思恩格斯选集：第1卷［M］．北京：人民出版社，1995.

［57］大学实现文化传承创新功能的机制研究课题组．大学文化职能新论［M］．北京：中国社会科学出版社，2015.

［58］贝格拉．威廉·冯·洪堡传［M］．袁杰，译．北京：商务印书馆，1994.

［59］吕埃格．欧洲大学史：第四卷，1945年以来的大学［M］．贺国庆，等译．保定：河北大学出版社，2019.

［60］张立学．以文化人：大学文化育人研究［M］．北京：人民出版社，2019.

［61］王冀生．大学之道［M］．北京：高等教育出版社，2005.

［62］朴雪涛．现代性与大学：社会转型期中国大学制度的变迁［M］．北京：人民出版社，2012.

［63］梁启超．饮冰室文集：第1集［M］．吴松，卢云昆，王文光，等点校．昆明：云南教育出版社，2001.

［64］钱理群．中国大学的问题与改革：我的追问与思考以及我的演说立场［M］．北京：中国友谊出版公司，2004.

［65］贺祖斌．思考大学［M］．北京：北京大学出版社，2015.

［66］邓小平文选：第2卷［M］．北京：人民出版社，1994.

［67］亨廷顿．文明的冲突与世界秩序的重建［M］．周琪，刘绯，张立平，等译．北京：新华出版社，1998.

［68］费孝通．中国文化的重建［M］．上海：华东师范大学出版社，2014.

［69］弗莱克斯纳．现代大学论：英美德大学研究［M］．徐辉，陈晓菲，译．杭州：浙江教育出版社，2001.

［70］王平，蒋华林．论剑桥大学的办学特色与启示［C］//遵循科学发展　建设高等教育强国：2009 年高等教育国际论坛文集，2009：201-206.

二、期刊

［1］刘宝存．洪堡大学理念述评［J］．清华大学教育研究，2002（1）：63-69.

［2］康健．“威斯康星思想”与高等教育的社会职能［J］．高等教育学报，1989（4）：36-37.

［3］鲍嵘．《高等教育法》学生事务条款的修订与完善：以台湾地区《大学法》为借鉴［J］．教育发展研究，2011，31（7）：23-27.

［4］江兴代．学校文化的传承与创新［J］．人民教育，2007（7）：14-17.

［5］王建华，贾佳．中国大学的文化性格：缘起、变迁与省思［J］．苏州大学学报（教育科学版），2016（1）：20-27.

［6］王少安．试析大学文化的内涵、特色和功能［J］．中国高教研究，2008（5）：66-67.

［7］刘铁芳．大学文化建设：何种文化　如何建设［J］．高等教育研究，2014，35（1）：11-16.

［8］眭依凡．关于大学文化建设的理性思考［J］．清华大学教育研究，2004，25（1）：11-17.

［9］孙晓红．关于校园行为文化建设问题的思考［J］．辽宁工学院学报（社会科学版），1999，1（2）：59-61.

［10］肖川．大学的理想与使命［J］．高等教育研究，2000（4）：16-19.

［11］陈想平．论大学组织的知识性与科层性［J］．高教探索，

2006（2）：62-65.

［12］王新华，任军利．浅议高校教师职业道德规范［J］．华东交通大学学报，2004，21（6）：97-101.

［13］申明．师德失范的制度原因及其重建［J］．广西师范大学学报（哲学社会科学版），2009，45（4）：81-84.

［14］张洪波．现代大学制度下的教师教学行为失范问题研究［J］．学术探索，2012（2）：170-174.

［15］尹晓艳，程琳．实践中教师行为规范的悖行与反思［J］．吉林广播电视大学学报，2014（11）：33-34＋37.

［16］崔乃文．知识演变与组织创新：世界一流大学的生成机制分析［J］．清华大学教育研究，2017，38（5）：98-105.

［17］兰军瑞．我国现代大学制度的运行模式建构［J］．信阳师范学院学报（哲学社会科学版），2016，36（3）：94-97.

［18］曾华霖．“场”的物理学定义的澄清［J］．地学前缘，2011，18（1）：231-235.

［19］杨叔子．校园文化与时代精神［J］．中国高等研究，2007（3）：3-7.

［20］靳路明，卓景龙，罗瑞章．现代校园空间意象研究［J］．河北农业大学学报（农林教育版），2006，8（1）：95-98.

［21］贾杰．博物馆与大学文化建设探析［J］．鞍山师范学院学报，2011，13（1）：103-105.

［22］胡家保．新形势下高校基层党组织对主流意识形态的引领机制研究［J］．福建警察学院学报，2016（2）：98-101.

［23］王晓利，唐文玲．新时代高校主流意识形态培育研究［J］．邯郸学院学报，2020，30（1）：112-119.

［24］高石磊．大学文化育人功能的实现路径［J］．中国高等教育，2020（5）：55-57.

[25] 曹嵘. 开展学术交流工作推动高校校园文化建设的对策研究[J]. 高教学刊，2016（15）：193-194.

[26] 王静，李俊秀. 科研育人：高等教育变革的动力 [J]. 中国成人教育，2017（8）：30-32.

[27] 苌光锤，李福华. 学术共同体理论研究综述 [J]. 中国电力教育，2010（21）：8-10.

[28] 袁广林. 大学学术共同体：特征与价值 [J]. 高教探索，2011（1）：12-15.

[29] 刘扬. 营造学术文化氛围　推动高校“双一流”建设 [J]. 教育教学论坛，2017（43）：8-9.

[30] 孙友新. 学校道德文化建设的意旨、反思和践行 [J]. 教学与管理，2019（34）：15-17.

[31] 王从严，张拥军，程为民，等. 和谐校园文化建设与学生社团的持续发展 [J]. 中国青年研究，2008（5）：99-101.

[32] 柳礼泉，唐珍名. 高校德育视野下的校史校情教育 [J]. 高校理论战线，2011（3）：52-55.

[33] 吴鼎民. 北大、清华校园文化探源 [J]. 南京航空航天大学学报（社会科学版），2001，3（4）：26-31.

[34] 眭依凡，俞婷婕，李鹏虎. 关于大学文化学理性问题的再思考 [J]. 清华大学教育研究，2015，36（6）：1-8.

[35] 杨宏伟，王亚妮. 我国主流意识形态安全问题探析 [J]. 山东行政学院学报，2017（2）：29-33＋50.

[36] 扈中平. “人的全面发展”内涵新析 [J]. 教育研究，2005（5）：3-8.

[37] 包万平，储朝晖. 大学文化共同体及其品格特质 [J]. 黑龙江高教研究，2008（8）：43-46.

[38] 丰子义. 终极关怀与现实关切 [J]. 天津社会科学，1997

(1)：21-24.

[39] 王扬，窦建奇. 大学教育理念与大学校园发展历史沿革 [J]. 华中建筑，2011 (1)：127-132.

[40] 孟中媛. 百年来中国大学的三次转型发展的历史回顾 [J]. 黑龙江高教研究，2008 (5)：11-13.

[41] 于滨. 独立、引领、批判：论大学文化 [J]. 中国成人教育，2017 (24)：38-40.

[42] 邹广文，田书为. 当代中国的文化自信及其建构路径 [J]. 社会主义核心价值观研究，2017，3 (5)：28-35.

[43] 李长真，牧士钦，白清平. 关于推进我国大学文化创新问题的几点思考 [J]. 理论导刊，2017 (1)：100-104.

[44] 刘凌. 大学文化创新的校本探索：以华南师范大学为例 [J]. 现代教育论丛，2016 (3)：85-90.

[45] 胡解旺. 提升大学文化自信的若干思考 [J]. 嘉应学院学报（哲学社会科学），2017，35 (10)：82-86.

[46] 覃川. 大学文化建设与大学生价值塑造 [J]. 社会主义核心价值观研究，2017，3 (3)：63-69.

[47] 卢文忠. 论文化批判的内在机制：基于马克思主义的分析维度 [J]. 学习论坛，2015，31 (8)：59-62.

[48] 叶险明. 论中国马克思主义哲学的现实批判功能 [J]. 哲学研究，2016 (9)：3-10＋128.

[49] 刘卓红，卢文忠. 唯物史观创立进程中的马克思早期文化批判研究 [J]. 马克思主义研究，2013 (8)：98-105.

[50] 管锦绣，张三元. 马克思文化批判思想的两个向度及其当代意义 [J]. 湖北经济学院学报，2013，11 (2)：114-118.

[51] 孙乐强. 马克思文化批判理论的历史生成及其当代价值 [J]. 河海大学学报（哲学社会科学版），2012，14 (4)：6-9＋93.

［52］方克立．“马魂、中体、西用”：中国文化发展的现实道路［J］．北京大学学报（哲学社会科学版），2010（4）：16-19.

［53］方克立．当代中国文化的“魂”、“体”、“用”关系［J］．中国社会科学院研究生院学报，2012（1）：5-13.

［54］方克立．“马魂、中体、西用”是习近平文化思想的宗纲［J］．思想理论教育导刊，2015（5）：52-56.

［55］方克立．铸马学之魂　立中学之体　明西学之用：学习习近平在哲学社会科学工作座谈会上讲话的体会［J］．理论与现代化，2017（3）：5-12.

［56］庄东红，黄景忠．大学文化建构与人才培养［J］．教育评论，2010（6）：13-15.

［57］王冀生，王霁．大学文化是大学核心竞争力之所在［J］．高教发展与评估，2007，23（1）：1-8＋120.

［58］新华社．中共中央、国务院印发《关于加强和改进新形势下高校思想政治工作的意见》［J］．社会主义论坛，2017（3）：4-5.

［59］王冀生．以人为本崇尚学术持续发展走向世界［J］．大学教育科学，2003（2）：1-5.

［60］赵存生，方惠坚，郑惠坚．大学文化研究与建设［J］．中国图书评论，2002（11）：14-19.

［61］景晓梅．在文化哲学视野下解读人的发展的内涵［J］．教书育人（高教论坛），2017（12）：16-17.

［62］纪宝成．对大学理念和大学精神的几点认识［J］．中国高等教育，2004（1）：10-12.

［63］张明楷．学术之盛需要学派之争［J］．环球法律评论，2005（1）：50-57＋114.

［64］刘志宏，高源．高校党建推进大学文化传承创新机制研究［J］．党史博采（理论版），2014（10）：40-41.

［65］秦惠民，吕萍．创新大学教育传播机制推动中华传统文化传承［J］．中国高等教育，2018（7）：16-19.

［66］周晔．构建高校创新文化的培育机制［J］．高校理论战线，2012（5）：50-52.

［67］张月群，张文浩，卢黎．大学校园文化建设长效机制探析［J］．高等农业教育，2015（6）：30-33.

［68］杨江伟．和谐校园文化建设中高校舞龙舞狮运动的作用探讨［J］．求知导刊，2016（9）：33.

［69］王冀生．文化是大学之魂：对大学理念的再认识［J］．高教发展与评估，2007，23（4）：1-7＋90＋120.

［70］毛建青，邢丽娜．美国大学校长的角色定位［J］．高教发展与评估，2018，34（3）：74-83＋116.

［71］曹雪宏．德国柏林大学洪堡改革及其对我国高等教育的启示［J］．河北企业，2016（9）：158-159.

［72］李颖，李名梁．国外大学办学特色形成的因素分析及启示［J］．天津大学学报（社会科学版），2006，8（3）：166-169.

［73］张应强．谈强化高校办学特色的几个问题［J］．中国高等教育，2002（19）：14-15.

［74］胡维佳．普林斯顿大学年度校友聚会及启示［J］．世界教育信息，2013（8）：31-36.

［75］布罗厄斯，曹奇伟．新千年的大学：前沿与合作：在北京大学的演讲［J］．中国大学教学，2002（5）：7-9.

［76］韩震．巩固马克思主义在高校意识形态领域的指导地位［J］．党建，2017（5）：28-30.

［77］李元元．对加强我国大学文化建设的几点思考［J］．高等工程教育研究，2007（4）：12-17＋21.

［78］王国维．论教育之宗旨［J］．教育，2014（19）：75.

［79］王兴宇．中国高等教育现代化：推力、困境与突破［J］．国家教育行政学院学报，2020（6）：58-66.

［80］文辅相．文化素质教育应确立全人教育理念［J］．高等教育研究，2002，23（1）：27-30.

［81］王冀生．论大学文化［J］．浙江万里学院学报，2005，18（6）：1-3.

［82］华东师范大学行动宣言：加强教育实证研究　促进研究范式转型［J］．电化教育研究，2017，38（7）：1.

［83］胡显章．推进大学文化建设的几点思考［J］．中国高等教育，2010（18）：22-24.

［84］赵沁平．发挥大学第四功能作用　引领社会创新文化发展［J］．中国高等教育，2006（15/16）：9-11.

［85］王冀生．大学文化的科学内涵［J］．高等教育研究，2005，26（10）：5-10.

［86］王冀生．当代中国大学之道［J］．大学教育科学，2020（2）：39-45.

［87］王义遒．论大学精神形成演变的逻辑之道：大学精神之我见［J］．中国高教研究，2012（9）：9-16.

［88］王义遒．建设世界一流大学究竟靠什么［J］．高等教育研究，2011，32（1）：1-6.

［89］周其凤．试谈北大精神特质及北大文化建设工作［J］．学校党建与思想教育，2013（1）：4-6.

［90］徐显明．文化传承创新：大学第四大功能的确立［J］．中国高等教育，2011（10）：10-11.

［91］施小光．文化传承与创新：现代大学新使命［J］．清华大学教育研究，2011，32（3）：50-52.

［92］王冀生．我国大学应当自觉地承担起文化传承创新的重大使

命［J］. 清华大学教育研究，2011，32（3）：41-44.

［93］王冲. 中国特色大学文化建设：问题与策略：基于内涵式发展的理论视角［J］. 航海教育研究，2017（2）：50-53.

［94］蔡红生，杨琴. 大学文化："双一流"建设的灵魂［J］思想教育研究，2017（1）：80-84.

［95］梁振民，常征. 文化软实力视域下的地域文化与大学文化融合研究［J］. 重庆文理学院学报（社会科学版），2018，37（1）：65-70.

［96］魏伟华，洪林. "双一流"背景下高校校园文化建设的思考［J］. 黑龙江高教研究，2017（8）：132-135.

［97］卢克平. 论大学文化建设［J］. 信阳师范学院学报（哲学社会科学版），2016，36（5）：73-77.

［98］马勤，王小茵. 开放大学精神文化建设的思考与探索［J］. 科教导刊（上旬刊），2017（34）：1-3.

［99］尹华，牟仁刚，刘培进. 新时期构建大学文化的多维思考［J］. 思想理论教育，2015（8）：109-111.

［100］张晓荣. 细说大学文化［J］. 现代职业教育，2017（34）：168-169.

［101］吴秋凤，苏丹. 浅议大学行为文化建设［J］. 黑龙江教育（理论与实践），2015（5）：12-14.

［102］楼天宇. 论文化结构视角下的大学文化建设［J］. 浙江科技学院学报，2013，25（2）：148-151.

［103］曲志钢. 大学文化建设的几点思考［J］. 教育，2016（36）：55.

三、学位论文

［1］李泽彧. 我国高等学校办学自主权研究［D］. 厦门：厦门大

学，2000.

［2］田园．大学生行为规范现状研究：以“90 后”大学生为例［D］．太原：中北大学，2014.

［3］孙中宁．高校内部权力运行机制研究［D］．长春：吉林大学，2011.

［4］金晶．西安大学校园文化场所空间的规划设计研究［D］．西安：西安建筑科技大学，2010.

［5］曾姝．我国高校道德文化建设略论［D］．武汉：华中师范大学，2006.

［6］滕菲．大学校史文化育人功能及其实现路径研究［D］．桂林：广西师范大学，2018.

［7］史婷婷．中外著名大学校训之比较研究［D］．长沙：湖南师范大学，2009.

［8］刘力．产学研合作的历史考察及比较研究［D］．杭州：浙江大学，2002.

［9］王可凡．大学校园物质文化问题审视与建设路径［D］．重庆：西南大学，2017.

四、报纸文章

［1］习近平．在北京大学师生座谈会上的讲话［N］．人民日报，2018-05-03.

［2］关于坚持和完善普通高等学校党委领导下的校长负责制的实施意见［N］．中国教育报，2014-10-16（1）.

［3］习近平．习近平在纪念马克思诞辰 200 周年大会上的讲话［N］．人民日报，2018-05-05.

［4］周作宇．大学的新形态与卓越追求［N］．中国教育报，2018-

09-06（6）.

［5］孙邦华. 校训：大学的文化符号［N］. 光明日报，2014-8-12（15）.

［6］罗志敏. 世界一流大学建设需要培育“支持型校友”［N］. 光明日报，2015-12-1（14）.

五、其他

［1］国务院. 统筹推进世界一流大学和一流学科建设总体方案［Z］. 国务院公报，2015-10-14.